# 学于自然有道

## 严复科学思想研究

赵云波 著

科学出版社
北京

## 内 容 简 介

本书在梳理文献史料的基础上，以严复科学思想为主题展开研究。首先从科学文化东渐的角度分析了严复科学思想形成的个人经历和时代背景；系统阐释了严复的自然观、科学观、方法论，并对应这三部分分别深入挖掘了其背后更为根本的哲学理论或更为具体的思想观点，即进化主义思想、科学主义思想和实证主义思想；在此基础上，将其思想内容与西方思想做了深入的比较，分析了产生差异的原因。此外，本书还从如何发展科学的角度解读了严复建立现代学术体制的观点，并放之于西方实证主义东渐的学术脉络中分析了严复在西学东渐中的地位。

本书有助于科学史、科学哲学及历史学等相关领域的学者认识严复科学思想的整体面貌，也有助于一般读者了解科学文化东渐的历史。

**图书在版编目（CIP）数据**

学于自然有道：严复科学思想研究/赵云波著. —北京：科学出版社，2021.5

ISBN 978-7-03-068644-2

Ⅰ.①学… Ⅱ.①赵… Ⅲ.①严复（1854—1921）-科学思想-研究 Ⅳ.①K825.1

中国版本图书馆 CIP 数据核字（2021）第 072494 号

责任编辑：牛 玲 刘巧巧 / 责任校对：贾伟娟
责任印制：李 彤 / 封面设计：有道文化

科学出版社 出版
北京东黄城根北街 16 号
邮政编码：100717
http://www.sciencep.com
北京虎彩文化传播有限公司 印刷
科学出版社发行 各地新华书店经销
*
2021 年 5 月第 一 版 开本：720 × 1000 B5
2022 年 3 月第二次印刷 印张：14 1/4
字数：250 000

**定价：96.00 元**

（如有印装质量问题，我社负责调换）

# 前　言

从第二次西学东渐算起，中国科学文化建设已逾百年。这期间，特别是近几十年，中国科技事业取得了世所瞩目的成就，目前正朝着世界科技强国的目标前进。但不容忽视的是我们的科学文化建设依然任重道远，不少问题时常引发社会热议，比如，我们是否在整个社会培养出了“学于自然”的浓厚氛围？是否真正建立起适应“学于自然”的体制机制？是否极大地发展和弘扬了“学于自然”特别需要的科学精神、科学方法？

人类区别于其他物种的一个突出的特点就是发展出了自觉书写历史的能力和传统，并善于从历史中习得智慧。追寻中国科技事业发展最为切近的思想资源和历史渊源，大概很多人会不约而同地将目光回溯到晚清至民国时期。尤为值得注意的是，作为“植入型”“外源型”的科学，其刚刚登上中国这块有着悠久、厚重学术传统的土地时，出现了各种不适应。“夷夏大防”“西学中源”“中体西用”等当时对待西方科学的各种理念“你方唱罢我登场”，尽管它们内容不同、表现形态不同，但从本质上讲都是当时的中国人还没有从心理基底上做好接受科学文化东渐的准备在理论上的反映。

彼时，摆在时代面前的一项重要任务，就是让中国人正确认识科学、认识科学的功能、认识科学的价值，进而积极主动地迎接科学时代的到来，让科学在中国播种、生根、发芽、开花、结果。

而在极度缺乏职业科学家队伍和机构的年代，恰恰是一些较早“睁眼看世界”的思想家担起了为科学摇旗呐喊的重任，他们冲破固化思维的藩篱，打破“重道轻艺”的学术桎梏，成为驾驶“科学之船”向中国航行的破冰人。

其中不少人首推严复的地位。

“民主”与“科学”是五四时期的核心议题，实际上也是贯穿中国近代化全程的核心议题。冯友兰讲道：“后来五四时期的新文化运动更明确地提出‘民主与科学’的口号，这当然比严复所提出的那些议论明确得多了。严复所以还没有这样明确，是因为他的时代比新文化运动的时代早了

20 年。”[①]也就是说，严复所处时代主题是“民主”与“科学”，而严复本人思想主题也同样集中在“民主”与“科学”两个方面。

本书集中在严复对科学的阐释上。他最为世人所称道的是《天演论》，实际上，这只是严复系统引介当时西方方兴未艾的实证主义的一部分。实证主义是以科学为对象、科学为模板发展出来的最新的哲学体系，实证主义重精确、讲逻辑、求实效的学术特征很好地阐释了什么是科学、科学的价值是什么等认识科学的基本问题，同时也是核心问题。正如鲁迅说严复的《天演论》不完全是翻译，是被他“做”出来的一样，严复在引介实证主义的过程中有意加入了自己的理解，加入了中国传统文化，将西方言说形式转化成中国人可以理解的话语体系，实际上也就形成了他自己的实证主义思想。他深入阐释了为什么要“学于自然”以及“学于自然”的途径与方法，用他自己的话，可归结为“学于自然有道”。

希望本书的粗浅研究，有助于我们从科学文化东渐早期国人对待科学的态度、认识科学的深度、提出的发展科学的方案中觅得些许当代科学文化建设的启示。

众人拾柴火焰高，本书创作过程中得到诸位师友的帮助。感谢范丽媛博士在第四章第二节中与笔者深入研讨和所做的文献收集工作；感谢刘畅硕士在第五章第二节与笔者深入研讨和所做的文献收集工作以及在第六章第二节所做的文献收集工作；感谢邓婧博士、孔朝霞硕士所做的文献梳理与核对工作。科学出版社侯俊琳先生、牛玲女士积极推动本书的出版工作，特别是牛玲女士从选题策划、进度安排等各个环节给予了热情、专业的指导和帮助。科学出版社刘巧巧女士在编审过程中体现出的对事业的热爱和负责精神让人感佩不已。

限于笔者水平，本书难免存在不妥之处，敬请方家不吝指教。

赵云波

2021 年 2 月于泽州陋室

① 冯友兰. 中国哲学史新编（下卷）. 北京：人民出版社，2007：448.

# 目　录

# 绪　论

科学的进步，乃至追溯科学的诞生，首要的一点就是“学于自然”，很难想象离开了对自然直接、持久、深入的观察、实验和理性的思考，近代自然科学可以孕育而出。中国古代学术绵延千年，自有脉络，在传统学术高原上出现了先秦子学、两汉经学、隋唐佛学、宋明理学等诸座高峰，不少时候领世界文化之先，但实事求是地讲，中国在自然科学研究上落后了，特别是15世纪以降，近代科学革命在西方发生、发展，中国学术对“学于自然”依然“懵懂无知”。当西方科学以一种别样的姿态走入中国时，当时的国人无论持有何种心态，都无法阻挡整个民族和国家必然要面对外在的世界，不可逃避地要走入科学的时代。对于一个科学落后的国家，对于在“学于自然”方面需要猛补基础课的国家，如何“学于自然”就成为摆在面前的一个重要的问题。

严复（1854—1921），字几道，福建侯官县（现福建省福州市区西部和闽侯县的西北部地区）人，中国近代著名的启蒙思想家，作为中国第一代海军留学生的成员，他的主要历史功绩却不在实务领域，而在将其对西方近代文明的切身体认与对中国传统文化的深刻反思述诸笔端、广布于国人，特别是他对西方科学文化的传播，告知国人“学于自然有道”，在中国社会从传统走向近现代之际起到了广泛而深刻的思想启蒙作用。马克思指出：“任何真正的哲学都是自己时代精神的精华。”[①]严复哲学思想体系的形成深深根植于近代中国国势日微、内忧外患的历史情境中，作为“殷忧启圣，多难兴邦”的一代学人，“中国往何处去”这一沉重的时代命题同样是他夙兴夜寐、孜孜以求的思考方向与主题，而他本人正是以启蒙思想家的角色登上中国历史舞台的，正如有学者评价道，严复学术活动的

① [德]马克思，[德]恩格斯. 马克思恩格斯全集（第一卷）[M]. 中共中央马克思恩格斯列宁斯大林著作编译局编译. 北京：人民出版社，2016：121.

历史贡献就在于“从根本打开了人们的思想眼界，启蒙和教育大批的中国人，特别是爱国青年。从严复同代或稍晚一些的人，到鲁迅一代，到比鲁迅更年轻的一代，无不身受其赐”①。百年来，学界对严复的思想展开了深入的研究，包括其政治思想、伦理思想、教育思想等多个侧面，取得了丰厚的学术成果。本书从严复“百科全书”式的思想中择取科学思想这一在严复思想体系中占有重要位置的主题，并以其为核心论题展开探讨和研究，以期丰富和深化严复的科学思想研究。

## 一、科学思想视角下严复研究何以可能

### （一）严复关注科学思想的必然性

按照席泽宗的解释，科学思想主要包括自然观、科学观与方法论等三个层面②。因此，我们讲严复的启蒙思想中是否富有科学思想的成分，就是要分析他的思想与理论所及是否有深入地论述自然观、科学观等科学思想中一个或几个方面的必要性，亦即严复思想体系中是否必然涉及科学思想的领域。

其一，从自然观的层面来讲。严复是近代中国第一个认真而深入地比较中西文化的先进知识分子，他曾讲：“尝谓中西事理，其最不同而断乎不可合者，莫大于中之人好古而忽今，西之人力今以胜古；中之人以一治一乱、一盛一衰为天行人事之自然，西之人以日进无疆，既盛不可复衰，既治不可复乱，为学术政化之极则。”③亦即，较之西方发展的、进步的历史观，国人固守于历史循环论，甚至是历史复古论，而这种历史观，众所周知，又往往建基于传统自然观之上。东汉董仲舒就讲过：“察于天之意，无穷极之仁也。人之受命于天也，取仁于天而仁也。是故人之受命天之尊，父兄之弟之亲，有忠信慈惠之心，有礼义廉让之行，有是非顺逆之治，文理璨然而厚，知广大有而博。”④于是也就有了千百年来国人所恪

① 李泽厚. 中国近代思想史论[M]. 北京：生活·读书·新知三联书店，2008：264.

② 席泽宗. 中国科学思想史（上卷）[M]. 北京：科学出版社，2009：4.

③ 王栻. 严复集（第一册）[M]. 北京：中华书局，1986：1.

④ 朱维铮. 中国现代学术经典·康有为卷[M]. 石家庄：河北教育出版社，1996：249.

守的“道之大原出于天，天不变，道亦不变”的信条。严复对此有着自觉的认识，他讲：“天不变，地不变，道亦不变。此观化不审似是实非之言也。”[①]因此，作为亲身经历过西方科技文明，特别是较早接受了达尔文进化论思想的先进知识分子，他借助西方科学进展的最新成果为国人描绘了一幅科学的自然图景，从而从根基上突破了传统历史复古观、历史循环论，自然构成了其启蒙思想的逻辑起点。

其二，从科学观的层面来讲。关于严复对中国问题的认识，冯友兰以严复早期著名的四篇政论性文章[②]为材料，做了深入而精炼的分析，他指出：“这四篇文章自成一组。第一篇提出中国当时的问题，第二、第三篇对这些问题作进一步的说明，第四篇提出他自己认为是解决这些问题的办法，作为四篇的结论。”[③]冯友兰评价严复“对中国的问题有更深刻的见解”并为中国“指出了学习西方的正确道路”。那么严复认为中国的问题是什么呢？冯友兰继续分析道“是学术与政治”，中国缺乏的和需要学习的正是西方“黜伪而崇真”的学术精神与“屈私以为公”的政治理念，而二者之间，“严复指出，中国病情的根本在于学术”[④]。之所以这样讲，冯友兰具体分析道：“严复在《论世变之亟》中提出政治与学术两点，在《救亡决论》中他只提到学术一点，这说明他认为学术的改变是最根本的。”[⑤]事实上，严复本人就讲过：“中国不治之疾尚是在学问上，民智既下，所以不足自立于物竞之际。”[⑥]严复讲的应当向西方学习的“学术”的具体内容就是指西方发达的自然科学和社会科学以及它们所蕴含的“崇真”的治学精神和“求真”的治学方法。关于这一点，美国学者本杰明·史华兹说得更为明白：“严复认为，中国的问题首先是科学的问

① 王栻. 严复集（第一册）[M]. 北京：中华书局，1986：50.
② 这四篇政论性文章指《论世变之亟》《原强》《辟韩》《救亡决论》，它们的刊出标志着严复以启蒙思想家的身份登上中国历史舞台。
③ 冯友兰. 中国哲学史新编（下卷）[M]. 北京：人民出版社，2007：430.
④ 冯友兰. 中国哲学史新编（下卷）[M]. 北京：人民出版社，2007：432.
⑤ 冯友兰. 中国哲学史新编（下卷）[M]. 北京：人民出版社，2007：432.
⑥ 王栻. 严复集（第三册）[M]. 北京：中华书局，1986：733.

题……他曾竭力强调科学（自然科学和社会科学）对近代西方繁荣富强所起的作用。”[①]因此，认识到西方发达的关键在于科学的发达，那么，作为本着救亡图存、富国强兵而登上中国思想舞台的严复，对于“科学”的认识、宣扬与阐释就不能不成为他广博思想空间中的重要一域。

其三，从方法论的层面来讲。中国的问题在于科学落后，那么从逻辑上必然推出发展科学是中国走向近现代化的必由路径的论断，以及将视线引向西方科学为何发达的深度上。蔡元培讲：“严氏于《天演论》外，最注意的是名学……译 Logic 作名学……严氏觉得名学是革新中国学术最要的关键”，而且他自己也“常常详说内籀外籀的方法”[②]。蔡元培所言不差，考察严复众多译著，其中就有两部是逻辑著作，一部是英国经验论最杰出的代表穆勒（1806—1873）的《逻辑体系》（严译《穆勒名学》，1905年），一部是英国经济学家、逻辑学家耶方斯（1835—1882）的《逻辑学初级教程》（严译《名学浅说》，1909 年）。尤其是前部，正是我们称之为“穆勒五法”（即科学归纳法）的经典著作，严复自己也讲，“此书一出，其力能使中国旧理什九尽废，而人心得所用力之端；故虽劳苦，而愈译愈形得意”[③]。在实际的学术活动中，严复本人则自觉地以西方科学方法论作为撰写和阐述自己思想的工具，正如本杰明·史华兹讲的：“在某种意义上说，严复的译著《穆勒名学》是严复综合思想体系的基本原理。”[④]可见，严复对西方科学发达的关键在于其方法的认识是有一定自觉的，那么比较中西思维方式、认识方式以及系统阐述西方科学方法以革新中国传统学术和发展近现代科学就不能不是他的重要论题之一了。

仅通过以上几个方面的讨论，我们基本可以预设从思想启蒙的诉求出发，科学思想的部分方面，甚至是主要方面必然构成严复整体思想中的内

---

① [美]本杰明·史华兹. 寻求富强：严复与西方[M]. 叶凤美译. 南京：江苏人民出版社，2010：127.

② 蔡元培. 蔡元培全集（第 4 卷）[M]. 高平叔编. 北京：中华书局，1984：352.

③ 王栻. 严复集（第三册）[M]. 北京：中华书局，1986：546.

④ [美]本杰明·史华兹. 寻求富强：严复与西方[M]. 叶凤美译. 南京：江苏人民出版社，2010：127.

容之一，而且是其核心内容之一，因此，从科学思想的角度来挖掘、梳理和探讨严复的思想不仅具有可行性，而且具有一定的学术价值。

（二）严复思想研究已逾百年，积累了丰富的文献和深刻的思想资源

以严复启蒙思想为主题的学术研究活动始于19世纪和20世纪之交，亦即当严复登上中国思想舞台之际，关于其思想的研究就开始了。百年来，国内外学界从不同的侧面梳理、挖掘和阐释严复的思想，取得了丰厚的学术成果。

历史地看，对严复思想的系统化研究多集中于其民主政治思想方面①，诚然，这些成果对促进和丰富严复思想研究起到了很大的推动作用，但是仅此还不足以全面反映其思想面貌。我们知道，中国近代启蒙思想内涵包括很多方面，如果从提纲挈领的意义来看，新文化运动时期由陈独秀提出的“科学”与“民主”无疑最能反映这一时期启蒙运动的思想内核，而且这两方面直至现今仍然是我国现代化进程中的不懈追求。事实上，早在1895年严复就指出，洋务运动期间，国人对西方文化的认识“曰彼善会计而已，又曰彼擅机巧而已。不知吾今兹之所见所闻，如汽机兵械之伦，皆其形下之粗迹，即所谓天算格致之最精，亦其能事之见端，而非命脉之所在”②。那么，西方近现代化的命脉，亦即中国最需要借鉴和学习的是什么呢？严复指出“苟扼要而谈，不外于学术则黜伪而崇真，于刑政则屈私以为公而已”③，无怪乎冯友兰说，严复的这种认识已然暗含有五四时期所提出的“科学”与“民主”的痕迹，但他之所以还没有这样明确，是因

① 例如，仅以博士学位论文为例，关于严复政治民主思想方面的研究有：重庆大学杨阳2008年博士学位论文《严复宪政思想研究》、首都师范大学陈勇军2011年博士学位论文《严复的制度与国民性互动思想研究》、浙江大学董小燕2006年博士学位论文《严复政治思想研究》、华东师范大学王建龙2003年博士学位论文《严复政治哲学研究》等。

② 王栻. 严复集（第一册）[M]. 北京：中华书局，1986：2.

③ 王栻. 严复集（第一册）[M]. 北京：中华书局，1986：2.

为他的时代比新文化运动的时代早了20年[①]。而且，在两者之间，正如我们在上文中已经分析到的，严复又以西方（广义的）科学为重。但较之于严复民主政治思想研究领域"蔚为大观"的科研成果，恰恰是关于严复"科学为本"的观念以及在此基础上形成的科学思想的系统化和深入化研究多少略显薄弱。因此，本书选取科学思想这一角度对严复思想加以研究，不仅能够较为充分地发掘其科学观内容，而且能够较为全面地涵盖与科学观有着紧密而内在联系的其他方面的思想，从而丰富严复思想的研究。

可喜的是，严复科学思想也逐渐引起学者的关注并已产生不少优秀的成果，但也必须看到，相对于严复科学思想的博大精深，相关研究还很不够，尚有巨大的继续拓展的空间值得我们深入探究。具体来讲有以下方面。

其一，中国哲学史、思想史的著作中涉及的严复科学思想的内容。这类著作中较为有代表性的有：李泽厚著并由人民出版社1979年出版的《中国近代思想史论》（2008年由生活·读书·新知三联书店再版），该书中设有专题——"论严复"，其中谈到了严复的天演哲学思想、经验主义认识论等内容；萧萐父、李锦全主编并由外文出版社2000年出版的《中国哲学史纲要》，该书中设有"严复的哲学思想"一节，内容包括"质力相推"的科学自然观、"心体为白甘"的经验认识论和"物竞天择"的历史进化论三个部分；冯契著并由上海人民出版社1989年出版的《中国近代哲学的革命进程》，该书中设有"严复的'天演之学'与经验论"一节；任继愈主编并由人民出版社1979年出版的《中国哲学史（第四册）》，该书中设有"资产阶级启蒙思想家严复的哲学思想"一章，其中包括严复进化论思想、逻辑思想及认识论等内容；冯友兰著并由人民出版社1999年出版的《中国哲学史新编（下卷）》（2007年再版），该书中设有"中国第一个真正了解西方文化的思想家——严复"一章，其中包括严复的天演进化思想、科学精神、科学方法等内容；张岂之主编并由广西师范大学出版社2007年出版的《中国思想学说史（明清卷下）》，该书中设有"严复对西学的介绍及其学术价值"一章，其中包括严复的经验主义方法论、进化论思想等；蒋国保等著并由安徽人民出版社2002年出版的《晚清哲学》，该书中

① 冯友兰. 中国哲学史新编（下卷）[M]. 北京：人民出版社，2007：448.

设有“早期改良与近代启蒙（下）——严复的近代启蒙思想”一章，包括严复的认识论、方法论等内容。

这类著作都将严复思想作为中国哲学史、思想史的一个重镇加以介绍和研究，其中，关于严复科学思想方面的内容集中在自然观、天演哲学、经验主义认识论和方法论以及逻辑思想等方面。整体上讲，这类著作是将严复科学思想作为其启蒙思想的一部分或一个侧面与自由主义思想、民主政治思想及其他思想共同展开研究，尽管分析深刻、论证有力，但囿于篇幅的限制，基本上并未对严复科学思想的内容展开充分讨论。

其二，中国近代科学思想史以及科学文化本土化实践等主题专著中涉及的严复科学思想的内容。这类著作较有代表性的有：王鉴平、胡伟希著并由学林出版社1989年出版的《传播与超越——中国近现代实证主义进程研究》，该书中设有专题讨论严复的“天演”学说、社会进化论以及科学方法论等内容；段治文著并由上海人民出版社2001年出版的《中国现代科学文化的兴起（1919—1936）》，该书在讨论中国近代思想界科学观的四度转换的内容中较为详细地讨论了严复的方法论科学观；杨国荣著并由高等教育出版社1996年出版的《从严复到金岳霖：实证论与中国近代哲学》（该书在2009年再版，更名为《实证主义与中国近代哲学》），该书第一章详细地研究了严复的科学方法论、认识论、功利主义等实证主义哲学思想；刘大椿、吴向红著并由广西师范大学出版社2003年出版的《新学苦旅：中国科学文化兴起的历程》，该书设有“现代学术第一人——严复”一节；杨国荣著并由华东师范大学出版社2009年出版的《科学的形上之维——中国近代科学主义的形成与衍化》，该书中设有关于严复科学主义思想的内容；其他的还有赵冬著并由社会科学文献出版社2007年出版的《近代科学与中国本土化实践》，该书中的“中国近代科学本土化的范式变迁与思想交锋”部分较为粗略地提到了严复的科学观。

这类研究本身就较为集中于近代中国科学思想的领域，因此，书中提到严复的思想也就相应地集中于他的科学思想，其中部分研究立论高远，分析严谨，如杨国荣的两部著作中探讨了严复的实证主义、科学主义等思想；刘大椿的著作分析了严复的实证主义认识论、方法论，还涉及了严复建议设立一种独立于政治乃至独立于一般社会的学术职称制度的思想。但这类著作关于严复科学思想的研究同样存在篇幅小、未能充分展开讨论的局限性，而其中，杨国荣在分析严复科学主义思想时未能充分注意到严复对科学有限性的认识以及对人文之域的关注，殊为可惜。

其三，以严复生平和思想为主题的专著中涉及的科学思想的内容。这类著作较具代表性的有：王栻著并由上海人民出版社 1975 年出版的《严复传》，该书中设有“严复的政治理论和哲学思想”一章，其中有部分关于进化论思想和机械自然观的讨论；张志建著并由商务印书馆国际有限公司 1995 年出版的《严复学术思想研究》，该书中设有“天演进化的哲学思想”“重归纳轻演绎的逻辑思想”“黜伪而崇真的科学思想”等专题；马勇著并由北京图书馆出版社 2001 年出版的《严复学术思想评传》，该书涉及严复的天演思想和逻辑思想；欧阳哲生著并由百花洲文艺出版社 2010 年出版的《严复评传（第 2 版）》，该书涉及严复科学思想的部分内容；皮后锋著并由南京大学出版社 2006 年出版的《严复评传》，该书较为详细地探讨了严复的天演哲学思想；美国学者本杰明·史华兹著，叶凤美译，并由江苏人民出版社 1990 年出版的《寻求富强：严复与西方》，该书从严复的译著文本出发探讨了严复的进化论思想与逻辑思想。

整体上讲，这类著作以严复的人生经历以及思想的形成与发展为主线，尽管涉及了严复科学的部分内容，但较多侧重于介绍，较少有学理的分析。

其四，以严复科学思想的某个方面为主题的学术（学位）论文。在这一研究类型中，又相对地可以区分为具体的几个方面。

（1）自然观及进化论或天演哲学：陈天林 2002 年发表在《江西社会科学》第 5 期上的《严复进化论与老庄天道自然观》；王中江 2011 年发表在《文史哲》第 1 期上的《严复的科学、进化视域与自然化的“天人观”》；陈国庆、刘惠娟 2003 年发表于《西北大学学报》第 1 期上的《严复对进化论的选择与创新》；李承贵 1997 年发表于《福建论坛》第 3 期上的《严复进化思想探微》；罗耀九 1997 年发表于《厦门大学学报》第 1 期上的《严复的天演思想对社会转型的催酶作用》；魏义霞 1994 年发表于《求是学刊》第 4 期上的《浅论严复对“天演”原因的分析》；施瓦茨（即史华兹）、徐雅莉 1990 年发表于《孔子研究》上的《严复——进化与伦理》；等等。

（2）科学观及科学思想：刘梁剑 2009 年发表于《华东师范大学学报》第 2 期上的《“旧瓶装新酒”：论严复的科学观——兼论中国现代思想研究方法》；陈友良 2006 年发表于《北京科技大学学报》第 1 期上的《进化与功利——严复对近代科学思想的诠释》；史革新 2005 年发表于《北京师范大学学报》第 2 期上的《严复科学民主思想议略》；周济 2001 年发表于《科学技术与辩证法》第 2 期上的《倡导自然科学与社会科学汇流的前驱——纪念严复逝世 80 周年》；周济 1998 年发表于《自然辩证法研究》第 6 期上的《严复的科教治国思想》；刘敬东 1997 年发表于《天津社会科学》上的《民主与科学：严复启蒙思想的主题与灵魂》；马来平 1995 年发表于《自然辩证法研究》第 2 期上的《纠正重官轻学传统心习 优化科学发展文化环境——严复论传统职业兴趣观念与科学》；马来平 1995 年发表于《哲学研究》第 3 期上的《严复论束缚中国科学发展的封建文化无“自由”特征》；段治文 1993 年发表于《福建论坛》第 4 期上的《试论严复的科学文化观》；官鸣 1993 年发表于《自然辩证法研究》第 10 期上的《中国近代学习西方科学的伟大尝试——严复学习西方科学的思想试探》；等等。

（3）认识论、科学方法论与逻辑学：赵云波与范丽媛 2018 年发表于《自然辩证法研究》第 5 期上的《严复论格致与科学在方法上的差异》；宋志明与孙小金 2001 年发表于《中国矿业大学学报》第 1 期上的《严复与实证方法》；颜华东 2001 年发表于《兰州学刊》第 3 期上的《评中国近代逻辑学的奠基人——严复》；马来平 1995 年发表于《自然辩证法通讯》第 2 期上的《严复论传统认识方式与科学》；孙中原 1992 年发表于《文史哲》第 3 期上的《论严复的逻辑成就》；郭桥 2000 年发表于《科学技术与辩证法》第 3 期上的《严复输入西方逻辑探源》；杨国荣 1991 年发表于《哲学研究》第 5 期上的《严复与西方实证主义》；等等。

除以上成果之外，需要提到的是，刘大椿教授 1993 年在《科学技术与辩证法》第 6 期上发表《辛亥革命前科学哲学在中国的传播及其思想意义》一文，其中在介绍严复传播科学哲学的贡献的同时较大篇幅地讨论了严复本人的科学思想；董贵成 2004 年发表于《自然辩证法研究》第 7 期上的《戊戌维新时期对科学技术社会功能的两种解读》，其中严复的科学观构成文章的主要内容，代表了那一个时期科学技术社会功能解读的一个方面。另外，以严复科学思想的某个侧面或某个主题为核心的学位论文有：东华大学刘伟力2010年硕士学位论文《严复科技观》；复旦大学李玉2009年硕士学位论文《严复对培根知识学思想的阐发》；湖南大学彭世文2002年硕士学位论文《晚清士大夫觉醒与严复天演哲学》；等等。

以上具有代表性的科研成果从不同侧面探讨并丰富和深化了严复的科学思想研究，但整体而言，作为单篇的学术论文失之于对严复科学思想的各个方面的贯通与综合（这当然决定于文章类型的性质），而部分学位论文失之于更为深刻的学理分析。

综上所述，近代中国学术文化中蕴藏着丰富的科学思想。20世纪90年代后我国学术界的部分学者开始了系统地整理和研究近代中国的科学思想，出现了一大批高水平的研究成果，例如：刘大椿、吴向红合著的《新学苦旅：中国科学文化兴起的历程》；金吾伦、张超中合著的《科学的中国化与中国化的科学》；赵冬著的《近代科学与中国本土化实践》；段治文著的《中国现代科学文化的兴起（1919—1936）》；任定成著的《在科学与社会之间——对1915～1949年中国思想潮流的一种考察》；等等。以上成果大都从勾勒近代中国科学思想的整体面貌出发，开启并丰富了这一领域的研究。但同时，发掘时代思想又离不开对这个时代中具有代表性人物思想的研究，正是基于这样的认识，本书试图通过研究严复科学思想这一个点以深化和推动中国近代科学思想领域的研究。

## 二、严复科学思想的特点

通过对严复著作文本的通读及初步整理，加之相关文献的阅读，笔者认为，严复科学思想有以下特点。

### （一）科学思想存在丰富性与缺乏系统性的二元特征

首先，李泽厚讲得很明白，中国近代思想在短短几十年内风驰电掣般地越过了欧洲思想从发生到成熟的数百年而形成，它的一个主要特征就在于“各个领域或学科的独立性格反而没有得到充分展开和发挥”①，亦即

① 李泽厚. 中国近代思想史论[M]. 北京：生活·读书·新知三联书店，2008：485-486.

鲜有就某一思想、理论或学派作专门的、深入的论述与研究，较少形成冯友兰所谓的“接着讲”的鸿篇巨制。这一结论同样适用于严复及其科学思想的理论形态。我们知道，严复是一位“百科全书”式的学界奇才，他的思想之广博、理论域面之广阔在当时罕有能望其项背者，但他的这种博学特征为我们从科学思想这一专一的角度来解读他的思想带来了一定的困难，他没有一部专门的探讨科学思想的著作，除了《论治学治事宜分二途》《西学门径功用》《论今日教育应以物理科学为当务之急》等少量的专门论述科学、科学与社会、科学体制的文章，以及在翻译的《穆勒名学》《天演论》等文本中以案语的形式较为集中地探讨自然观、科学观与方法论的文献外，他更为广泛甚至有的是非常深刻的科学思想散见于其他众多文字材料中。这就要求我们对严复的文字反复阅读，了然于胸，从中敏锐捕捉并提炼出他的科学思想，尽管如此，仍然难免挂一漏万。

其次，长期以来，严复的思想在学术界存在一个较为普遍的印象，那就是他早年先进，晚年思想保守落后，表现为一种 S 形的思想路线。近年来，许多学者逐渐认识到，严复晚年思想并未产生过实质性的变化，更没有完全遗弃或背叛其早期的激扬文字、热情学说，只是随着社会现实未能朝着他本人所预想的方向前进以及个人境遇的不断变化，他的思想略显稳健一些。尽管如此，他的思想中仍然贯穿着始终如一的主线。因此，在分析作为严复整体思想中较为重要的组成部分的科学思想时就需要我们多加留意，例如，他早期与晚期的宇宙观、科学观等科学思想是否不一致，如果是，是什么原因引起了这种变化；如果否，那么贯穿其科学思想始终的理论主线是什么，这些都需要我们深入挖掘、整理和总结。

可以讲，严复思想体系的以上两点特征为我们从整体上把握他的科学思想带来了较大困难。

### （二）严复科学思想来源多元

一方面，严复科学思想来源的多元化表现在中西两种学术传统上。严复处在中西文化大交流、大交汇、大交融的时代，而他本人的学术修养又是中西合璧式的，有时，在严复思想体系中，中西学的内容看上去非常和谐地交融在一起，甚至往往不能轻易地把他的思想“截然地划分为‘中国传统'和'近代西方'这样两个互不关联的方面"[①]。诚然，严复是他那个时代国人中的西学大师，仅就其科学思想来讲，主要来源于西方思想理论传统，但不容忽视的是，其中必然浸染着中国传统科学思想、哲学思想等学术资源。应当看到，中学传统与西学传统共同构成了严复科学思想的养分，这一特征就决定了欲要准确解读严复科学思想，就必然要求我们较为广泛地参合中西学术思想，也就必然带来较大的阅读量。例如，严复天演哲学中一个重要的思想观点，即"与天争胜"，主要来源于英国实证主义哲学家赫胥黎,但他在阐释这种观点时借用了中国传统文化中刘禹锡"天人交相胜"的思想，因此全面解读严复的这一观点就不仅需要我们认真研读赫胥黎的著作，同时还要考量刘禹锡的具体思想，并在此基础上深入分析和比较他们思想的异同，而在最后具体研究严复的思想时也许只是用到了他们思想中非常有限的一部分。

另一方面，即使在西学传统或中学传统的单一向度中汲取学术养分，严复也并非专注于某一思想家、哲学家个人的理论观点，而是从个人理论建设需求的现实出发博采众学，为我所用。同样以天演哲学思想为例，它既以达尔文进化论为基础，又有拉马克进化思想的痕迹；一面宣扬斯宾塞"天人一贯"的普遍进化主义思想，一面又借用赫胥黎的"与天争胜"思想纠正斯宾塞"任天为治"之"流弊"，这同样要求我们对严复所涉及的人物的思想都要有所了解。

### （三）个人思想与译著原作者的思想并非泾渭分明

文字是思想的载体，关于严复个人的文字，目前，国内外学术界在开展严复思想研究中较为倚重的是王栻主编并由中华书局于 1986 年出版的《严复集》（全五册），这本集子较为全面地收集了严复公开发表的文章和著作以及私人信件等内容；其后，由南京大学历史系孙应祥教授和江苏省社会科学院皮后锋副研究员在王栻主编的《严复集》（全五册）的基础上收集新发现的史料，集成《〈严复集〉补编》，并于 2004 年由福建人民出

① [美]本杰明·史华兹. 寻求富强：严复与西方[M]. 叶凤美译. 南京：江苏人民出版社，2010：134.

版社出版，这本补集主要在严复的未刊稿、私人信件等方面做了补充，以及对《严复集》（全五册）中部分文章做了补录[①]。这两个集子作为严复留给世人的文字承载着他个人的思想与理念。但是其中还有相当一部分文字体现在他的译著文本中，目前学界所看到的总计有十几本，涉及经济哲学、政治哲学、美学、逻辑学、社会学等多个方面，其中最为著名的就是商务印书馆于1981年出版的“严译八大名著”[②]。一般而言，翻译著作直接反映的是原作者的思想，但在严复这位著名的译者这里，问题并非这样简单。

第一，严复传播西方文化、译介西方经典名著有着很强的功利意识，他在择取、译介和传播西方哲学理论时之所以选择这个思潮而非那个思潮，之所以选择这个流派而非那个流派，之所以选择这个学说而非那个学说，其根由在很大程度上在于，他认为他所选取的理论著作能够符合他的价值诉求，能够帮助他完成开启民智、起贫救衰、富国强兵的时代任务，能够达至他所希求的中国社会走出中古迈向近现代的美好愿景。概言之，严复翻译西方理论著作并非简单的“转述”，而是有着相当程度的自觉意识，甚至在某些方面正是在翻译的过程中实现了自己思想的表达。当然，“托译言志”还只是在一定程度上和某些侧面反映出了严复本人的思想观点。

第二，尽管严复提出的“信、达、雅”的翻译原则被中国翻译界奉为圭臬，但严复本人的译作雅则雅已，但未能始终如一地贯彻“信”的理念，他自己就讲：“顾信矣不达，虽译犹不译也。”[③]例如，《天演论》就是严复在赫胥黎的《进化与伦理》的基础上按照个人的需要择取、提炼与发挥而成的作品，其中夹杂着大量他个人的思想观点，鲁迅就评价《天演论》是严复“做”出来的；又如，《名学浅说》取自英国逻辑学家耶方斯的《逻辑学初级教程》，但在文本中严复常常以中国的历史和文化事件来作为原

---

① 2014年，福建教育出版社出版了《严复全集》，是研究严复的一份重要文献。

② 分别为：赫胥黎的《天演论》、亚当·斯密的《原富》、斯宾塞的《群学肄言》、穆勒的《群己权界论》和《穆勒名学》、甄克思的《社会通诠》、孟德斯鸠的《法意》、耶方斯的《名学浅说》。

③ 王栻. 严复集（第五册）[M]. 北京：中华书局，1986：1321.

作的补充、论据与例证[①]，这些内容尽管是严复借用原作者的理论来解读中国的事，但表明的却是他个人的理解与认识，应当将其视为他自己的思想。事实上，关于这一点学界早有所注意，黄见德在《西方哲学东渐史（上）》一书中谈到严复引介西方经验主义认识论时就讲道："要注意的是，严复在介绍西方认识论时，同论述他自己的观点是混杂在一起的。哪些是西方哲学家的学说，哪些是严复的观点，很难截然分开。"[②]这就增加了译著文本理解的难度，需要我们对严复译作中的文字加以再解读、再考证，既不能将原作者的思想观点误用为严复的思想，也不能遗漏"掩映在丛林"中但又确实是严复自我思想表达的那些弥足珍贵的文字。

### （四）文笔古雅

严复刻意模仿先秦古文体，文笔隽永渊雅，言简意富，而且常常引用古典文学中的话语来表达自己的思想观点。吴汝纶就曾评价严复文字"骎骎与晚周诸子相上下"[③]，连一向自视甚高的康有为读了他的文章也不得不说"眼中未见此等人"[④]。但这种写作方式亦有其局限性，那就是将阅读面限制在了晚清[⑤]社会的上层，梁启超曾写信建议他以通俗的文字来写文章以扩大阅读群体，但严复并没有接受这一善意的建议，他认为，中国的问题在学术，学术变革的关键在"士"，为了迎合那些硕学鸿儒们的口味，让他们欣然接受具有强烈变革性质的思想，就必须为其裹上一层"糖衣"，而这"糖衣"就是"道学家"所追尚的古文风。这就同样为我们今天阅读和理解严复的文字带来了困难。一是需要有一定的古文知识，否则很难准确理解严复语言所蕴含的深刻思想。例如，他在阐述学习西方先进

---

① 例如，在译本《名学浅说》第三十节中讲概念的精确性时，文章大篇幅批评中国传统概念"气""道""仁""义"等含混不清，这是原本中所没有的内容，属于严复的"取便发挥"。

② 黄见德. 西方哲学东渐史（上）[M]. 北京：人民出版社，2006：249-250.

③ 王栻. 严复集（第五册）[M]. 北京：中华书局，1986：1318.

④ 王栻. 严复集（第五册）[M]. 北京：中华书局，1986：1570.

⑤ 关于晚清，我们取"指从道光二十年（1840 年）鸦片战争爆发到宣统三年（1911 年）辛亥鼎革之间不足百年的历史时段"之规定。

科学文化的必要性和紧迫性并批判那些悲观守旧人士的所作所为时引有“其何能淑，载胥及溺”[①]，这句话出自《诗经·柔桑》，如果不能解读这句话，就很难理解严复的所指，这种现象在严复的文章中随处可见。二是需要考察严复文字的语境，否则往往会引起歧义。例如，严复在区分科学与其他文化形态的不同之处时讲了这样一句话：“大抵中外古今，言理者不出二家，一出于教，一出于学。教则以公理属天，私欲属人；学则以尚力为天行，尚德为人治。”[②]此处的“学”自然是“西学格致”，而此处的“教”是什么，有学者将其理解为“宗教”，而实际上严复是指“伦理教化”。又如，严复在解释宇宙的形成和进化的机制时将其描述为“翕以聚质，辟以散力”[③]，对此，有学者将其理解为是两个互逆的物理现象，而事实上严复所讲的是物质形成与演化的某一单向过程中同时出现的两种物理现象，他借用的是斯宾塞普遍进化主义中物质与运动不断再分配的观点。可见，严复的古文风确实为后人带来了理解上的困难，需要我们借用必要的工具加以解读。

## 三、严复科学思想的主线

为了有利于为原始文字材料的整理以及思想观点的提炼提供纲领性指导，同时有利于实现主题明确、层次清晰的要求，从而合理有效地展开探讨与研究，本书基本采取席泽宗所讲的科学思想的传统论域，即自然观、科学观与方法论等方面作为文章的核心要素与主线，并在此基础上进一步拓展，包括以下几个方面。

拓展一：在系统整理和详细分析严复自然观、科学观、方法论等思想的基础上，深入挖掘其背后更为根本的哲学理论或更为具体的思想观点。

我们知道，清末民初是中国历史上不多见的一个各种思潮交错迭代、争持消长的“大时代”，正如一度执思想界之牛耳的梁启超在《清代学术概论》中所讲的：“今之恒言，曰‘时代思潮’。……凡‘时代’非皆有

① 王栻．严复集（第一册）[M]．北京：中华书局，1986：5.

② [英]赫胥黎．天演论[M]．严复译．北京：商务印书馆，1981：92.

③ 王栻．严复集（第五册）[M]．北京：中华书局，1986：1327.

'思潮'；有思潮之时代，必文化昂进之时代也。"[①]在各种社会思潮中，如果以与近代实验科学的紧密关系而言，无疑，进化主义思潮、科学主义思潮和实证主义思潮给人留下了极为深刻的印象。从严格意义上讲，这三大思潮起源于相异于中国传统文化的西方文化体系中，它们之所以在大致同一时期能够在中国风起云涌并成为具有广泛影响的本土化了的社会思潮，就在于一大批知识分子的阐释、宣扬与不遗余力地推动，而其中，严复对这三大思潮在中国的兴起与发展起到了重要的作用，他或者直接开创某种思潮的兴起（如进化主义思潮），或者奠定了某种思潮的发展基础（如科学主义思潮和实证主义思潮），并且在这一过程中，严复形成了既有西方思想渊源又具有不完全与之相同的形态与内涵的进化主义思想（严复自号"天演祖哲学家"）、科学主义思想和实证主义思想。

基于以上认识，通过进一步考察与分析，我们发现，严复的这三种思想分别与他的自然观、科学观与方法论有着内在的理论源流关系：其一，严复的进化主义思想（或天演哲学）作为更为一般的意义上对世界万事万物的总的看法，正是构成其自然观的更为深刻的哲学思想根据；其二，严复的科学主义思想在价值观的层面上彰显或引申了其科学观中某些方面的认识；其三，严复的实证主义思想本身就包括方法论的层面，同时又在认识论的维度上为其科学方法论建构了理解的基础。这种"一一对应"的关系为我们进一步拓展、发掘和深化严复的科学思想提供了运思上的启示。

拓展二：正如我们前面已经分析到的，严复认为要实现中国的近现代化，就必须发展"黜伪崇真"的科学和"屈私为公"的政治，而二者之间又以前一方面为根本。事实上，在中国近代思想史，或更具体地讲，在近代国人科学观的演进过程中，严复较早认识到科学方法的重要性，正如有学者指出，"在严复看来，为了建立完善的群学，必须要重视自然科学基础，而要获得对自然科学的真正认识，则舍科学方法之外，别无它途"[②]。

---

① 梁启超. 梁启超论清学史二种[M]. 朱维铮校注. 上海：复旦大学出版社，1985：1.

② 段治文. 中国现代科学文化的兴起（1919—1936）[M]. 上海：上海人民出版社，2001：52.

如果说科学发达的关键在于方法是从科学的内部来认识科学的，那么，科学的发展还需要外在的相匹配的社会文化环境作为支持系统，关于这一点严复亦有所认识，他在1898年撰写的《论治学治事宜分二途》一文中已具有了我们现在所讲的“独立的学术体制”的意识，可以讲，严复对西方科学的认识不止于科学本身的层面，而是站在将科学作为一种文化系统的广度来加以解读，相应地，他对中国发展科学的认识就不止于提倡学习和引进西方的科学方法，而且要培育和完善适宜科学发展的体制和机制，亦即，要实现科学文化的全面本土化。因此，科学文化本土化致思就构成了本书拓展严复科学思想的又一个思路。

拓展三：如果说以上各方面是从正面对严复科学思想展开探讨与研究，即着眼于严复科学思想的本身，那么：①尽管思想者的思想往往具有超越特定时代的前瞻性，但这种具有前瞻性的思想的形成却离不开具体的与特定的社会文化情境，因此，考察严复科学思想，同样需要对其形成的时代背景及教育背景加以缕析，从而从这一侧面丰富其主体思想的研究；②我们知道严复是近代中国著名的西学大师，他的历史功绩的一个重要的方面就在于将西学东渐从器物的层面推进到着眼于西方哲学社会科学理论的层面，或者说思想精华的层面，这一点已是学界的共识[①]。在前文我们已经提到，严复的译著中有两部涉及科学哲学方法论的著作——穆勒的《逻辑体系》（严译《穆勒名学》）和耶方斯的《逻辑学初级教程》（严译《名学浅说》），因此，有理由认为，严复所传播的西方哲学社会科学理论中的科学哲学至少是其中的一部分。我们知道，科学哲学作为对科学的反思，集中地反映了人们对科学的看法，是科学思想中最为核心的论题，而严复的翻译活动是作为其思想启蒙的学术活动而展开的，因此，通过对其传播科学哲学的动因、具体成果等方面的分析，为我们探讨其科学思想提供了又一个重要的侧面。

通过以上分析与设想，从科学思想角度开展严复研究的主线就显现在

---

① 如鲁迅、胡适、康有为、蔡元培、冯友兰、萧萐父、李泽厚等都持这种观点。更为具体的讨论可参见：黄见德. 20世纪西方哲学东渐史导论[M]. 北京：首都师范大学出版社，2007.

我们面前，如图 0.1 所示。

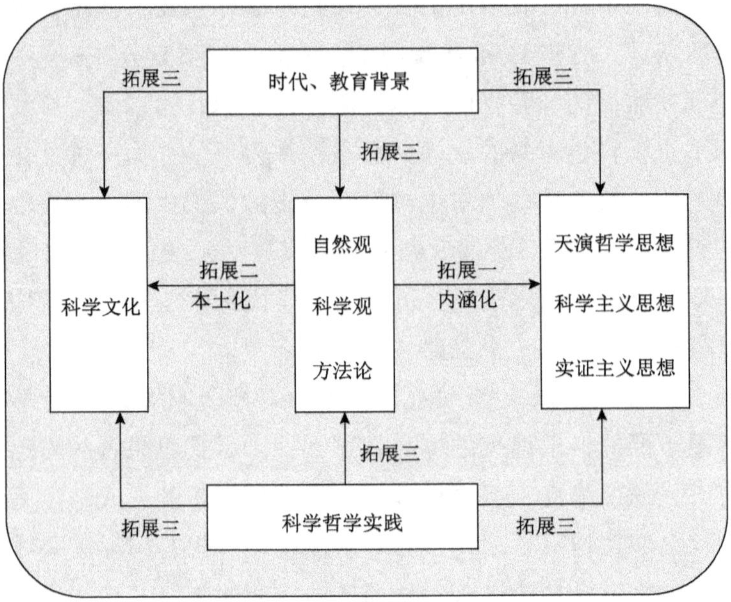


图 0.1　严复科学思想研究框架图

研究主线确定之后，我们的任务也就随之清晰起来。

第一，着力于严复科学思想研究的体系化。具体表现在：一是在近百年的严复研究史中，不乏关于严复科学思想的学术成果，但整体来讲，这些成果或以自然观为主题，或以科学观为论域，或者从实证主义哲学的角度来展开探讨，缺乏对严复科学思想的体系化研究；二是正如在严复科学思想的特点中我们所讲到的，严复思想中含有丰富的科学思想成分，但他并未写成有关科学思想的专著，其观点与理论散见于各种文献中。本书则以科学思想的传统论域，即自然观、科学观与方法论为主线和统领，并在此基础上将三个层面拓展，较为全面地考察了严复的科学思想。

第二，着力于严复科学思想研究的深入化。深入化作为创新的一个方面表现在，尽管本书沿用了自然观、科学观、方法论等内容作为主线的传统思路，但对严复科学思想的考察并不止于这一层次，而是深入地分析了其内在的思想根据，如天演哲学之于自然观、实证主义思想之于方法论；具体地考察了其更为特殊的观点和认识，如科学主义之于科学观，从而在一定程度上推进了严复科学思想研究的深刻性和丰富性。

第三，深入考察学界关于严复科学思想的一些争论性问题。比如，在自然观中，严复一方面指出自然科学是人类认识自然的正确途径，并对世界本原作了物质性解释；另一方面又认为“大抵宇宙究竟与其元始，同于不可思议”①。一方面在宇宙万物起源上否定创世论，否定上帝的存在，认为人的意识的产生与变化离不开物质，具有唯物主义倾向，但是另一方面又认为“宗教之言上帝，大抵皆随其成心而师之之说也”②，并明确讲“此心之动，皆物之变，故物尽则心尽，所言实凿凿可指”③，表现出唯物主义倾向；另一方面又认为“须知世间一切宗教，自释、老以下，乃至耶、回、犹大、火教、婆罗门，一一皆有迷信，其中可疑之点，不一而足……而及言鬼神丧祭，以伦理学 Logic 言，亦有不通之处。但若一概不信，则立地成 Materialism，最下乘法，此其不可一也。又人生阅历，实有许多不可纯以科学通者，更不敢将幽冥之端，一概抹杀”④。又如，在认识论上，一方面，严复表现出现象主义的倾向，主张人的认识止于感觉经验，并且强调人们没有必要认识超越现象之域的终极实体；另一方面，他不仅未排斥反而在一定程度上表现出对形而上学的兴趣。对于这些矛盾，以往的研究往往有所忽视，本书进行了尝试性的分析。

---

① [英]赫胥黎. 天演论[M]. 严复译. 北京：商务印书馆，1981：47.

② 王栻. 严复集（第四册）[M]. 北京：中华书局，1986：1107.

③ 王栻. 严复集（第四册）[M]. 北京：中华书局，1986：1115.

④ 王栻. 严复集（第三册）[M]. 北京：中华书局，1986：825.

# 第一章　严复科学思想的形成背景

本章主要阐明严复科学思想的形成背景，包括思想文化背景和个人教育背景。在思想文化背景方面，本章择取了既能突出反映整个时代特征，又与严复科学思想的形成有着紧密联系的科学文化本土化实践趋向为视角，研究发现，正是科学文化本土化的具体实践为严复提供了接受西方自然科学和哲学理论的机会，而严复科学思想一经形成又返归到中国科学文化本土化的历史实践中并将其推向了深入层次。严复的教育背景分为中学教育和西学教育两个方面，每个方面又分为几个不同的阶段，它们对严复科学思想的形成都起到了直接的或者间接的作用。对形成背景的分析，为我们认识严复科学思想提供了一个重要的侧面。

## 第一节　严复科学思想形成的思想文化背景

任何哲学思想都是时代社会经济在意识形态领域的反映，严复科学思想的形成，离不开对其所处的特定的历史环境与社会文化思想语境。本节择取近代中国科学文化本土化实践趋向为视角来探究严复科学思想形成的思想文化背景。

### 一、择取近代中国科学文化本土化为背景的原因

其一，近代中国以一种特殊的方式走向世界。鸦片战争的爆发，将以“天朝上国”自居的国人从创痛中拉回到了现实的人间，不得不与“高颡深目”“鸟言夔面”的“蛮人”打交道。直观上看，中西方之间表现为政治、经济与军事的较量，实则是更为深层次的和更为宽阔意义上的文化博弈，正如一些学者所指出的，中国近代史“从根本上说，这是一场最广义的文

化冲突”[①]，是“扩张的、进行国际贸易和战争的西方同坚持农业经济和官僚政治的中国文明之间的文化对抗”[②]。其结果不言而喻，它已深刻地预设在传统农耕文明与建基于近代科技力量之上的工业文明之间的较量之中。一定意义上讲，这一历史时期外来的文化“作为人类另一种主要的传统，从古希腊、罗马脱胎而来的近代西方文明，实际上是一种渗透着人文精神的、由各种相关配置支撑着的科学文化”[③]。可以说，在这场文化冲突中，科学文化充当了西方文化的前沿与核心的角色，从而构成了近代中国不同于历史上各个大时代时期在文化思想领域的最为鲜明的特色。

其二，严复的科学思想之所以不同于中国传统的科学思想，就在于他的自然观、科学观以及方法论等思想中注入了近代实验科学的新鲜血液，受到了西方科学文化的深层浸染，而之所以他的思想中能够有这样的基础与特征得益于近代中国科学文化本土化的生动实践。可以讲，正是在国人对西方科学文化的认识进入了直观的阶段，并在19世纪60年代兴起的洋务运动中，作为培养近代军事工业和技术人才的具体环节与措施而开办的新式海军学堂和支持出洋留学等实践为严复直接接受西方自然科学教育提供了机会。而且，其所处时代西学东渐已有较大进展，特别是西书汉译已经取得了相当丰富的成果，据《西学书目表》统计，19世纪中叶至19世纪末已有352种译著。而严复科学思想一经形成又返归到中国科学文化本土化的历史实践中并将其推向了深入层次。

因此，择取近代中国科学文化本土化实践趋向作为考察严复科学思想形成的思想文化背景一方面最能体现时代的特征，另一方面又与严复科学思想有着紧密的联系，能够清晰地反映出其思想的时代价值。一般而言，“现代科学至少包含如下三个层次：作为既定知识或作为物化的器物的科学成果（器物层）；产生上述成果的一整套科学建制，它牵涉到一些相关的

① [美]费正清，刘广京. 剑桥中国晚清史（1800—1911年）（上卷）[M]. 中国社会科学院历史研究所编译室译. 北京：中国社会科学出版社，1985：256.

② 杨密. 中西文化对比研究[M]. 北京：新华出版社，2016：208.

③ 刘大椿，吴向红. 新学苦旅：中国科学文化兴起的历程[M]. 桂林：广西师范大学出版社，2003：1.

社会支持系统（制度层）；制约科学活动本身，也制约着社会对科学活动的干预方式的价值观、思维方式、文化气质，等等（思想层）”①。回顾近代国人对西方科学的认识正是经历了一条由“器物”到“制度”，再深入“观念”领域的“由技而道”的“天路”历程，它们共同构成了科学文化本土化实践趋向的丰富内容。

## 二、中国科学文化本土化的阶段性特征

第一阶段，科学文化的器物层面。在这一阶段中，国人首先看到的就是西方科学文化的器物形态——坚船利炮的厉害。

19世纪上半叶，林则徐、魏源在探求振兴国家的方略中开启了晚清国人认识西方科学文化的破冰之旅。鸦片战争前夕，林则徐奉旨查禁鸦片时，已自觉认识到了解西方世界的重要性，广而收集夷情，先后辑有《四洲志》《华事夷言》等著作，并通过对英军的评价透射出他所持有的器物科学文化观，他指出英军“以其船坚炮利而称其强”，“乘风破浪，是其长技”②，进而提出剿夷的八字方针“器良、技熟、胆壮、心齐”。另一位代表性人物是魏源，其思想中已然触及西方的政治层面，但在科学文化观上同样始于并终于器物的层面。他在林则徐《四洲志》的基础上编纂出中国近代史上的“创榛辟莽，前驱先路”之作《海国图志》，发出“长技不师，风涛谁誓”③的诘问，声言此书是“为以夷攻夷而作，为以夷款夷而作，为师夷长技以制夷而作”④，大胆挑战国人视西方科技为“奇技淫巧”的传统观念，主张“有用之物，即奇技而非淫巧”⑤，并在该书中明确提出：“夷

① 刘大椿，吴向红. 新学苦旅：中国科学文化兴起的历程[M]. 桂林：广西师范大学出版社，2003：6.

② 段治文. 中国现代科学文化的兴起（1919—1936）[M]. 上海：上海人民出版社，2001：45.

③ 陆学艺，王处辉. 中国社会思想史资料选辑·晚清卷[M]. 南宁：广西人民出版社，2007：17.

④ [清]魏源. 海国图志（上）[M]. 长沙：岳麓书社，1998：1.

⑤ [清]魏源. 海国图志（上）[M]. 长沙：岳麓书社，1998：30.

之长技三：一、战舰，二、火器，三、养兵，练兵之法。”[①]在具体实践方面，他主张聘请洋人传授船炮技术，购买洋船、洋炮以发展近代军事，而且初步提出了发展近代工业的思想，他讲：“量天尺、千里镜、龙尾车、风锯、水锯、火轮机、火轮舟、自来火、自转碓、千斤秤之属，凡有益民用者，皆可于此造之。”[②]他自信地认为“不旋踵间，西洋之长技，尽成中国之长技”[③]。与此同时，还出现了徐继畬的《瀛寰志略》、姚莹的《康輶纪行》、梁廷枏的《海国四说》、汪文泰的《红毛番英吉利考略》等一批介绍西洋风土人情、地理史志等方面的著作，都从不同层面和不同侧面介绍了西方“技”“器”的先进性与实用性。

整体上讲，以林、魏二人为代表的“师夷长技”之说确可视为中国科学文化近代化进程中的“导言”，他们的主张与行为可谓“前驱先路”之举，他们的思想折射出了一个时代的知识分子认识西方科学文化所达到的层面。回溯历史，从西学东渐伊始，从对西方科学文化的认识始于“器”与“技”的层面倒也符合了一个民族认识他国文化的逻辑必然，但毕竟器物层面并不是科学文化的全部，甚至不是科学文化中最为精致的部分，随着文化交流的深入，必然要求人们的视界扩展到更广的层面，指向以“器”与“技”为载体的背后更为内在的规定性。

第二阶段，深入器物背后的“学”的层面。对西方科学文化的认识突破“技”“器”而深入“学”的层面，是紧接林、魏之后的国人科学观发展所达到的一个新的重要阶段。从这个角度讲，冯桂芬无疑是中国近代科学文化发展史上的又一重镇，他在承继“师夷长技”的思想基础上将国人的视野推向了“采西学”的维度之上。

在关于“师夷长技”之“技”的认识上，冯桂芬同样认为“有待于夷”的是诸如船炮之类的西方先进器物，并强调“自造、自修、自用”的重要性，他讲道：“能造、能修、能用，则我之利器也；不能造、不能修、不

---

① [清]魏源. 海国图志（卷二）[M]. 长沙：岳麓书社，1998：26.

② [清]魏源. 海国图志（卷二）[M]. 长沙：岳麓书社，1998：30.

③ [清]魏源. 魏源集（上）[M]. 北京：中华书局，1976：186.

能用，则仍人之利器。”[①]但他的历史贡献显然不在这里，而在于他通过自己的观察进一步看到，西方在机器与技术方面所取得的卓越成就实得益于西学，特别是得益于自然科学理论的支撑，而这正是中国所欠缺的，正如他所言：“算学、重学、视学、光学、化学等，皆得格物至理，舆地书备列百国山川厄塞风土物产，多中人所不及”[②]，故而他主张设立“翻译公所”培养翻译人才，译介西书“由是而历算之术，而格致之理，而制器尚象之法，兼综条贯”[③]。从“师夷长技”到“长技”与“长学”兼而师之，可谓国人科学文化观的重大进步，但冯桂芬的历史局限性在于“他并没有完全意识到，西方科学技术的发达，离不开西方文化传统中的科学精神，乃至他们那逐渐形成的适合于科技发展的相应制度”[④]。因而，冯桂芬在处理中学和西学关系与地位问题上走上了歧路，他指出：“且用其器，非用其礼”[⑤]，并明确提出“以中国之伦常名教为原本，辅以诸国富强之术”[⑥]。

同样的思想还表现在其他著名先进人物身上，冯桂芬的同乡王韬在19世纪70年代纂写《英人培根》一文，并初步介绍达尔文、斯宾塞的学说，仅此工作，王韬即可谓时代的佼佼者，但在中西学关系问题上，他仍然认为“形而上者中国也，以道胜；形而下者西人也，以器胜”[⑦]，因此，“器则取诸西国，道则备自当躬”[⑧]。这些思想正成为洋务运动“中学为体，西学为用”的蓝本。这些先进人物与当权派中的部分后来称之为晚清中兴

---

① [清]冯桂芬，[清]马建忠. 采西学议——冯桂芬 马建忠集[C]. 郑大华点校.沈阳：辽宁人民出版社，1994：78.

② [清]冯桂芬，[清]马建忠. 采西学议——冯桂芬 马建忠集[C]. 郑大华点校.沈阳：辽宁人民出版社，1994：82.

③ [清]冯桂芬，[清]马建忠. 采西学议——冯桂芬 马建忠集[C]. 郑大华点校.沈阳：辽宁人民出版社，1994：83.

④ 刘大椿，吴向红. 新学苦旅——中国科学文化兴起的历程[M]. 桂林：广西师范大学出版社，2003：37.

⑤ [清]冯桂芬. 校邠庐抗议[M]. 上海：上海书店出版社，2002：51.

⑥ [清]冯桂芬. 校邠庐抗议[M]. 上海：上海书店出版社，2002：57.

⑦ 董光璧. 中国近现代科学技术史论纲[M]. 长沙：湖南教育出版社，1991：43.

⑧ 董光璧. 中国近现代科学技术史论纲[M]. 长沙：湖南教育出版社，1991：43.

之臣的曾国藩等人交从甚密，例如，以“位卑言高之意”而撰《校邠庐抗议》的冯桂芬就深得曾国藩赏识，李鸿章更是将一些具体的夷务交付冯桂芬办理，可以想见，前者对后者必然产生思想和观念上的影响，并通过他们影响了洋务运动的形成与走向，事实上也正是如此，思想界的涓涓细流最终在洋务运动的实践中汇聚为一股强大的治世潮流。

洋务运动起于内忧外患之际，面对两次鸦片战争的节节失利与太平军的步步紧逼，晚清政府不得不着眼于寻求“靖内乱”与“御外辱”之策。较之顽固守旧派，以奕䜣、文祥、曾国藩、曾纪泽、李鸿章、左宗棠等为代表的中央和地方实力派人物社会深感于“五千年来未有之创局”①和“三千余年一大变局”②的现实遭遇，开始着手于将先进知识分子的认识转化为具体的实践。客观而言，洋务运动为中国科学文化近现代化留下了两笔丰厚的遗产：一是兴办新式教育，翻译西方自然科学著作，提倡学习西方“声、光、化、电”等科学知识，并制定和实施出洋留学的政策从而为中国科学近代化提供了人才上的准备；二是兴办一批近代工业企业，从而为近代科学的进一步发展提供物质上的准备。而且洋务派在实践中还延揽了徐寿、华蘅芳等一批学习过西方数学和自然科学的中国数学家帮助他们开办具体事务，这些学者确也在技术改进和技术发明方面取得了一些突出的成就。但在对西方科学文化的认识上，洋务派并未在冯桂芬等人的思想基础上加以反思与超越，整体上表现的仍旧是“器”与“学”的层次。

关于这一问题，有一个鲜明的案例。

这个时期，洋务派的“智囊团”中出现了容闳这样一位人物，他是第一位毕业于美国耶鲁大学的中国留学生，被认为“是最早系统地接受过西方资产阶级教育的中国人”③，他促成了清廷第一批官派留学生赴美之行，而且是“制器之器”理念最早的提出者和第一批“制器之器”引进过程中的全程参与者。其中，他于 1863 年 10 月首先向华蘅芳、徐寿等人提出“制

① [清]曾纪泽. 曾纪泽遗集[M]. 喻岳衡点校. 长沙：岳麓书社，1983：135.

② [清]李鸿章. 李鸿章全集（2）·奏议二[M]. 顾廷龙，戴逸主编. 合肥：安徽教育出版社，2008：107.

③ 袁鸿林. 容闳述论[J]. 近代史研究，1983，（03）：129.

器之器”理念，并在数日后第二次会见曾国藩时正式提出“制器之器”理念，也正是这次会面，“制器之器”理念影响了曾国藩。容闳具有西方自然科学知识和世界视野，他的“制器之器”理念丰富、深刻[①]。

“制器”一词古已有之，《周易·系辞》中就有“以制器者尚其象”的记载。古人解释其含义时多从“凡圣人之制器以利民用者……其能与阴阳象数吻合者”[②]，即从儒家义理的角度进行注解。在近代工业背景下，“制器”被赋予了新的含义，如李鸿章在信中称“伏查泰西各国，明于制器尚象之理而得其用”，这里所“制”之“器”即是西人“所凭借以横行海外”的“轮船与火器”[③]。曾国藩是最早将“制器”之后加上“之器”二字的人物之一，赋予了这一新名词基础工业机械的内涵。其后，“中国讲求炮械，创造机器”[④]的“开山祖师”李鸿章为建立江南制造总局所上奏折中认为“制器之器”即能够“无论何种机器，逐渐依法仿制，即用以制造何种之物，生生不穷，事事可通”[⑤]。而李鸿章的得力干将，也是江南制造总局首任总办的丁日昌，在奏折中认为“制器之器”，即“由一器而生众器，如母之生子，子之生孙，流传既广，则学习易精”[⑥]。简要而言，“制器之器”即“工作母机——机床”，是现代意义上“制造机器的机器”，加工制造机器基本零件的必要工具。可以看出，在近代工业起步阶段，洋务派高层已对作为“工业的核心基础设备”——“制器之器”的内涵及其重要性有了较为直观的认识。

① 赵云波，冀豪伟. 容闳与晚清“制器之器”理念[J]. 科学文化评论，2020,（01）：73.

② [清]王夫之. 船山易学[M]. 曾国荃编，曾国藩校刊，王鹤鸣，殷子和整理. 北京：中央编译出版社，2011：269.

③ [清]李鸿章. 李鸿章全集（29）·信函一[M]. 顾廷龙，戴逸主编. 合肥：安徽教育出版社，2008：311.

④ 曾国藩. 曾国藩全集·书信（九）[M]. 李家骧，张铁宝，雷树德，等整理. 长沙：岳麓书社，1995：6716.

⑤ [清]李鸿章. 李鸿章全集（2）·奏议二[M]. 顾廷龙，戴逸主编. 合肥：安徽教育出版社，2008：201.

⑥ [清]丁日昌. 丁日昌集（上册）[M]. 赵春晨编. 上海：上海古籍出版社，2010：261.

容闳的“制器之器”“勾画出了中国机械工业体系发展蓝图”①，并且也的确完成了“近代中国第一次较大规模地引进外国的先进机器设备”②的任务，但直至清廷覆灭，这一蓝图并未真正实现，有学者就评价这一方案“只能是一个美妙的乌托邦”。一个曾在洋务派中已达成共识并获得初步实践的理念为何会不了了之，难以实现？其中原因固然复杂，但与洋务派停留在“技”“器”层面的科学观不无关系。比如，曾国藩的继任者李鸿章虽同样认识到“制器之器”的重要性，但在具体实施层面上与曾国藩有分歧。他认为较之“路远价重”出洋购买机器而言，培养制造“制器之器”的人才更为重要，即使购器，当务之急也是从西方购回船、炮成品。因此，容闳购买的“制器之器”始终得不到进一步更新与扩充，生产设备也不能实现近代化。此外，江南制造总局中如造炮厂等重要工厂的技术大权也始终旁落“洋员”之手，致使制造工艺与生产方式始终停留在仿制阶段，制造成本也越来越高，而外患又接连不断，为满足需求，较之建厂生产机器，更便捷的方式自然是直接购买成品船炮。

洋务运动中恪守的“中体西用”的纲领限制了中国科学文化进一步走向深入的可能。在应对以大学士倭仁为代表的顽固守旧派的攻讦中，奕䜣等人以显示西方科技在军事民生上的现实力量来驳斥他们的“古今来未闻有恃数术而能起衰振弱者”之类的陈词滥调，批判他们拿“忠信为甲胄，以礼仪为干橹”为招牌是空谈误国、无裨时务之举，并赋予作为“学”的西方科学以一定独立的地位，但在针对“立国之道，尚礼仪不尚权谋；根本之图，在人心不在技艺”③的诘问中，他们则在理论上显得苍白与无力，因为在他们的观念中，科技仍然是“末”，是“形下”，只不过是有用的“末”与“形下”，其“本”仍然是中国传统纲常名教。因此，他们在处理包括科学文化在内的西方文化与中国传统的关系上固守着“中学为体，西学为用”的指导方针，在具体实践中亦以维护中学根本地位，服务封建正

① 杜石然，林庆元，郭金彬. 洋务运动与中国近代科技[M]. 沈阳：辽宁教育出版社，1991：37.

② 袁鸿林. 容闳述论[J]. 近代史研究，1983，（03）：133.

③ 顾卫民. 基督教与近代中国社会[M]. 上海：上海人民出版社，2010：206.

统，特别是护佑清王朝皇权的合法性与稳定性为根本旨归，他们“所采取的妥协性措施从来没有达到引起制度方面重大变革的程度”[①]。显见，三十多年洋务运动中的知识分子和实践者将对西方科学文化的认识推向了“学”的层面，但是在“中体西用”的指导下，他们孤立地择取科学文化中器物的方面和部分科学理论，以期在“中学”的框架内求得“自强”，而将科学文化中制度、观念、精神等领域割裂开来，一定程度上延缓了科学文化本土化实践全面展开的进程。

第三阶段，科学文化的体制化层面。只限于在器物技术方面学习西方是不够的，“如果不配合以思想、制度上的激烈变革，‘夷’的‘长技’不可能真正学到手”[②]。这在中日甲午战争中得到了生动的诠释，也付出了沉痛的代价。中国战败，割地赔款，丧权辱国，举国为之震惊。倘若败于西夷，尚可用技虽不如人，但“天朝上国”声名文物、纲常礼教高于夷人的自欺欺人的理由加以搪塞，但今日居然不敌向以中国为师的蕞尔小邦——日本，则无论如何难以找出什么借口来维护可怜的尊严了，是役突破了国人的心理底线，严重挫伤了洋务派的锐气，也给像大学士徐桐一样深闭固拒的顽固守旧派落以学习西方科技无用的口实，但更激起了一批知识分子探寻救国之策的满腔热血。事实上，在洋务运动后期，随着洋务实践的深入，部分官员和知识分子关于西方科学文化的认识亦得到拓展与深化，薛福成、马建忠、郑观应业已意识到“中体西用”指导下的洋务运动恐难以担起振衰起弱的历史重任，开始讨论突破器物技艺的圈子寻求自强之策，而以明确不同于洋务派思想的新的思想派别登上历史的舞台则是以康有为为代表的维新派。

维新派借助光绪帝发动了一场自上而下的变法运动，要求从国家制度以及体制机制上加以变革。维新人士研精覃思，批判地继承洋务派的思想，努力构建指导变法的理论体系，进一步宣扬西方科学知识与技术，抨击并

---

① [美]费正清，刘广京. 剑桥中国晚清史（1800—1911 年）（上卷）[M]. 中国社会科学院历史研究所编译室译. 北京：中国社会科学出版社，1985：545.

② 刘大椿，吴向红. 新学苦旅——中国科学文化兴起的历程[M]. 桂林：广西师范大学出版社，2003：105.

公开提出废除科举制度，要求把西学置于与中学同等的地位，提倡开办近代学堂教育，主张对科学技术上的发明创造进行奖励。显见，维新派的触角已经伸及科学文化的制度层面。而且在具体实践方面，维新派具有开创性的工作是创办近代科学刊物，兴办近代科学学会。梁启超指出，“西人之为学也，有一学即有一会。故有农学会、矿学会……有化学会，有电学会，有声学会”①等。他认为，学会的功能在于“会中有书以便翻阅，有器以便试验，有报以便布知新艺，有师友以便讲求疑义，故学无不成，术无不精，新法日出”②。联系到中国实际，他建议“今欲振中国，在广人才；欲广人才，在兴学会”③。1895 年，欧阳中鹄和谭嗣同等人在湖南浏阳创办算学社，又称算学格致馆，以“师生精研算学”为宗旨，这是我国历史上第一个自然科学团体。至此之后，各种科学学会如雨后春笋般出现在中国大地上，甚至“一年之间，设会数百”。与之相伴随的是各种期刊、学刊在维新人士的主持下不断创办发行。在西方，自然科学刊物与科学学会是科学建制中的两项重要内容，而且从科学社会学角度看，它们是科学体制化形成的重要标志。因此，维新派开展的这两项工作对科学知识和技术的广泛传播以及科学文化的深入发展具有深远的意义，不期然成为辛亥革命，特别是五四运动后中国科学体制化全面开展的一次精彩的彩排。

但是，客观而言，维新派对西方科学知识的认识与把握都有相当的局限性，反映到科学文化观上，他们走到了一个重视科学社会活动的科学体制化阶段，但在科学的价值观上并无重大建树，特别是对思维方式的理性化方面，没有做出什么贡献，正如李泽厚评价道：“康有为、谭嗣同这些人物，像冲出蒙昧争着去迎接知识的黎明一样，他们是那样欢欣和坚信地去迎接了第一次打开在他们面前的新奇而雄伟的科学图画。这些真理的追求者，以难以仿效的天真和热情，急切地把他们一知半解的科学见闻糅杂在自己思想里，因此，来不及作任何真正的了解和融会，在他们哲学自然

① 李华兴，吴嘉勋. 梁启超选集[M]. 上海：上海人民出版社，1984：19.

② 李华兴，吴嘉勋. 梁启超选集[M]. 上海：上海人民出版社，1984：19.

③ 李华兴，吴嘉勋. 梁启超选集[M]. 上海：上海人民出版社，1984：19.

观上，就出现了一张为他们的空想和幻觉所添增的荒唐的科学漫画。”①当时，他们所能借以了解西方的不过是些《汽机问答》《格致汇编》《万国公法》等书籍，这里难以求得指导他们行动的理论根据，他们所持有的哲学观点和构造的思想体系以及对西方科学文化的认识是在前人翻译的西方自然科学著作的基础上和在上海、香港等地的市政建设中透射出的西方科技文明的感官冲击下费尽心思揣摩、推测西方科技成就的奥秘而得出的结果，其中混杂着“一大堆从孔孟、陆王到唯识、华严的各色传统”②，用梁启超的话来讲，他们正是在“于此种‘学问饥荒’之环境中，冥思枯索，欲以构成一种‘不中不西即中即西’之新学派”，而且，“盖固有之旧思想，既深根固蒂，而外来之新思想，又来源浅觳，汲而易竭，其支绌灭裂，固宜然矣”③。因此，历史的发展内在地要求着国人对科学文化的认识进一步深入思想、观念与精神的领域，正如梁启超后来所言：中国人渐渐知道自己的不足，“第一期，先从器物上感觉不足，第二期，是从制度上感觉不足，第三期，便是从文化上感觉不足”④。而开启这一崭新阶段的正是19世纪90年代末登上中国思想舞台的严复。

## 三、小结

综上所述，尽管各个时期的一时救世之策未能有效担当和完成历史赋予的任务，但由兹而起并得以不断深化的文化开放心态则弥足珍贵，这种开放的心理态势，导引着一批又一批的先进人物锲而不舍地追求着“以富”“以强”的理论根据并努力付诸实践，它们构成了整个时代清晰、有力的主旋律，而前人成功或失败的经验又形成了后人借以或发展或批判的基础。从科学文化本土化实践的立场来看，正是始于“师夷长技以制夷”的方向性理论指导，继之以一脉相承下来的重视自然科学知识的汲取、重视科学社会活动的开展，再到内在地要求从科学精神、科学思想的层面来认识和

① 李泽厚. 中国近代思想史论[M]. 北京：生活·读书·新知三联书店，2008：97-98.

② 李泽厚. 中国近代思想史论[M]. 北京：生活·读书·新知三联书店，2008：263.

③ 梁启超. 清代学术概论[M]. 成都：四川人民出版社，2018：128.

④ 李平. 中国文化概论[M]. 合肥：安徽大学出版社，1999：500.

把握西方先进科技文明，这种认识的倾向与学理的积淀构成了严复科学思想形成的深厚历史底蕴与广阔社会语境。

## 第二节　严复科学思想形成的个人教育背景

1895 年 2～6 月，严复在天津《直报》上连续发表了《论世变之亟》《原强》《辟韩》《救亡决论》四篇掷地有声、划破晚清沉寂夜空的政论性文章，通过理性的思考和犀利的笔锋，以西方国家为镜鉴，系统而深入地分析了近代中国贫弱的原因，指出了发展以“黜伪崇真”的学术和“屈私为公”的政治为目标的救亡图强之道。从此，严复以一个启蒙思想家的身份登上了中国历史舞台。

回顾严复思想的形成，台湾“中央研究院”近代史研究所的黄克武曾在研究严复的知识观时指出，严复的经验主义与他的一元性演进的历史观是联系在一起的，因此，严复公开反对陆王心学以及柏拉图、卢梭等理论，而此种学术倾向来源于中学与西学两个向度。事实上不止于严复的知识观，他的包括科学思想在内的整个启蒙哲学思想的形成都渗透着“中学”与“西学”两个传统。有鉴于此，有必要考察严复 1854～1895 年接受的教育或自我研习的过程，目的有二：一是重新梳理严复求知的经历，二是深入挖掘不同阶段的教育经历对其科学思想的形成所产生的影响。

### 一、中学教育

严复的中学教育分为两个阶段：一是蒙学教育，基本上到 14 岁的时候结束；二是 1879 年归国后至中日甲午战争这十几年间为着“欲博一第入都，以与当轴周旋”而深入地研习中国传统学术。两个阶段的中学教育对严复包括科学思想在内的整个思想形成起到了各不相同的作用。

#### （一）经世济民的爱国情怀

1854 年 1 月 8 日，严复诞生在福建侯官县的一个儒医世家，父亲严振先是读书人，又是当地有一定名气的中医。其父希望严复能够通过科举获取功名，走上传统进阶之路，因此，非常注重对严复的教育。关于严复早年接受教育的过程，按照他的孙女严停云所讲："曾祖父国学造诣很深，行医之余，亲自教祖父读书。到了他七岁，才让他进私塾。九岁令回阳岐乡进他的胞叔厚甫公的私塾。厚甫公是位举人，为人严肃寡言笑，所教的是《大学》、《中庸》等等。教授法不佳，祖父读了没兴趣。因此，在他十一岁那一年，曾祖父又命令回福州，请了一位宿儒黄宗彝先生来专门教导他。"[①]其中所提到的黄宗彝，名少岩，于"汉学与宋学并重"，在当地颇负盛名，著有《闽方言》一书。黄少岩对自己的这个12岁的学生要求严格，但不失循循善诱之法，课经之余，常常"讲述明代东林掌故"。据史华兹分析，黄少岩"汉学与宋学并重"的学术旨趣深深地影响了严复，"严复后来对斯宾塞宇宙论的形而上学体系和对穆勒逻辑归纳法与经验主义所抱有的同样热情，正是在某种程度上反映了他的老师糅合'汉'学与'宋学'价值的苦心"[②]。黄少岩在1865年不幸去世，之后严复跟从黄少岩之子黄孟侑"继续就馆"。如果按着这个路子发展下去的话，严复很可能走上了从举人、进士、翰林以至公卿的传统进阶之路，但1866年福州霍乱流行，严父因抢救病人而染病身亡，家庭一下失去了经济支柱，严复的科举之路也随之被迫中断。

这里需要着重讲述一点，严复的经世济民的爱国情怀不单单来自书本典故，更来源于其父的言传身教。严复的祖父严秉符以医名在南台苍霞洲开医馆。而严复的父亲严振先，青出于蓝，更是有"严半仙"的称号。中国古语"不为良相便为良医"，不能"登天子堂"，便练就药到病除的本领，拯民于病痛。这种职业本身就具有非常强的经世济民特征。

晚清时期，福建地区鼠疫、霍乱、天花时有发生。即使在科技文明高度发达的今天，人类依然无法完全避免传染病的发生。这些疾病极大地威胁着人类的生命安全。

---

① 严停云. 吾祖严复一生[C]//苏中立，涂光久. 百年严复. 福州：福建人民出版社，2011：123.

② [美]本杰明·史华兹. 寻求富强：严复与西方[M]. 叶凤美译. 南京：江苏人民出版社，2010：16.

回顾历史，可以看到，大致1万年前，人类开始定居，人口密度逐渐提高，特定区域传染病人群感染成为可能。同一时期，人类开始驯化植物和动物，跨物种病原体传播风险增大。6000年前出现早期城市，贸易、经济交流以及军事行动提高了跨区域的流行风险。较早有文字记载的传染病出现在近4000年前的古巴比伦《吉尔伽美什史诗》之中，我国安阳出土的甲骨文也记载了3000年前的疟、疥等传染病。

历史上，人们在防控疫情中积累了一些实用性方法。比如，沿用至今的隔离，《云梦秦简》中所载2000年前的“疠迁所”实际上起到了隔离麻风病人的作用；又如，人们把疫情中病人的衣服等付之一炬等。值得一提的是，中国传统医学在16世纪已经发现并采用种人痘以防天花。但是整个农业文明时期，人类对传染病的认识进展缓慢。《吉尔伽美什史诗》中将瘟疫视为神的天谴，甲骨文中记载殷商人相信巫医祭拜鬼神可祛除瘟疫。即使进入14世纪，相当多的欧洲人依然怀疑之所以发生鼠疫是因为人们对神不够虔诚，于是这些人成群结队地在大街上鞭笞自己，却没有意识到应该去消灭充斥城市角落的啮齿动物和跳蚤。之所以鼠疫在当时被称为“黑死病”，就是因为人们并不能从本质上认识这种传染病，只是看到很多得病者全身出现黑色的斑块。

15～16世纪，通过长期与传染病的斗争，特别是一些人长期观察、思考传染病的发病原因，获得了一些经验性的认识。意大利人吉罗拉摩·法兰卡斯特罗（Girolamo Fracastoro，1478—1553）在1546年发表的《传染、传染性疾病及其治疗》（“On Contagion, Contagious Diseases and Treatment”）论文中指出传染病通过一种微小物质传染。明末吴有性（1582—1652）的《瘟疫论》指出，疫病是由口鼻吸入“戾气”引发的。但这些经验加推理的认识并不能让人们知道致病外来物是什么。

不过，这个时期人类认识自然的脚步跨入了实验科学的时代，理性的曙光即将照耀使人们看清到底是谁在侵害人们的肌体。

1665年，伦敦爆发了大规模的鼠疫。这一年，英国的胡克（Robert Hooke，1635—1703）出版了《显微图谱》（*Micrographia*）一书，以手绘的形式向人们展示了微观世界。十几年后，荷兰列文虎克（Leeuwenhoek，1632—1723）向人们确证微生物世界的存在。但人类的认识从来不会一蹴而就。将微生物与病原体联系在一起得益于 200 多年后法国路易斯 · 巴斯德（Louis Pasteur，1822—1895）的研究。这一个时期，微生物学、生理学、病理学、免疫学等学科或建立或进一步发展，使得人类对传染病的认识大大加强了。

在认识病原体方面。1876 年，德国医生罗伯特 · 科赫（Robert Koch，1843—1910）找到了炭疽病的病因是炭疽菌，这是人类首次验证的具有传染性的致病细菌。19 世纪 90 年代，人类首先发现了可导致作物疫情的植物病毒，之后又相继发现动物病毒、细菌病毒及它们的致病机理。现在人类认识到的病原体还有真菌、衣原体、立克次体、螺旋体、寄生虫等。

在预防治疗方面。20 世纪二三十年代发现治疗链球菌感染的磺胺类药物，特别是英国细菌学家亚历山大 · 弗莱明（Alexander Fleming，1881—1955）于 1929 年发现青霉素，让人类在疫情面前不再束手无策。在明确致病机理之前，人类先掌握了疫苗技术。18 世纪末，爱德华 · 詹纳（Edward Jenner，174—1823）开始试验接种牛痘预防天花并获成功。后牛痘技术不断改进，有了这把盾牌，天花再也无法肆虐，1980 年世界卫生组织宣布人类成功地消灭了天花。人类继续一路披荆斩棘，脊髓灰质炎接近消灭，乙型脑炎、麻疹、白喉、百日咳、新生儿破伤风等患病率明显下降。

但是，对于刚刚打开国门接触世界，对西方科学文化欲迎还拒的晚清，微生物学的最新知识还远远没有传入中国，更谈不上有效的医学实践。面临疫情，特别是在历史上的疫情中大量失去生命的残酷现实，严复父亲当是非常清楚，但依然能够逆行而上拯救百姓于危难，非一种关心民瘼的情怀不能为。这些都是鲜活的事实，甚至给严复的家庭带来了重大转变的事件，也必然给严复幼小的心灵带来了巨大的冲击。

严格来讲，在蒙学教育阶段，严复对中学知识的接受是有限的，几年的私塾教育只开了一个良好的开端，14 岁时便戛然而止了。这一个时期，很难说严复对中国传统文化的要求有多少积淀与理解，正如严复后来批判中国传统教育方式时讲到的：“且也六七龄童子入学，脑气未坚，即教以穷玄极眇之文字，事资强记，何裨灵襟！其中所恃以开濬神明者，不外区区对偶已耳。所以审核物理，辨析是非者，胥无有焉。”①而且，尚不必说重微言大义之“义理”，也不必说重名物训诂之“考据”，即使讲究文体的“词章”一门，此时的严复也并不见长，1879年4月，其时在英国的严复给新任驻英公使曾纪泽送呈自己的三篇文章，当时曾纪泽就评价到：严复“颖悟好学，论事有识”，但与本国文字不甚通顺，文理不明而颇为自负②。当然，曾纪泽在主观上对严复似有也常有微词，评价难免有失公允，但严复本人在很长的一段时期内亦对自己的文字功底缺乏信心，包括他在1895年左右翻译《天演论》时，尚需要请吕增祥为之润色。甚至到了1900年，严复在《与吴汝纶书》中仍然讲道：“复与文章一道，心知好之，虽甘食耆色之殷，殆无以过。不幸晚学无师，致过壮无成。虽蒙先生奖诱拂拭，而如精力既衰何？假令早遇十年，岂止如此？”③

但是，这一阶段的教育对严复后来的“经世济民”情怀的形成却产生了一定的潜移默化的影响。上文所提到的“东林掌故”指的是明代晚期以江南士大夫为主的政治集团，史称“东林党”，我们熟知的“风声、雨声、读书声，声声入耳；家事、国事、天下事、事事关心”这一脍炙人口的话语就是由东林党首领顾宪成撰写并镌刻在东林书院的大门口的一副对联。东林士子好“讲习之余，往往讽议朝政，裁量人物”。后来严复在北洋水师学堂时期“极喜议论时事，酒酣耳热，一座尽倾，快意当前，不能自制，尤好讥评当路有气力人，以标风概。闻者吐舌，名亦随之”④，不能不说没有受到多闻“东林掌故”的影响，而且更为重要的是，东林党人不畏权奸、刚直不阿的气节与傲骨，天下兴亡、匹夫有责的“经世济民”的爱国情怀在此时严复幼小的心灵中播下了种子。其父亲面对致病、致死率很高的疫情时表现出的舍己救人的精神，都对严复产生了很大的影响。余英时曾讲：严复“虽然全面接受了西方的知识系统，却不表示他在价值系统方面也完全倒向了西方。事实上，我们都知道，他的价值系统始终未曾远离

① 王栻. 严复集（第一册）[M]. 北京：中华书局，1986：29-30.
② 皮后锋. 严复大传[M]. 福州：福建人民出版社，2003：56.
③ 王栻. 严复集（第三册）[M]. 北京：中华书局，1986：522-523.
④ 王栻. 严复集（第三册）[M]. 北京：中华书局，1986：720.

儒家轨道，仅仅作了部分的调整而已”①。这个“未曾远离儒家轨道”的“价值系统”，其中很重要的一个方面就是后来体现在严复身上浓郁的“经世济民”的内在情怀和“殷忧启圣，多难兴邦”的价值诉求。而后来严复所形成的包括科学思想在内的整个启蒙思想都是围绕着“开启民智”的核心命题展开的，正如他自己所言：“仰观天时，俯察人事，但觉一无可为。然终谓民智不开，则守旧维新两无一可。即使朝廷今日不行一事，抑所为皆非，但令在野之人与夫后生英俊洞识中西实情者日多一日，则炎黄种类未必遂至沦胥；即不幸暂被羁縻，亦将有复苏之一日也。”②

### （二）奠定了其“骎骎与晚周诸子相上下”文风的基础和提高了其中国传统文化的学养

真正奠定严复中学厚重基础的是在其归国后的一段较长时期内为考取功名而重拾古文学的过程中。

刘梦溪在评点清末民初时期的先进人物时讲道：“他们中的许多人并不是一开始就致力于学术，而是受时代潮流的激荡，往往一个时期无意为学，有心问政。……但中年以后，渐悟政治之不可为，转而潜心学术，又卓然立说成家。这种情况，即丰富的人生阅历反而增加了深潜学问的深度。”③显然，严复就是这样一派人物。1879 年严复回国后并未马上全力投身于对西方先进文化的引介的学术活动中，他应母校福州船政学堂之邀，任该学堂后学堂的教习。第二年直隶总督李鸿章在天津创办北洋水师学堂，经陈宝琛推荐，严复调任该校洋文正教习。此后 20 年间，严复任职于该学堂，历任会办（副校长）、总办（校长）一直到 1900 年义和团运动，为了避难离开天津赴上海。

这一个时期，按理说严复学有所用，当是大展宏图之际，而且，作为海军教学的专业人才，此时严复已被授予武职都司（正四品）。但事实上，

---

① 余英时. 现代危机与思想人物[M]. 北京：生活 · 读书 · 新知三联书店，2005：116.

② 王栻. 严复集（第三册）[M]. 北京：中华书局，1986：525.

③ 刘梦溪. 中国现代学术要略（修订版）[M]. 北京：生活 · 读书 · 新知三联书店，2018：168.

在中国封建社会严密的科层体制中，特别是从宋到清形成了明显的重文轻武的趋向，唯有科举出身的人才能被委以重任，所以，在天津的 10 年间，严复深觉怀才不遇，即使做了学堂的总办，他依然感叹道："名为总办，实无所办。"①据严复长子严璩所讲："府君自由欧东归后，见吾国人事事竺旧，鄙夷新知，于学则徒尚词章，不求真理。每向知交痛陈其害。自思职微言轻，且不由科举出身，当日仕进，最重科举。故所言每不见听。"②因此，抱着"欲博一第入都，以与当轴周旋。既已入彀中，或者其言较易动听，风气渐可转移"③的想法，严复于 1885 年开始了他的科举之旅，但之后七八年间参加四次科举考试都名落孙山。

按照当前学界普遍的认识，严复之所以难以通过科举，在于他已在思想和学术方法上自觉接受的是自然科学的影响与训练，"有一点应该注意到，即严复后来对西方科学的热情，是建立在直接（虽属初步涉及）与真正的自然科学的方法和资料相关的基础之上的，而并非建立在与'科学'这一口号的模糊不清的联系之上……在某种程度上，未尝不可以说，严复对科学的热情来自于科学本身"④。因此，他很难适应或者很难自觉认可机械的八股考试⑤。可以讲，屡次科举失败不能解释为严复才智欠佳或中学基础非常薄弱，事实上，此一段时间，严复对中国传统典籍颇为用功苦读，早在归国后的第二年，他就已拜时任保定莲池书院掌教的桐城派宿儒吴汝纶为师。吴汝纶师从曾国藩，时人称其为"曾门四弟子"之一，而桐

① 王栻. 严复集（第三册）[M]. 北京：中华书局，1986：524.

② 王栻. 严复集（第五册）[M]. 北京：中华书局，1986：1547.

③ 王栻. 严复集（第五册）[M]. 北京：中华书局，1986：1547.

④ [美]本杰明·史华兹. 寻求富强：严复与西方[M]. 叶凤美译. 南京：江苏人民出版社，2010：18.

⑤ 例如，欧阳哲生指出："严复尚无法迎合当时八股文的考试方式，摸透其中的诀窍；陈旧的考试制度亦不能容纳和接受具有'新知'的饱学之士，为其才学的发挥提供用武之地。"（欧阳哲生. 严复评传[M]. 南昌：百花洲文艺出版社，2010：20）；本杰明·史华兹也指出，严复科举失败"只表明他未完全遵守当时考试制度中古怪的形式主义框框"。（[美]本杰明·史华兹. 寻求富强：严复与西方[M]. 叶凤美译. 南京：江苏人民出版社，2010：21）

城派“以文体之美反对考据学者对文体毫不讲究”的做法，“在桐城派学者心目中，义理和讲究的文体是不可分的”[①]。严复因师从吴汝纶而在古典文化方面收获很大，他后来的译著与文章无不显示出桐城派的风格。

而且，从另一方面来讲，通过科举考试，给严复提供了一个深入比较中西学术环境与制度的机会。后来严复以犀利的笔锋直指科举考试禁锢人才的弊端，并提出“废科举，兴西学”的主张，以及以学理的思考提出的建立独立的学术机制的“治学治事宜分二途”的设想，应当讲都与他这一阶段的亲身经历有关。

## 二、西学教育

严复的西学教育在时间上分为三个重要的阶段：一是在福州船政学堂；二是留学英国；三是归国后紧密关切世界发展形势，坚持研读西学著作。西学教育为严复科学思想的形成提供的是扎实的自然科学知识与哲学思想理论基础。

第一阶段，福州船政学堂：初次接触迥异于中国传统学术的西方知识。

1866 年，严复父亲严振先去世后，由于经济原因，他的私塾教育也随之结束。适值洋务运动如火如荼地开展，1861 年，曾国藩在安徽创办安庆内军械所；1865 年，李鸿章在上海创办江南制造总局；1866 年，左宗棠在福建创办福州船政局。其中，福州船政局是一家专门制造船舰的近代化工业企业，但左宗棠更为注重的是培养现代海军人才与船舰制造人才，因此，在福州船政局成立当年的 11 月又创立了近代中国第一所海军学校——求是堂艺局，后更名为“福州船政学堂”。学堂分为“前学堂”和“后学堂”两个部分，前者培养制造人才，采用法文教学，后者培养驾驶人才，以英文教学。

其时，中国社会的传统价值取向仍然视科举为唯一正途，因而学堂不为时人所重视，特别是家境殷实的士绅更不会将子弟送入这种学校求学。因此，福州船政学堂对学生未来的出路格外重视，并以较为优厚的学资吸

---

① [美]本杰明·史华兹. 寻求富强：严复与西方[M]. 叶凤美译. 南京：江苏人民出版社，2010：5.

引学子就读。福州船政学堂的举措正好适合了家道中落的严复，通过考试，1867年，他正式开始了在学堂的求学生涯。按照严璩所作《侯官严先生年谱》中记载，学堂课程有英文、法文、算术、几何、代数、解析几何、割锥、平三角、弧三角、代积微、动静重学、水重学、电磁学、光学、音学、热学、化学、地质学、天文学、航海术等[①]。这些课程在今天看来只相当于初、中级水平，但对当时学堂的学子来讲，他们从此开始了迥异于传统科考之路的新式教育，正如严复晚年回忆的："不佞年十有五，则应募为海军生。当是时，马江船司空草创未就，借城南定光寺为学舍。同学仅百人，学旁行书算。"[②]通过接受自然科学的教育与熏陶，他们看到的是一个全新的世界图景，并潜移默化地改变着他们的思维方式与治学方法，他们的眼界已相别于古典文化浸淫中的传统士大夫。

1871年5月，严复以优异的成绩毕业，并与他的同学开始了长达五年的出海实习。其间，学员们通过在海上测量太阳和星座的位置，练习操纵各种仪器，认真填写航海日志，进一步提升了观察、动手操作等实践能力。

整体上讲，严复在福州船政学堂的求学与实习经历开启了他对西方自然科学知识和方法的感性认识，一方面初步更新了他的知识结构，开阔了视野；另一方面培养了他观察、观测、"即物实测"的自觉意识与能力。

第二阶段，留学英国：切身领悟西方工业文明，刻苦攻读西学著作，深入社会研究。

1877年，作为洋务运动的具体内容，严复及其在学堂的同窗踏上了前往欧洲的求学之旅。

由于 1900 年义和团运动期间，严复离津南下途中将其早期的日记、记述等资料遗失，但依据他后来的回忆和在英国时期结交的忘年交——晚清第一任驻英公使郭嵩焘的日记，他在欧洲学习、生活的大致轮廓还是依稀可见的。

严复先是被派往朴次茅斯大学并在那里肄业，然后到英国皇家海军学院学习，之后被派往法国作修学旅行，再回到英国皇家海军学院继续深造。

---

① 王栻. 严复集（第五册）[M]. 北京：中华书局，1986：1546.

② 王栻. 严复集（第二册）[M]. 北京：中华书局，1986：352.

整体上讲，严复在欧洲主要分为专业学习与社会考察两个方面。

其一，在专业学习方面。严复在英国皇家海军学院的课程安排如表 1.1 所示。

**表 1.1　严复在英国皇家海军学院时期的课程表**

| 时间 | | 课程安排 |
|---|---|---|
| 星期一 | 上午 | 重学、化学 |
| | 下午 | 画炮台图 |
| 星期二 | 上午 | 算学、格致 |
| | 下午 | 画海通图 |
| 星期三 | 上午 | 重学 |
| | 下午 | 论世界战例 |
| 星期四 | 上午 | 重学、化学 |
| | 下午 | 画炮台图 |
| 星期五 | 上午 | 重学 |
| | 下午 | 论世界战例 |
| 星期六 | 上午 | 铁甲船、炮弹 |
| | 下午 | |

资料来源：根据郭嵩焘的《伦敦与巴黎日记》整理

在英国皇家海军学院学习期间，严复以极大的热情投入西方近代科学的学习中，“考课屡列优等”，并常常将所学、所思、所想与郭嵩焘交流，深得郭嵩焘的赏识。郭嵩焘在《伦敦与巴黎日记》中记载了严复学习科学、认识科学和动手进行科学实验的二三事：

> 光绪四年三月初七，严又陵议论纵横：西洋光学、声学尚在电学之前，初作指南针，即从光学悟出。又云光速而声迟，如雷、电一物，先睹电光而后闻雷声。西士用齿轮急转，不能辨其为轮；引电气射之，悬幔其前以辨影，则齿轮宛然，可悟光之速。西士论光与声，射处皆成点。声有高下，光有缓急，则点亦分轻重。凡所映之光影，皆积点而成者也。传声器之法，即从此悟出。①

① [清]郭嵩焘. 伦敦与巴黎日记[M]. 长沙：岳麓书社，1984：533-534.

又论地球赤道为热度，其南北皆为温度。西士测海，赤道以北皆东北风，赤道以南皆东南风。洋人未有轮船时，皆从南北纬度以斜取风力，因名之“通商风”。其故何也？由地球从西转，与天空之气相迎而成东风；赤道以北迎北方之气，赤道以南迎南方之气，故其风皆有常度①。

光绪四年四月二十九日，又陵出示测量机器数种，又薄铜圆片二事，一大一小。大者有边棱，嵌松片其中。小者有柄，用相推荡。再以兽皮毛揩松香片，而用上小铜片贴其上，以一指按之，即持柄起铜片近下边分许，即发电气，云此为阳电。用指按之，以阴感阳，而后电生。干电、湿电，皆有阴阳之分②。

从以上记载可以看到，经过在英国皇家海军学院的学习，严复已获得了较为丰富的科学知识，而且通过动手实验，掌握了一般的科学方法。这种学习方式已完全不同于中国传统教育中的爬梳故纸堆、“读书穷理”的学习方式，进一步培养了严复“征诸事实”的求实态度与“即物穷理”的思维方式，为他回国后系统向国人阐释、宣传科学和科学方法奠定了坚实基础。

其二，在社会研究方面。严复在刻苦攻读专业知识的同时，又广泛考察西方社会的风土人情、文化学术、政治制度，曾入伦敦法庭旁听其判决，赴法国参观万国博览会，参观巴黎市政建设。如果说，蒙学时期树立的“经世济民”的爱国情怀还是一种朦胧的、朴素的价值取向，那么通过对西方工业文明的切身体察，为反思自己国家落后衰败提供了一个清晰的“他者”，能够更为理性地在差距中找寻中国贫弱的问题所在，在比较中设定富强的目标。

在这一时期，严复思考的方向已然不再局限于西方国家繁荣富强的社会表象，而将触角深入到挖掘其且富且强的驱动力，即西方文化的深层次——思想理论。按照余英时分析：“严复在英伦时，不但学校课程排

① [清]郭嵩焘. 伦敦与巴黎日记[M]. 长沙：岳麓书社，1984：534.
② [清]郭嵩焘. 伦敦与巴黎日记[M]. 长沙：岳麓书社，1984：586.

得十分紧密，而且课堂之外还有许多实习活动。他决不可能有太多余暇遍读课外书。所以他有系统地治西学也是归国以后的事。”[①]但此时在英国流行的各种思潮与理论，特别是此时风起云涌的进化主义、实证主义等必然会引起严复的注意,从而为其科学思想的形成提供了直接而丰富的养料。

第三阶段，整理思考。严复在英国直接接受了近代科学的洗礼，并通过对社会的考察使其对西方的社会结构、政治制度、学术思想等各方面有了一些较为深入的认识，但形成他自己的较为系统化的学术思想则是在归国后对中、西学的不断学习、比较、思考、归纳的过程中。

1879 年 9 月，严复结束了他的欧洲求学之旅回到祖国。正如我们在上文中讲到的，归国后，严复开始有意识地加强中学学养，但同时，严复并没有放松对西方学术理论的学习，特别是在科举屡次失败、仕途不畅的暗淡日子里。其间，他在北洋水师学堂优雅的校园里反而能够潜心多读西书，正如在 1895 年他写给长子严璩的信中讲道：“我近来因不与外事，得有时日多看西书，觉世间惟有此种是真实事业，必通之而后有以知天地之所以位、万物之所以化育，而治国明民之道，皆舍之莫由。但西人笃实，不尚夸张，而中国人非深通其文字者，又欲知无由，所以莫复尚之也。且其学绝驯实，不可顿悟，必层累阶级，而后有以通其微。及其既通，则八面受敌，无施不可。”[②]

考查严复后来的译著，大部分并不是在留学英国时读的，正是在任职北洋水师学堂时期所读的。1881 年，严复通读了斯宾塞的《社会学研究》，对该书中所阐述的社会达尔文主义、社会有机体论有了系统的理解；1891 年又阅读并翻译了斯宾塞的《群谊》和柏捷特的《格致治平相关论》；1892 年买到亚当·斯密的《国富论》；等等。而且正是在这一时段中严复开始酝酿翻译后来对中国社会产生了重大而深远的影响，并奠定了他在中国思想史上不朽地位的《天演论》。

回顾严复的受教育经历，我们可以看出其特性。

一是较早接触西学，走上了一条迥异于传统士大夫从举人、进士、翰

---

① 余英时. 现代危机与思想人物[M]. 北京：生活·读书·新知三联书店，2005：115.

② 王栻. 严复集（第三册）[M]. 北京：中华书局，1986：780.

林以至公卿的进阶之路，葛兆光认为："知识的储备是思想接受的前提，知识的变动是思想变动的先兆。"①正是在少年时期就开始接受西方科学教育，以及亲身体验西方近现代科技文明，严复在知识储备上已完全不同于经学体系下的传统士大夫，史华兹就曾指出："严复在福州、朴次茅斯和格林威治所学的各种科学知识，其意义不仅在于各自的具体应用，还在于这些科学所牵涉到的方法包含着通向真理本身的钥匙。"②对西方自然科学和社会科学理论的系统学习，为严复建立起一个全新的话语系统和思想世界提供了可能。

二是在英国留学时期，作为晚清政府培养军事技术人才政策的具体实践者，严复却在实务之外更多地关注和探寻西方社会繁荣富强的原因，其眼界又超越同窗好友专注于专业知识的层面而深入西方文化的思想理论的深层次，从而为其归国后深入反思和阐释包括科学思想在内的启蒙思想提供了学理基础。

## 三、小结

历史现象总是有惊人的相似之处，当代中国相当一部分著名的科学家得益于改革开放，他们很多人在国内完成基础教育，远渡重洋，求学海外。其中又有很多人学成之后回到了自己的祖国，以平生所学报效国家，是中国当代科学文化建设的重要见证者、参与者和贡献者。与改革开放时中国主动融入世界、迎接未来不同，百年前，中国被迫打开国门，当时很多中国人对西学西知抱着很大的抵触心态，也有不少人观望、怀疑。恰恰是一些家境窘迫、无力继续接受传统教育的人家的孩子，因在新式教育机构中能获得减免学费，甚至还管食宿的待遇，在踏入学习新学的行列，不少人还往往抱着"退而求其次"的心态。但也正因此，为中国培育了早期的兼具中国传统文化素养又真正懂得西方科学的人才，比如容闳、严复，他们成为推动中国文化近现代转型的重要人物，甚至是时代的旗手。

---

① 葛兆光. 知识史与思想史——思想史的写法之二[J]. 读书，1998，（02）：134.

② [美]本杰明·史华兹. 寻求富强：严复与西方[M]. 叶凤美译. 南京：江苏人民出版社，2010：23.

# 第二章　严复自然观与天演哲学思想

严复在整合吸纳古今中外科学与哲学思想的基础上形成了一整套自成体系的关于自然的看法。严复的自然观中有着丰富而深刻的内容：大胆预设“太素物质”的存在，并在对“道”“气”的阐释中对宇宙本体作了唯物论的解释；探讨时空问题之后，提出宇宙万物的起源“咸其自己”无所谓造物主的观点，并论证宇宙处于不断演化的过程之中；在人与自然关系方面肯定人对自然的依附性，同时又强调发挥人的能动性。严复对自然的论述与阐释有益于深化国人对自然的认识，促进了中国自然观的发展。

而自然观作为严复思想体系中的重要一维，它的形成则有着更为广阔的哲学思想根据，即以西方近代进化论，特别是达尔文理论为科学基础，选择与汇释斯宾塞普遍进化主义、社会有机体论和赫胥黎哲学思想以及中国传统文化中的“天人交相胜”等观念而形成的天演哲学思想。严复天演哲学的核心论题是“天行”与“人治”的关系。他一方面将作为“天行”的生物进化主义及自然选择机制提升和泛化为一种普天之“道”，从而将天演进化的适用范围拓展到属于“人治”的人类社会领域；另一方面，在遵循“人治天行，同为天演”的前提下强调发挥“人治”的主动性。

## 第一节　严复自然观

具体考察严复自然观的思想来源有二：一是他所掌握的自然科学知识或学说，如牛顿力学理论、“以太”假说、康德星云假说、达尔文进化论学说以及建基于自然科学上的西方近现代哲学理论；二是中国传统哲学思想，例如“一清之气”的“元气”论、具有朴素辩证法内涵的“变”的思想等。两者之间，前者更具根本性，而且严复正是以西方自然科学理论的新进展和哲学思想的新成果来重新阐释和改造中国传统哲学概念和理论，赋予它们科学的内涵，从而形成了一种不同于中国传统自然观的新的关于自然的认识。

## 一、向物质求宇宙本体

严复对宇宙本体的认识表现在两个层面：一是以近代自然科学认知物质构成；二是以唯物论哲学解释宇宙本体。它们共同构成了严复向物质求宇宙本体的自然观内容。

### （一）对“太素物质”的科学追问

严复对物质构成的认识基于近代自然科学的发展，他一方面指出，中国传统思想中的“五行”说并没有，也不可能正确解释世界构成；另一方面借助化学学科的新成果解释世界的构成，同时受机械论哲学和极限思想的影响，大胆预设“太素物质”的存在。

#### 1. 对“五行”说的批判

对世界本原的探求，中外同然。古代中国人随着生产的发展和关于自然知识的积累，提出了一个重要的哲学范畴——“五行”。“五行”思想则是古代中国人试图在纷繁的世界中提选出几个不同性质的元素，并以它们来解释世界的构成。“五行”思想反映着古代中国人试图以自然解释自然的倾向，这就与以超自然的力量来解释自然现象的宗教迷信思想与活动有了本质的不同。但整体上讲，这种朴素的唯物论的因素是建立在人们对自然世界直觉的把握和智慧的猜测基础之上的，是“古代人的天才的自然哲学的直觉”，他们“用观念的、幻想的联系来代替尚未知道的现实的联系，用想象来补充缺少的事实，用纯粹的臆想来填补现实的空白”[①]。具有较高自然科学素养的严复指出“五行”说并未能正确说明万物的构成问题，他讲道：“曰五行，中国言数与理者之宗也。五行始见于《虞书》，曰：水、火、金、木、土，榖，谓之六府。至于《洪范》，始以榖合上，由是五行为言数言理者不离之宗。”[②]整体而言，严复指出“五行”思想

① 肖巍，刘学礼，吴海江. 科学：思想史、方法论与社会学[M]. 上海：复旦大学出版社，2008：129.

② 王栻. 严复集（第二册）[M]. 北京：中华书局，1986：290.

是“牵涉傅会，强物件之自然，以就吾心之臆造，此所以为言理之大蔀，而吾国数千年格物穷理之学，所以无可言也”[①]。对于严复所讲的“五行”说与科学发展之间的关系是否正确我们姑且不论，但严复对“五行”思想的批判是有力的，他直接否定的是这种思想的立论基础，他讲道：“五行则又何说？将以言物原乎，则水木皆杂质矣；将以尽万物乎，则何以处乎风？”[②]大致是说，“五行”思想中所阐释的几种物质元素，一方面，它们本身就不能够达到不能再分（莫破）的境地；另一方面，它们也不能作为流变万端的物质世界统一的基础，亦即它们不能穷尽自然界的所有构成，因此，不能将其视为万物的本原。

2. 近代科学的进展逐渐推进了对世界构成的认识

1910～1911 年，严复在《孙译〈化学导源〉序》一文中讲道：“泰西化学，滥觞于黄白之术。黄白，非学也，而自布栗思理（普利斯特里）得养、淡、炭酸三气，又知水为可分，达尔敦（道尔顿）明物质分合有定率，由是其学大昌。”[③]他认为化学正是探究世界“原质”的学问：“欧、美二洲之学者，缊火持衡，群然以求万物之原质为事。”[④]并且指明“原质者，穷吾人力而不可更析而异之者也”[⑤]。1869 年，俄国科学家门捷列夫首创化学元素周期表,他综合当时已经发现的 63 种元素按照原子量大小排列成表，相似性质的化学元素放在一行，形成了一个体现元素规律性的图景，并依此成功地预测出了几种尚未发现的元素所应当具有的特性。化学元素周期表为看似纷繁芜杂的自然现象找到了一个统一的基础，深化了人们对自然界的认识。严复紧密结合自然科学的进展并用自己的语言将当时世界科学对元素及其规律的认识概括为：“二百余岁，得所谓原质者六十余，而金类居其太半。”[⑥]显然，对化学学科和化学知识的介绍折射出

① 王栻. 严复集（第二册）[M]. 北京：中华书局，1986：290.
② 王栻. 严复集（第二册）[M]. 北京：中华书局，1986：290.
③ 王栻. 严复集（第二册）[M]. 北京：中华书局，1986：290.
④ 王栻. 严复集（第二册）[M]. 北京：中华书局，1986：290-291.
⑤ 王栻. 严复集（第二册）[M]. 北京：中华书局，1986：291.
⑥ 王栻. 严复集（第二册）[M]. 北京：中华书局，1986：291.

严复向近代自然科学求解世界构成的思想，同时为他建立科学的自然观提供了必要的知识背景。

3. 对万物构成的完整认识尚需科学的进一步发展

结合当时世界自然科学的发展，人们对物质构成的认识已深入微观领域，并建立了分子-原子理论，但严复对自然界构成要素的思考并没有满足于此，他认为："今之所谓原质者，祇以征人力之穷而已，非其实也。"① 牛顿在《自然哲学的数学原理》中写道："自然界不作无用之事，只要少做一点就成了，多做了却是无用；因为自然界喜欢简单化，而不爱用什么多余的原因以夸耀自己。"②受机械自然观简单性原则的影响，严复认为："造物者以易简为量者也，始于至少，终于至繁。"③针对已经发现的六十多种元素，他认为仍然过于复杂，因此他断定："故今日之所谓原质者之尚繁也，吾知原质之真不在此。"④尽管严复在多篇文章中将德谟克利特的"原子论"翻译为"莫破质点论"，所谓"莫破"就是不能再做分解的意思，但是他却没有接受原子不可分的思想。严复认为："秋毫小矣，乃至其端，乃至其端之万分未得处一焉。"⑤因此，他在物质组成基本微粒上还是大胆地预测："必每析而弥少，进而得其四五者焉，则太素之物质庶几见矣。"⑥事实上，在19世纪和20世纪之交，电子、原子核、质子等组成原子的基本微粒相继得以发现，并建立了科学的原子模型，打破了原子不可分的思想，到20世纪60年代，科学家又预测组成强子的更为微观的夸克（quark）的存在，使得组成物质基本微粒的种类的数量越来越少。严复当然不能准确预示出亚原子的本来形貌，但对"太素物质"的追问则表现了他对自然界构成的科学认知态度和"尊疑"的科学精神。

---

① 王栻. 严复集（第二册）[M]. 北京：中华书局，1986：291.

② [英]H. S. 塞耶. 牛顿自然哲学著作选[M]. 上海外国自然科学哲学著作译组译. 上海：上海人民出版社，1974：3.

③ 王栻. 严复集（第二册）[M]. 北京：中华书局，1986：291.

④ 王栻. 严复集（第二册）[M]. 北京：中华书局，1986：291.

⑤ 王栻. 严复集（第四册）[M]. 北京：中华书局，1986：1137.

⑥ 王栻. 严复集（第二册）[M]. 北京：中华书局，1986：291.

## （二）对宇宙本体的哲学思考

我们知道，自然科学上所指的物质与哲学上所讲的物质不同，前者指自然界的组成、结构，后者指独立于人的意识之外的客观实在。严复以科学认知自然界的构成，以物质解释物质的态度，奠定了他在本体论上做出唯物主义解释的基础。这种思想脉络的演进体现在他对中国传统概念“道”和“气”中所含有的唯物主义因素的提炼与发挥方面。

### 1. “道即自然”

严复所解释的“道”这一概念取自老庄哲学。《老子》认为“道”是“有物混成，先天地生，寂兮寥兮，独立而不改，周行而不殆，可以为天下母”。《老子》还认为，“道”是“众甫”。“众甫”即众人之父。可以看出，“道”无论是“天下母”还是“众甫”都表示其含有万物本原的意思。那么“道”是物质性存在呢？还是非物质性的呢？后来的人们做出了不同的解释，“道”既为客观唯心论者所用，又为唯物论者所用。对此，严复做出了物质性的解释。

《老子》中讲：“故道大、天大、地大、人亦大。域中有四大，而人居其一焉。人法地，地法天，天法道，道法自然。”所谓域中有四大，《老子》将道、天、地、人并列而论，有将“道”归于自然（物质）的倾向。在这段话旁，严复明确提出：“道即自然。特字未字异耳。”①严复是坚定的自然科学——进化论的信奉者和支持者，他讲：“人道为生类中天演之一境，而非笃生特造。”②此外，他还指出：“凡读《易》、《老》诸书，遇天地字面，只宜作物化观念，不可死向苍苍抟抟者作想。”③在严复眼里，人、天、地都是自然的产物。同时他借用其友熊季廉的话对“法”做了规定：“法者，有所范围而不可过之谓。”④因此，“道法自然”则“道”不出自然的范围。基于这样的观念和认识，他进一步肯定并强化了将

① 王栻. 严复集（第四册）[M]. 北京：中华书局，1986：1085.

② [英]赫胥黎. 天演论[M]. 严复译. 北京：商务印书馆，1981：29.

③ 王栻. 严复集（第四册）[M]. 北京：中华书局，1986：1078.

④ 王栻. 严复集（第四册）[M]. 北京：中华书局，1986：1085.

"道"物化的倾向。严复曾专门讨论"道"是"有"还是"无"的问题，他指出，老子所讲的"无"不是"真无"，他借用微分学分析道："道固无善不善可论。微分术言，数起于无穷小，直作无观，亦无不可，乃积之可以成诸有法之形数。求其胎萌，又即在无穷小之内。此道之所以尽绝言蹊也。"[①]无穷小即使趋向于"无"也并不是"真无"，因此，对于"道"，人们无法在直观上直接把握，它超越了人们的感官能力范围，但是就像借助于科学仪器可以观察到微小物质一样，人们的认识可以达至"道"："有可视，有可听，有可抟；使其无之，将莫之视，莫之听，莫之抟矣。夷、希、微之称，乌由起乎？然则道终不可见、不可闻、不可抟乎？曰：可！惟同于夷、希、微者能之。"[②]此外，针对《老子》三十二章中所言："道常，无名朴"，严复解释为："朴者，物之本质……西文曰萨布斯坦希（substance）。"[③]按《老子》所言，无名和质朴是为"道"的基本属性，严复进一步将"质朴"解释为实在性、物质性。可以看出，在严复眼中，《老子》的作为万物本原而又"唯恍唯惚"的"道"不是别的什么，而是物质性存在。

2. "气"即"力"

中国古人将"气"作为宇宙万物的本原，自然界的一切现象都是由"气"构成的。东周时期《管子·内业》篇讲："凡物之精，此则为生。下生五谷，上为列星。流于天地之间，谓之鬼神。藏于胸中，谓之圣人。是故民气。"[④]大致讲，万物都是气运动变化的结果。宋代张载曾言："气之聚散于太虚，犹冰凝释于水。知太虚即气则无无。"[⑤]这是道学里的唯物思想，但是对于"气"具体指的是什么，古人并未做出明确的指示，张载也

① 王栻. 严复集（第四册）[M]. 北京：中华书局，1986：1078.

② 王栻. 严复集（第四册）[M]. 北京：中华书局，1986：1080.

③ 王栻. 严复集（第四册）[M]. 北京：中华书局，1986：1089.

④ [春秋]管仲. 管子[M]. [唐]房玄龄注，[明]刘绩补注，刘晓艺校点. 上海：上海古籍出版社，2015：326.

⑤ 冯友兰. 中国哲学史新编（下卷）[M]. 北京：人民出版社，2007：121.

只是说："气聚则离明得施而有形，气不聚则离明不得施而无形。"[①]亦即以"气"的聚散而"有形"或"无形"，"有形"则能为人的眼睛所看到，"无形"也只是人的眼睛看不到，并不代表不存在。严复借用19世纪统一物理学的基础对"气"做了机械还原论的解释，他指出："古所谓气，今所谓力也。"[②]他认识道："今夫气者，有质点有爱拒力之物也，其重可以称，其动可以觉。虽化学所列六十余品，至热度高时，皆可以化气。而今地球所常见者，不外淡轻养三物而已。"[③]显然，在这里严复将"气"视为"有质之物"，对"气"的界说已然建立在实验科学知识之上。事实上，对西方近代科学有着较为深入了解的严复，已经能够自觉运用科学知识来解释物质世界的构成，前面已经讲过，因此，他所着重阐释的不只是"气"是何种微粒，即对"气"的形而下的分析，他所关注的更是"气"作为客观实在与道学中的相对于"气"这一概念的另一个重要概念"理"孰先孰后的问题。"'理''气'先后之争，或可说是中国古代哲学中'断言精神先于自然'还是'把自然看成根本'的两派哲学的斗争。"[④]作为在中国哲学史上有着重要地位的朱熹，在处理"理"与"气"先后的关系时，有过"理"在"气"中的论述，但在理论上，他认为"理"先"气"后，这也是朱熹的哲学体系为唯心主义的所在。严复所批评的也正是朱熹的"理"在"气"先的思想，他说："宋儒言天，常分理气为两物……朱子主理居气先之说，然无气又何从见理？……若自本体而言，亦不能外天而言理也。"[⑤]承认"气"先"理"后，就是承认物质的第一性，这是唯物论的观点。

综上可见，严复参合西方科学与哲学思想对中国传统哲学中的"道""气"的阐释，一方面为概念本身赋予了新意，促进了中国哲学的发展；另一方面体现了严复在哲学层面上理解与解释世界本原的唯物主义态度。事

① 冯友兰. 中国哲学史新编（下卷）[M]. 北京：人民出版社，2007：121.

② 王栻. 严复集（第四册）[M]. 北京：中华书局，1986：1136.

③ [英]耶方斯. 名学浅说[M]. 严复译. 北京：商务印书馆，1981：18.

④ 李泽厚. 中国近代思想史论[M]. 北京：生活·读书·新知三联书店，2008：97.

⑤ [英]赫胥黎. 天演论[M]. 严复译. 北京：商务印书馆，1981：85.

实上，严复对西方唯物论与唯心论有着较为全面的认识。明末清初岭南三大家之一的屈大均讲道：“心从知而得，知之外无所谓心也。常心从心而得，心之外无所谓常心也。知即心，心即常心，大抵圣愚之分在知不知，知即有物皆心，不知即有心皆物。”[①]对此，严复评价道：“屈氏所言，乃欧西惟心派哲学，与科学家之惟物派大殊，惟物派谓此心之动，皆物之变，故物尽则心尽，所言实凿凿可指，持惟心说者，不可不深究也。”[②]从“科学家之惟物派”“所言实凿凿可指”“不可不深究也”等表述中，我们可以明确地看出，严复所反对的是“知即有物皆心”的唯心论的观点，所赞成的是“心之动，皆物之变”的唯物论的主张。

## 二、宇宙及其起源与演化

世界是物质的，这是严复对自然的基本看法。之外，严复对何谓“宇宙”、宇宙万物的起源及存在状态也有较为深入的探讨和认识。

### （一）“宇宙，即今西学所谓空间时间”

古代中国人很早就开始了对宇宙的思索，并提出了一些关于“宇宙”的阐述，较为著名的有：“四方上下曰宇，古往今来曰宙，以喻天地。”在这里，宇宙被规定为一种具有空间上的广阔性与时间上的广延性的统一体。战国时期的一部深富哲理的著作《庄子》中关于“宇宙”的表述为：“有实而无乎处者，宇也，有长而无本剽者，宙也。”严复在1916年刊出的《庄子评语》中将这段话解释为：“宇宙，即今西学所谓空间时间。空无尽处，但见其内容，故曰有实而无乎处；时不可以起讫言，故曰有长而无本剽。”[③]严复首先将“宇宙”概念转化为西学的“时空”，他对“宇宙”的认识也相应地成为时空观的重要内容。可以看出，严复认为时空是无限的。具体来讲，空间是客观存在的，但因其广袤性而不能具体指明；时间只有绵延不绝的过程而没有开始与结束。此外，他还明确了空间的三

① 王栻. 严复集（第四册）[M]. 北京：中华书局，1986：1115.
② 王栻. 严复集（第四册）[M]. 北京：中华书局，1986：1115.
③ 王栻. 严复集（第五册）[M]. 北京：中华书局，1986：1139.

维性和时间的一维性："宇者，三前之物，故曰有实；宙者，一互之物，故曰有长。"[①]在此基础上，严复进一步指出："宇宙，皆无形者也。宇之所以可言，以有形者列于其中，而后可以指似，使无一物，则所谓方向远近皆亡；宙之所以可言，以有形者变于其际，而后可以历数，使无一事，则所谓先后久暂亦亡。"[②]也就是说，空间不仅是物质和物质运动的场所，而且，物质为空间的存在提供了基础；同样，时间不仅要以物质运动作为量度，而且，物质运动为时间的流逝提供了证明。

严复的时空观中物质与时空之间存在联系的思想不同于绝对时空观。牛顿经典力学体系下的时空观是一种绝对时空观，以欧式几何为表征，并符合伽利略提出的两个惯性体系之间的时空变换关系。要言之，绝对时空观首先承认时空的客观存在，同时，时间与空间之间不仅各自独立互无联系，而且，时空与物质之间也互不影响，亦即时空以不依赖物质的形式存在。但是同样值得注意的是，我们也应当将严复的时空观与现代时空观严格区分开来。现代时空观是基于现代科学发展，特别是以相对论为科学根据的时空观，而严复的时空观则不具备这样的基础。

### （二）宇宙万物的起源与演化

#### 1. 宇宙的起源

关于宇宙万物的起源，严复首先批判并摒弃宗教上的创世论，他指出："自达尔文出，知人为天演中一境，且演且进，来者方将，而教宗抟土之说，必不可信。"[③]即指进化论推翻了西方基督教所持有的上帝造人之说，同时亦有力地否定了中国古人将人视为"肖天而生"的旧说。严复进一步指出，不仅人，而且"万类之所以底于如是者，咸其自己而已，无所谓创造者也"[④]。在此基础上，严复运用星云假说和引力斥力原理阐释宇宙生成："日局太始，乃为星气，名涅菩剌斯（Nebula），布濩六合，其质点本热至

① 王栻．严复集（第五册）[M]．北京：中华书局，1986：1139.

② 王栻．严复集（第五册）[M]．北京：中华书局，1986：1139.

③ [英]赫胥黎．天演论[M]．严复译．北京：商务印书馆，1981：4.

④ [英]赫胥黎．天演论[M]．严复译．北京：商务印书馆，1981：4.

大，其抵力亦多，过于吸力，继乃由通吸力收摄成殊，太阳居中，八纬外绕，各各聚质，如今是也。”[①]并且，严复将这一过程称为“翕以聚质”。达尔文进化论在科学地解释物种起源而为生命现象提供统一基础的同时，有力地打击了以各种面貌出现的“创世论”和“目的论”；而星云假说则是人类文明史上首次以科学的观念来解释宇宙起源。可以看出，严复对宇宙起源的认识是完全依借于近代科学学说的，正如著名哲学家熊十力在评价严复的“翕以聚质”一说时指出：“以无数无尽之天体或万象，皆由原始物质的存在及由物质的运动而成（运动，即是力），此乃依据自然科学而组成之理论。”[②]

2. 宇宙的存在状态

严复指出，宇宙万物处于始终的演化过程中。他讲道：“今日不如古日之热，地球则日缩，彗星则渐迟，八纬之周天皆日缓，久将进入而与太阳合体。”[③]不独宇观世界，就是人类所生活的星球上的万物亦在不断地演化之中，严复在其一篇政论文章中介绍达尔文及进化论时指出：“物类之繁，始于一本。其日纷日异，大抵牵天系地与凡处事势之殊，遂至阔绝相悬，几于不可复一。”[④]严复认为，自然现象中的很多演化过程“特为变至微，其迁极渐”[⑤]，故而人们似乎感觉不到自然界发生的变化，但是宇宙万物的永恒变化是凿凿可指的，他借用赫胥黎的话指出：“索证正不在远。试向立足处所，掘地深逾寻丈，将逢蜃灰。以是蜃灰，知其地之古必为海。”[⑥]西汉时期，董仲舒在发展阴阳五行思想的基础上提出“天不变，道亦不变”的哲学观点，并以此来看待自然万象和社会生活，这一观点直到晚清仍然被用来阐释封建制度下纲常名教的正统性与合法性。严复总结当时世界的科学发现，对此提出了犀利的批判：“天不变，地不变，

① [英]赫胥黎. 天演论[M]. 严复译. 北京：商务印书馆，1981：6-7.
② 熊十力. 熊十力全集（第七卷）[M]. 武汉：湖北教育出版社，2001：315.
③ [英]赫胥黎. 天演论[M]. 严复译. 北京：商务印书馆，1981：7.
④ 王栻. 严复集（第一册）[M]. 北京：中华书局，1986：5.
⑤ 王栻. 严复集（第五册）[M]. 北京：中华书局，1986：1324.
⑥ 王栻. 严复集（第五册）[M]. 北京：中华书局，1986：1324.

道亦不变。此观化不审似是实非之言也。”[①]严复的批判建立在充分的自然现象和发现的基础之上，他列举道：“夫始于涅菩，今成椭轨；天枢渐徙，斗分岁增；今日逊古日之热，古晷较今晷为短，天果不变乎？炎洲群岛，乃古大洲沉没之山尖；萨哈喇广漠，乃古大海浮露之新地；江河外啮，火山内溯，百年之间，陵谷已易；眼前指点，则勃澥旧界，乃在丁沽，地果不变乎？”[②]在此基础上，严复提出，“天道变化，不主故常”[③]。严复指出，如果真的存在什么是不变的，那也只能是“万物恒变”这一现实是不变的。

3. 宇宙万物的演化趋向

在认识到宇宙万物不断演化的基础上，严复认为，万物演化的方向是“由纯而之杂，由流而之凝，由浑而之画”[④]，并且，他对这种趋向做出了具体而详细的解释：①“由纯之杂者”指宇宙万物在起始阶段的结构、形态等都以简单化为特征，随着演化的进展，逐渐呈现出不断复杂化的趋势，他例证道：“日局始乃一气，地球本为流质，动植类胚胎萌芽，分官最简……其演弥浅，其质点弥纯。至于深演之秋，官物大备，则事莫有同，而互相为用焉。”[⑤]②“由流之凝者”指原始质点逐渐消散能量而凝聚为一体。例如“动植始皆柔滑，终乃坚强……胥此理也”[⑥]。③“由浑之画者”指物质由“芜而不精”走向“界域分明”，由无序走向有序。此三者，严复认为“由浑之画者”又为最要，因为物质无论“纯杂”“流凝”都未必界域分明，而唯有实现由“浑”至“画”的转变才完成了演化的全过程，至此之后，“由壮入老，进极而将退矣”[⑦]。

4. 宇宙的形成及演化机制

上文讲到，严复指出宇宙的形成过程是“翕以聚质”，熊十力评价其

① 王栻. 严复集（第一册）[M]. 北京：中华书局，1986：50.
② 王栻. 严复集（第一册）[M]. 北京：中华书局，1986：50.
③ 王栻. 严复集（第五册）[M]. 北京：中华书局，1986：1324.
④ [英]赫胥黎. 天演论[M]. 严复译. 北京：商务印书馆，1981：6.
⑤ [英]赫胥黎. 天演论[M]. 严复译. 北京：商务印书馆，1981：7.
⑥ [英]赫胥黎. 天演论[M]. 严复译. 北京：商务印书馆，1981：7.
⑦ 王栻. 严复集（第五册）[M]. 北京：中华书局，1986：1327-1328.

是建基于自然科学之上的学说，而且，在严复看来“翕以聚质”与“辟以散力”同时是宇宙万物演化的基本机制，这一思想来源于斯宾塞，正如他所讲到的：“斯宾塞尔（即斯宾塞——笔者注）之天演界说曰：‘天演者，翕以聚质、辟以散力……质力杂糅，相剂为变者也。’”[①]从宇宙形成的过程来看，所谓“翕以聚质”是讲，原始质点弥漫于太空之中，经过收摄凝聚的过程而成为各个星球；所谓“辟以散力”，是指在质点积聚的同时，原始质点产生了光、热、声和机械运动，不断散发自己的能量。所谓“质力杂糅，相剂为变者也”[②]即指“质”与“力”之间的关系，总的来说“大宇之内，质、力相推，非质无以见力，非力无以呈质”[③]。具体讲，尽管“翕以聚质”的过程伴随着“辟以散力”，但能量不可以完全消耗，否则将成为一片死寂，也就不存在天演过程了。因此，万物演化的过程中，必然始终存在一种内在力“以与其质相剂”，“力既定质，而质亦范力”，随着质点的演化，“力”相应地不断变化。

## 三、人与自然的关系

人与自然的关系向来是自然观中一个重要的内容。严复在对包括人在内的自然界做出系统的理解和阐释的基础上，充分综合中西方自然观的思想，提出了对人与自然关系的独到看法。

### （一）人对自然存在着依附性

人对自然的依附性在于人作为并不特别的“天演中一境”需要认识、把握和尊重自然规律才能保证作为一个类与万物共生，正如严复将“依乎天理”解释为“即欧西科哲学家所谓 We must live according to nature”[④]。他指出：“人民者，固动物之一类也”[⑤]，“而非笃生特造，中天地三才，

---

① [英]赫胥黎. 天演论[M]. 严复译. 北京：商务印书馆，1981：6.

② [英]赫胥黎. 天演论[M]. 严复译. 北京：商务印书馆，1981：6.

③ [英]赫胥黎. 天演论[M]. 严复译. 北京：商务印书馆，1981：ix.

④ 王栻. 严复集（第四册）[M]. 北京：中华书局，1986：1108.

⑤ 王栻. 严复集（第一册）[M]. 北京：中华书局，1986：6.

如古者所云云者”[①]。而且，他认为“人生世间，无论身之所处，心之所为，在在皆受治于自然之规则者”[②]。可以看出，在自然面前，严复并不认为人类是万物的特殊种类，更不能构成万物的中心。同时，严复指出，在看似纷繁芜杂、流变万化的现实世界背后隐藏着客观的规律，而自然界背后的规律是不以人的意志为转移的。荀况讲：“天行有常，不为尧存，不为桀亡。”[③]并进一步指出：“天不为人之恶寒也辍冬；地不为人之恶远也辍广。”[④]严复将这种思想表达为：“天固不为无衣者减寒，岁亦不为不耕者减饥也。”[⑤]严复指出，近代科学已经表明，人类通过自己的智慧能够认识自然规律，而在客观的自然规律面前，人类无法改变它，相反，人类只有尊重它才能具备存在和发展的基础，他说：“诚以科学所明，类皆造化公例，即不佞发端所谓自然规则。此等公例规则，吾之生死休戚视之，知而顺之，则生而休；昧而逆之，则戚且死。”[⑥]严复在提倡发展科学事业以认识自然规律的同时，也就否定了中国古代思想中认为人可以通过感化自然而促使自然服从人的意志的“天人感应”说。

### （二）人要充分发挥能动性

承认人对自然的依附性，主张尊重自然规律并不意味着在自然面前人毫无作为，只能等待自然的恩赐与裁判，恰恰相反，敬畏自然是为了更好地利用自然为人类谋得福祉。严复讲：“任自然者，非无所事事之谓也。”[⑦]而是需要在尊重自然的前提下充分发挥人的能动性，通过对自然世界的改造来完善生存环境以求得人类的生存与发展。在严复看来，“自然规则，昧而犯之，必得至严之罚”[⑧]，同时在它的反面则是：“知而顺之，亦有至

① [英]赫胥黎. 天演论[M]. 严复译. 北京：商务印书馆，1981：29.
② 王栻. 严复集（第二册）[M]. 北京：中华书局，1986：285.
③ 冯友兰. 中国哲学史新编（上卷）[M]. 北京：人民出版社，2007：538.
④ 冯友兰. 中国哲学史新编（上卷）[M]. 北京：人民出版社，2007：539.
⑤ 王栻. 严复集（第一册）[M]. 北京：中华书局，1986：12.
⑥ 王栻. 严复集（第二册）[M]. 北京：中华书局，1986：280.
⑦ 王栻. 严复集（第五册）[M]. 北京：中华书局，1986：1393.
⑧ 王栻. 严复集（第二册）[M]. 北京：中华书局，1986：283.

优之赏以之保已，则老寿康强；以之为国，则文明富庶。”[①]也就是说，人类认识自然规律、尊重自然规律的同时充分发挥人的能动性就可以获得强大的力量来“驾驭风雷，萧与水火”。在中国传统思想中，老庄哲学由敬畏自然发展为服从自然，强调人的无为，要求返璞归真。这种观点被具有征服自然倾向的荀子批评为：“庄子蔽于天而不知人。”严复认为，人类由初民而野蛮，由野蛮而文明，再由文明而转向更高的文明是人类社会发展的必然趋势，基于此，严复批判了老庄思想中返璞归真的思想，他指出：“今夫质之趋文，纯之入杂，由乾坤而驯至于未济，亦自然之势也。老氏还淳返朴之义，独驱江河之水而使之在山，必不逮矣。”[②]总之，严复认为，认识自然、尊重自然但不完全屈从于自然，等待自然的恩赐，而是要充分发挥人的能动性，通过人类的“力”与“智”来谋求人的幸福。

从人类依附自然到在尊重自然规律基础上充分发挥人的能动性，严复的自然观中既保有对自然的深深敬畏，又主张发展人的主体性，最终关涉的是人的长远发展。我们知道，现代人类中心主义抑或非人类中心主义，以及衍生的生态哲学都致力于对人与自然间更为合理关系的追寻，严复能够自觉地观照人与自然，尽管囿于时代、学识的局限，他的理论不尽全面，但他的思想却为我们在探寻人与自然关系的维度上提供了一个可供借鉴的理路。

## 四、小结

总体上讲，严复关于自然的看法是他在西方近代科学的熏陶和哲学思想的影响下，并在对中国传统思想积极扬弃的基础上加以主动的思考形成的自然观体系。严复的自然观中含有合理的成分，特别是他对中国传统文化中关于对自然认识的概念、理论加以改造，赋予它们新的科学内涵，促进了中国自然观的发展，这是严复思想中得到公认的值得肯定的一面。同时需要注意的是，正如国内外学界所看到的那样，严复思想中充满了复杂性：早年不遗余力地推崇西方文明，晚年珍视中国传统文化；政治上的变

① 王栻. 严复集（第二册）[M]. 北京：中华书局，1986：283.

② 王栻. 严复集（第四册）[M]. 北京：中华书局，1986：1082.

革主张领一时之风骚，却在实践中与革命派分道扬镳。这种复杂性同样体现在他的自然观之中，即部分观点与观点、理论与理论之间的看似不一致。较为突出的有：一方面指出自然科学是人类认识自然的正确途径，并对世界本原作了物质性解释；另一方面又认为“大抵宇宙究竟与其元始，同于不可思议”[①]。另有，一方面在宇宙万物起源上否定创世论，明确表现出唯物主义倾向；另一方面又表示“不迷信者言其必不如是，亦无证据”，认为唯物主义是“最下乘法”[②]。事实上，严复自然观中出现的看似不一致的现象有着深刻的思想渊源，不能简单地将其归因于他前后思想的变化或者他的理论自身的不自洽。

关于“大抵宇宙究竟与其元始，同于不可思议”。在考察严复思想的形成时，可以看到，他“深受归纳主义的影响，与西方培根、洛克、穆勒的思想一脉相承”[③]。并且，他“在一定意义上正是由推崇西方近代的‘实测内籀’之学（实证科学的方法）而导向实证主义”[④]。实证主义秉承休谟经验论，认为认识无法超越感觉，这一观点也深深根植于严复思想之中。表现在自然观方面就在于尽管他对世界本原作了物质性解释，认为人可以认识自然规律，但也限定了人类认识自然的程度：“故对待为心知止境。”[⑤]亦即人对自然的认识不能超出感觉经验的范围。而且在他看来，人类不可能也不需要从本质上把握自然：“是以人之知识，止于意验相符。如是所为，已足生事，更骛高远，真无当也。”[⑥]换言之，严复在本体论上表现出唯物主义倾向，但在认识论上陷入了不可知论的泥潭，因此，他所谓的“天地元始，造化真宰，万物本体……万物质点，动静真殊，力之本始，神思

① [英]赫胥黎. 天演论[M]. 严复译. 北京：商务印书馆，1981：47.

② 王栻. 严复集（第三册）[M]. 北京：中华书局，1986：825.

③ 刘大椿. 辛亥革命前科学哲学在中国的传播及其思想意义[J]. 科学技术与辩证法，1993，（06）：22.

④ 杨国荣. 从严复到金岳霖：实证论与中国哲学[M]. 北京：高等教育出版社，1996：1-2.

⑤ 王栻. 严复集（第四册）[M]. 北京：中华书局，1986：1076.

⑥ [英]赫胥黎. 天演论[M]. 严复译. 北京：商务印书馆，1981：71.

起讫之伦……此皆真实不可思议者”[①]也就语出有因了。

关于“不迷信者言其必不如是，亦无证据”。考诸严复相关论著，确实可以看到，他晚年表现出对灵学、迷信和宗教的兴趣，这似乎与其早期否定创世论的宇宙起源说相悖。事实上，严复对世界各大宗教有着较为全面的了解，体现在《天演论》《群学肄言》等相关译著中。但是对宗教的认识是一回事，对宗教的信仰则是另一回事。在关于自然的看法上，严复认为近代自然科学的发展为人们提供了正确认识自然的途径：“三百年科学肇开，事严左证；又知主观多妄，耳目难凭，由是历史所传都归神话。则摧陷廓清之功，不可诬也。”[②]同时，严复亦指出当时的自然科学水平还不能完全解释清自然界的一切现象：“然而世间之大、现象之多，实有发生非科学公例所能作解者”[③]，而且“人生阅历，实有许多不可纯以科学通者”。因之，“不敢将幽冥之端，一概抹杀”[④]。针对灵学研究中所列举的自然界的神秘现象，严复认为，还是要通过科学的发展来一一解答，他借用19世纪物理学家开尔文的话讲：“廿世纪将有极大极要发明，而人类从兹乃进一解耳。”[⑤]对于迷信，严复则主张持存而不论的态度：“盖人生智识，至此而穷，不得不置其事于不论不议之列，而各行心之所安而已。”[⑥]可以看出，严复对灵学、迷信、宗教的认识的深化恰恰丰富了他的自然观体系，而不是对他早期的自然观的反对。

因此，与其说严复关于自然的看法中含有互相矛盾的论说，或者说严复一生中有着早期和晚期两个自然观，而且用早期“进步”，晚期“落后”来评价其思想，不如说，正是严复在整合古今中外自然观的基础上形成了一套有着内在理路和关联性的丰富的自然观体系。

① [英]赫胥黎. 天演论[M]. 严复译. 北京：商务印书馆，1981：73-74.
② 王栻. 严复集（第三册）[M]. 北京：中华书局，1986：725.
③ 王栻. 严复集（第三册）[M]. 北京：中华书局，1986：725.
④ 王栻. 严复集（第三册）[M]. 北京：中华书局，1986：825.
⑤ 王栻. 严复集（第三册）[M]. 北京：中华书局，1986：725.
⑥ 王栻. 严复集（第三册）[M]. 北京：中华书局，1986：825.

## 第二节　“天行”与“人治”：严复天演哲学思想

严复自号“天演祖哲学家”，其天演哲学思想形成主要来源于西方近代进化论学说以及当时西方思想领域的社会达尔文主义，同时参合、阐发和改造了部分中国传统思想。严复天演哲学主要解决的是作为生物学领域的进化原理及其自然选择机制的“天行”与作为人类社会领域的“人治”之间的对立与统一关系。首先，严复通过将生物进化论的原理和自然选择机制提升和泛化为一种普天之“道”，使其适用范围超出了生命现象的领域而成为对包括人类社会在内的宇宙万物都普遍有效的原理，从而将“天行”与“人治”统一了起来；其次，严复强调，在遵循“人治天行，同为天演”的前提下，要突出发挥“人治”的作用，一个社会、国家和民族才能取得进步而不遭淘汰。

### 一、“天行”：天人一贯

“天行”指的是近代生物学领域的进化法则及其机制，具体就是指达尔文进化论及其自然选择学说。客观来讲，无论是进化的现象还是自然选择机制所起作用的范围都严格限于生命现象领域，但严复以斯宾塞“贯天地人而一理之”为基点，通过将“进化”与“物竞天择”提升为一种普遍之“道”从而将其作用拓展到了宇宙万物的广阔领域，同时也就将属于“人道”或“人治”的人类社会纳入了“天行”“天道”的范围内。

#### （一）将“天演”提升为具有普遍性的“天道”

达尔文进化论的研究对象局限于生命现象的变化，至于生命产生之前的宇宙万物的生成演化以及生命产生之后与生命现象无关的物理和化学变化并不包括在进化论的研究视域之内，亦即，他的进化观念并没有普遍性。但是严复对进化观念的理解超出了生命现象的范围。

严复早在 1895 年 3 月发表于天津《直报》上的《原强》一文中就向国人介绍了达尔文及其学说：“达尔文者，英国讲动植之学者也。承其家学，少之时，周历寰瀛。凡殊品诡质之草木禽鱼，裒〔哀〕集甚富。穷精眇虑，垂数十年而著一书，名曰《物类宗衍》（即《物种起源》）。”[①]而且盛赞达尔文的学说是比牛顿的经典力学体系更为重要的科学学说，他的《物种起源》一书自刊行以来在西方世界产生了极大的影响，以至于“欧美二洲几于家有其书，而泰西之学术政教，一时斐变”[②]。在文中，他用简明扼要的话将达尔文进化论概括为：“物类之繁，始于一本。其日纷日异，大抵牵天系地与凡所处事势之殊，遂至阔绝相悬，几于不可复一。然此皆后天之事，因夫自然，而驯致若此者也。”[③]可以讲，严复是真正了解作为科学学说的达尔文进化论的人，而且他的天演哲学思想的自然科学基础主要也就是达尔文的进化论。但是，吸引严复的并不止于作为自然科学的进化论为他提供了多少具体的科学知识，以及描绘出了一幅多么恢宏的物种演化史画卷，而更在于从这一理论中提炼出来的“世道必进，今胜于古”的进化世界观。正如他自己所言，他撰写《原强》这篇文章就是要让搞了三十多年洋务运动的人知道，西方所依借的“近之可以保身治生，远之可以经国利民”[④]的真正所在正是这种进化的世界观，也就是说，从一开始，他就不只是以自然科学的角度来看待西方近代进化论的，这一点突出地表现在严复将限于生命现象之域的“进化”提升为一种具有普遍意义的“天道”。

1. 天演现象的普遍性

我们知道，当人们讲到进化论时往往与达尔文的名字联系在一起，但是在考察达尔文著作时我们会发现，他本人并没有广泛地使用“进化”（即 evolution）一词，在《物种起源》一书中，只在全书的最后一句才出现了“进化”这个字眼，他使用更多的是“修饰衍传”（即 descent with modification）。evolution 一词的拉丁文 evolutio 的原意指的是“展开”，就像把一卷书打开，而且“进化”一词已经在胚胎学中成为专门术语，指

① 王栻. 严复集（第一册）[M]. 北京：中华书局，1986：5.
② 王栻. 严复集（第一册）[M]. 北京：中华书局，1986：16.
③ 王栻. 严复集（第一册）[M]. 北京：中华书局，1986：5.
④ 王栻. 严复集（第一册）[M]. 北京：中华书局，1986：15.

胚胎的成长，此外，“进化”还含有“进步发展”的意义，无论是“进化即展开”还是“进步发展”都与达尔文所要表达的东西不合①，他的“修饰衍传”确切指的是不带“进步性”的生物变异性。但是，人们往往将“进化”与达尔文的“修饰衍传”等同使用，就在于达尔文的进化论诞生之前，斯宾塞已经将自己的学说称为“进化理论”，他在《第一原理》中这样解释“进化”：“进化是从不协调的形式到比较协调的形式的变化……在太阳系的进化，到地球的进化，有机体的进化，民族的进化，都有进步的组合。……从最低的生命形式上升，发展的程度表现为不同部分组成何种程度的合作共同体。”这样，“进化”就改变了它的原意而且超出了达尔文进化论的适用范围而具有无所不在的普遍意义，并因斯宾塞的提倡而流行开来②。

严复清楚地知道这一点，并将“进化”译为“天演”，他说：“天演西名‘义和禄尚’，最先用于斯宾塞，而为之界说。”③“天演”一词系严复首创，其内涵“进化”则来源于斯宾塞，他盛赞斯宾塞的学说是“欧洲自有生民以来，无此作也”，并指出，斯宾塞的《天人会通论》“举天、地、人、形气、心性、动植物之事而一贯之，其说尤为精辟宏富”④。亦即，作为生命现象的达尔文进化论在严复的阐释中被拓展到了整个物质领域，所有的物质运动与变化都可以用“进化”来解说。将“天演”等同于“进化”也就意味着，严复接受了斯宾塞的普遍进化主义的思想。同时，以“天”修饰“演”又表现出严复将“进化”观念上升为一种更为普遍之“道”的倾向。在汉语中，“天”字辞危而义富，据冯友兰考证，中国文字中的“天”字，至少有五种意义：物质之天、主宰之天、命运之天、自然之天和道德之天⑤。由此可见，在中国文字中，“天”既可以作为自然界的物质

① [美]斯蒂芬·杰·古尔德. 自达尔文以来：自然史沉思录[M]. 田洺译. 北京：生活·读书·新知三联书店，1998：22-23.

② 赵敦华. “进化”的科学意义[J]. 求是学刊，2006，（02）：29.

③ 王栻. 严复集（第二册）[M]. 北京：中华书局，1986：309.

④ 王栻. 严复集（第五册）[M]. 北京：中华书局，1986：1325.

⑤ 冯友兰. 中国哲学史新编（下卷）[M]. 北京：人民出版社，2007：42.

实体以及与之相关联的规律，即“天道”，又可以作为具有人格特征的至上神，以及与之关联的观念意识，即“天命”“天意”等。严复同样认识到中国文字“天”的多重含义：“中国所谓天字，乃名学所谓歧义之名，最病思理，而起争端。”因此，他给天作了以下归类和界定：一是以神理言之上帝；二是以形下言之苍昊；三是至于无所为作而有因果之形气，虽有因果而不可得言之适遇，西文各有异字，而中国常语，皆谓之天①。并讲明他所谓的“天演”之“天”取第三种意义，即难以言说的“因果之形气”，实则指的就是作为思辨形而上学的“天道”。

由上可见，严复在以斯宾塞之“举天地而一贯之”的普遍进化主义将达尔文进化论扩展到宇宙万物的广度上的同时，又将“天演进化”提升为具有世界观意义的“天道”的高度上。

2. “物竞天择”规则的普遍性

上文中讲到，作为科学学说的达尔文进化论主要是从生物、物种的角度立论，达尔文本人并没有将其进化理论应用于人类社会，而其理论的核心是自然选择学说，其中包括过度繁殖、生存竞争、遗传变异和适者生存四个方面的内容，而自然选择原理的适用范围同样限于生命现象界。对于自然选择原理的内容，严复的了解是较为全面的，这表现在：一是内容了解的全面性，特别是作为还没有科学事实根据的获得性状遗传（而这也是达尔文进化论在西方经常被抨击的原因之一），严复也曾在《天演论》中有过介绍，并对这一尚需要证明的假说持有慎重的态度从而不同于西方一些人士一概加以否认的观点。他说达尔文遗传一说现在尚不明确，但是“虽不必尽信，而亦不得竞斥为妄，盖经后人博验”②。二是尽管在自然选择机制的四个方面中尤为吸引他的是生存竞争和适者生存，即《物种起源》中的第三章和第四章，正如他在《原强》一文中讲到的：“书所称述，独二篇为尤著，西洋缀闻之士，皆能言之。其一篇曰《争自存》，其一篇曰《遗宜种》”③，亦即“物竞”与“天择”，但是他清楚地知道这一机制是

① 王栻. 严复集（第四册）[M]. 北京：中华书局，1986：921.

② 王栻. 严复集（第二册）[M]. 北京：中华书局，1986：309.

③ 王栻. 严复集（第一册）[M]. 北京：中华书局，1986：5.

对生命现象的考察得出的科学原理，他讲：“物竞、天择二义，发于英人达尔文。达著《物种由来》一书，以考论世间动植种类所以繁殊之故。”[①]而在对“物竞”“天择”的解释中，他却将本产生并适用于生命现象领域的进化机制像“天演”现象一样推广到了宇宙万物的广阔空间中，他讲道：“所谓争自存者，谓民物之于世也，樊然并生，同享天地自然之利。与接为构，民民物物，各争有以自存。……迨夫有以自存而克遗种也，必强忍魁桀，趫捷巧慧，与一时之天时地利洎一切事势之最相宜者也。”[②]也就是说，进化机制所起作用的范围已然不限于生物与物种，而是对举凡“民物之于世”的“民民物物”都有效的普遍原理。

通过对进化机制适用范围的扩大，严复又进一步将其与他眼中的作为“天道”的“天演”用中国传统的“体用”观念整合为一种统一的世界观，他讲道：“以天演为体，而其用有二：曰物竞，曰天择。此万物莫不然，而于有生之类为尤著。”[③]亦即，作为“体”之“天演”属于“天道”的范畴，那么其用“物竞”与“天择”就必然同属于“天道”之域，事实上他也正是这样讲的：“明天道之常变，其用在物竞与天择。”[④]既然“道”具有普遍的性质，那么它的具体展开——“物竞”与“天择”相应地也具有了普遍的性质。

### （二）将“天演”贯彻到人类社会领域

在严复看来，既然“天演”或“进化”的现象和“物竞天择”的自然选择机制具有“天道”的性质，自然而然就同样适用于“人道”之域，正如他所言：“小之极于跂行倒生，大之放乎日星天地；隐之则神思智识之所以圣狂，显之则政俗文章之所以沿革。言其要道，皆可一言蔽之，曰：天演是已”[⑤]，“天演之义，所苞如此，斯宾塞氏至推之农商工兵、语言

① 王栻. 严复集（第五册）[M]. 北京：中华书局，1986：1317.
② 王栻. 严复集（第一册）[M]. 北京：中华书局，1986：5.
③ 王栻. 严复集（第五册）[M]. 北京：中华书局，1986：1324.
④ 王栻. 严复集（第五册）[M]. 北京：中华书局，1986：1349.
⑤ 王栻. 严复集（第五册）[M]. 北京：中华书局，1986：1326.

文学之间，皆可以天演明其消息所以然之故”[①]。

首先，人类社会的产生是天演的结果。

严复将斯宾塞所说的“社会”翻译成“群”，并将之视为“人道”的一部分，他讲道：“荀卿曰：‘民生有群。’群也者，人道所不能外也。群有数等，社会者，有法之群也。社会，商工政学莫不有之，而最重之义，极于成国。”[②]

那么，人为什么能群，即人类社会是怎样产生的呢？严复指出，人类社会的产生是因为人能够“善相感通”，而“善相感通”并非人类与生俱来的本性，而是长期天演的结果。赫胥黎认为，人类天生就具有善良的本性和“善相感通”的同情性，人们互相之间能够相亲相爱，互助互敬，而人类社会正是依靠同情性而产生和维系，他在《进化与伦理》一书中讲道：“人心常德，皆本之能相感通而后有。于是是心之中，常有物焉以为之宰，字曰天良。天良者，保群之主。”[③]严复不同意这一说法并对其提出了批评，他说：“赫胥黎保群之论，可谓辨矣。然其谓群道由人心善相感而立，则有倒果为因之病。”[④]他具体分析道，人类所谓的“善相感通”的同情心以及在此基础上形成的“善群”的能力都是天演的结果，而不是人类社会形成的原因，原始人与其他生物一样都要面对残酷的自然环境，为了求得生存，而采取了“由散入群”的形式以抗争外在的生存困难，可以说，个人“由散入群”，并因之而形成社会完全是为了自身的安全与利益，而并非一开始就具有与动物不同的“天良”与“善相感通”。他讲道：“夫既以群为安利，则天演之事，将使能群者存，不群者灭；善群者存，不善群者灭。善群者何？善相感通者是。然则善相感通之德，乃天择以后之事，非其始之即如是也。”[⑤]因此，正是物竞天择、适者生存、优胜劣败的自然进化规律在起作用，人类社会才得以形成。

① 王栻. 严复集（第五册）[M]. 北京：中华书局，1986：1328.
② 王栻. 严复集（第一册）[M]. 北京：中华书局，1986：125-126.
③ [英]赫胥黎. 天演论[M]. 严复译. 北京：商务印书馆，1981：32.
④ [英]赫胥黎. 天演论[M]. 严复译. 北京：商务印书馆，1981：32.
⑤ 王栻. 严复集（第五册）[M]. 北京：中华书局，1986：1347.

其次，物竞天择之用，未尝一息亡于人间。

严复认为，人类社会产生之后，社会中的人与人、民族与民族、国家与国家之间的一切关系都是“生存竞争”的关系，他指出，“物竞天择”存在于宇宙万事万物之间，“无异、无择、无争，有一然者，非吾人今者所居世界也”[①]。他在解释“争自存”时讲道，“且其争之事，不必爪牙用而杀伐行也”[②]，只要稍微改变原来生存者的生存环境，例如，将习于安逸的物种放到竞争激烈的环境中，或者将习于山地生活的物种放到沼泽地方中，它们很快就会被淘汰。又如，尽管在一定时期内和一定区域内有最适宜者生存，但随着时过境迁，千百年的环境变化，原来最适宜者未必能够适应新的环境，很可能出现消磨歇绝的现象，“如卵学家所见之古禽古兽是已”。而且这种现象普遍存在于所有生物物种之间，“此微禽兽为然，草木亦犹是也；微动植二物为然，而人民亦犹是也”[③]。在此基础上，严复将“物竞天择”的自然选择机制泛化为一种生存哲学，“其始也，种与种争，及其成群成国，则群与群争，国与国争。而弱者当为强肉，愚者当为智役焉”[④]。可见，在严复看来，“物竞天择”的自然选择机制同样适用于人类社会领域。

那么，“物竞天择”的自然选择机制是如何在人类社会领域发生作用的呢？严复借用马尔萨斯人口论的观点讲道：“万类生生”以几何级数的速度增加，如果灭亡的数目远远小于存活下来的数目，则地球上很快就没有可供生存的空间了，而且，再辅之以其他区域的竞争者来抢占资源就更加剧了生存斗争的程度，因此必然有一部分遭到淘汰。他举例道，俄罗斯本土的蟋蟀个长而大，自从更具生存能力的安息小蟋蟀入境，不多久本土蟋蟀便消失殆尽；而澳大利亚本土的蜂无针，自从外地有针的蜂入境，本土的蜂不数年即灭亡了。进而，严复指出，这种生存斗争不仅存在于自然界，同样存在于民族与民族、国家与国家之间，面对有限的资源，“智佼

① [英]赫胥黎. 天演论[M]. 严复译. 北京：商务印书馆，1981：9.
② 王栻. 严复集（第一册）[M]. 北京：中华书局，1986：5-6.
③ 王栻. 严复集（第一册）[M]. 北京：中华书局，1986：6.
④ 王栻. 严复集（第一册）[M]. 北京：中华书局，1986：5.

者既多取之而丰，愚懦者自少分焉而啬。丰啬之际，盛衰系之矣”[①]。他举例道，“墨、澳二洲”中的本地土著人日益萧瑟就在于欧洲殖民者的入侵与他们争抢有限的资源，而入侵者是发展程度较高的“有术者”，本地土著居民是发展程度较低的“无具者”，那么自然“有术者既多取之而丰，无具者自少取焉而啬；丰者近昌，啬者邻灭”[②]。而且这种情况将伴随人类始终，因此，严复讲：“物竞天择之用，未尝一息亡于人间。”[③]

综上所述，严复通过将生命现象领域的自然科学达尔文进化论提升和泛化为具有普遍性质的“天道”，进而将其贯彻到人类社会领域，从而实现了天行与人治的统一。

## 二、“人治”：与天争胜

承认天演规则是适用于宇宙间万事万物的普遍必然之“道”，人类社会领域同样存在着“物竞天择，适者生存”的残酷竞争，那么人们在处理人与自然以及民族与民族、国家与国家之间的关系时是否只能任天演规则自行发展，即“任天而治”“弱肉强食”而不能加以干预呢？斯宾塞提倡“任天为治”的主张，但是自由放任的主张很容易导向对弱者的歧视与偏见。例如，在一个国家内，他认为不应当发展诸如医疗卫生等社会福利事业，不应当给予穷人以社会救济，否则，国家就有可能从先进的工业社会退化到军事社会。他的这种观点也常常成为强国欺凌弱国以及殖民主义的理论根据。正因为此，严复并没有因推崇斯宾塞的普遍进化主义而同时接受其“任天而治”的思想，他说，之所以选取赫胥黎的《天演论》并译介给国人就是为了反对斯宾塞的观点，“赫胥黎氏此书之恉，本以救斯宾塞任天为治之末流，其中所论，与吾古人有甚合者。且于自强保种之事，反复三致意焉”[④]。严复吸取了赫胥黎的思想，并结合中国传统哲学中“天人交相胜”的思想提出了“以人持天”“与天争胜”的观点，构成了他的天演哲

① 王栻. 严复集（第一册）[M]. 北京：中华书局，1986：101.

② [英]赫胥黎. 天演论[M]. 严复译. 北京：商务印书馆，1981：12.

③ 王栻. 严复集（第一册）[M]. 北京：中华书局，1986：101.

④ 王栻. 严复集（第五册）[M]. 北京：中华书局，1986：1321.

学的另一个重要层面。

### （一）要当强立不反，出与力争

我们在上文讲到，对于达尔文自然选择学说中的四个方面，即过度繁殖、生存竞争、遗传变异和适者生存，严复都有较为全面的了解，但却在《原强》一文中单单突出“物竞”与“天择”而在此处不提“过度繁殖”，特别是不提“遗传变异”，这种择取是有原因的。

达尔文自然选择学说与拉马克“用进废退”的关键不同之处就在于以下两点。前者认为在自然选择面前，动物完全是消极被动的，生物的变异是无意的、偶然的和自然而然的事件，在变异之后，自然选择机制开始起作用以决定其生存或淘汰。例如，达尔文认为长颈鹿的祖先有的颈和前肢长些，有的短些，在缺乏青草的情况下，颈和前肢长的因能吃到树上的叶子而存活下来，而短的则被淘汰掉了，久而久之，经过一代一代的选择，世上的长颈鹿就成了现在的样子。而后者则认为动物的变异由动物本身的意志所决定，例如，拉马克认为，长颈鹿由于长期努力地伸长脖子去吃长在树高处的叶子，它的颈和前肢就由之而逐渐变长。将这两种不同的进化观念运用于社会领域自然会得到迥然相异的结论：以前者看，人类社会的发展是受动和被选择性的，强大民族欺凌弱小民族是天经地义的事，作为落后的国家，被动挨打是自然选择机制起作用的必然结果；相反，后者则会引申出只要主观上存在进步的要求并为之付出不懈的努力，弱者也可以变为强者。显然，对于严复救亡图存的现实政治目的来讲，后者更符合他的要求，即要发挥“人治”的作用。

那么，一方面承认物竞天择的普遍性，强调属于“人治”的人类社会发展也遵循天演进化的规律；另一方面又认为要“与天争胜”发挥“人治”的作用，如何统一这一对看似的矛盾呢？

严复讲《天演论》各篇：“皆以尚力为天行，尚德为人治，争且乱则天胜，安且治则人胜。此其说与唐刘、柳诸家天论之言合。”[①]这里提到的“刘”指刘禹锡，“柳”指柳宗元，那么，他们又是怎样说的呢？刘禹

① [英]赫胥黎. 天演论[M]. 严复译. 北京：商务印书馆，1981：92.

锡作有《天论》，其中在《天论（上）》中讲道：“大凡入形器者，皆有能有不能。天，有形之大者也；人，动物之尤者也。天之能人固不能也；人之能天亦有所不能也。故余曰：天人交相胜耳。”[①]严复借此欲要表达的是天有所能，有所不能。天之所以能，就在于天演规则作为一种普天之道，它在“物竞”的过程中默默地起着择宜者存，而淘汰不宜者的功能，但是前提是有争存者存在，若无争存者，天演规则也就不起作用了，这是天之所不能；人之所不能，就在于无法违背天演规则，但人之所能在于在遵循天演规则的前提下充分发挥能动性，个人如此，一个国家、一个民族同样是这样。

据此，严复批判了国内部分人认为中国地大物博、人口众多，拥有几千年的历史，因而不需要改变自己就可以屹立于世界民族之林的观点。他说，如果没有外族的入侵，中国或可期于“相安相养”，但是如今舟车大通，中国已不可避免地卷入到了残酷的世界竞争之列，是无法逃脱“物竞天择”的规则的。他说：“外物之来，深闭固拒，必非良法，要当强立不反，出与力争，庶几磨厉玉成，有以自立。至于自立，则彼之来皆为吾利。吾何畏哉！”[②]亦即，与其闭关锁国，等待天演规则的裁判而遭到淘汰，不如打开国门主动参与到国际竞争中，不断调整、改变自己，走上富强的道路。

### （二）“以人持天”展现在社会领域的具体途径

既然“天演”是宇宙普遍之道、必然之理，是人力所不能控制的力量，而一个民族、一个国家欲立于世界民族之林而不被淘汰，就必须直面惨烈竞争的事实，主动变革，谋求自强，否则将被别人牵着鼻子走，正因为此，他赞成梁启超的话：“万国蒸蒸，大势相逼，变亦变，不变亦变。变而变者，变之权操诸己；不变而变者，变之权让诸人。”[③]而变革是有规律可循的，并非一概抛弃旧传统，全面学习西方那样简单，对此，严复提出了

① 刘文英. 中国哲学史（上卷）[M]. 天津：南开大学出版社，2012：482.
② 王栻. 严复集（第一册）[M]. 北京：中华书局，1986：82.
③ 王栻. 严复集（第一册）[M]. 北京：中华书局，1986：32.

两条相辅相成的路径。

其一，洞悉社会发展规律，把握时代发展脉搏，将变革导向富强的道路。严复指出，人类社会与自然界存在着性质相同的天演过程，因此，它们都存在着不以人的意志为转移的客观发展规律，在自然界称之为“自然律令”“自然规则”，在人类社会领域称之为“运会”。“以人持天”“与天争胜”表现在自然领域就是要在认识、掌握和遵循自然规律的基础上充分发挥人的能动性，同样，反映在人类社会领域就是要认识所谓的“运会”。而如何认识“运会”，严复进一步指出，国家和社会都是有机体，同样遵循着自然的进化法则，即“国家为有机体，斯其演进之事，与生物同”[①]，因此，把握国家社会发展脉络，洞悉国家社会发展趋势同样要采用类似于生物学领域中所使用的科学方法，他讲道：“国家是天演之物，程度高低，皆有自然原理……国家既为天演之物，则讲求政治，其术可与动植诸学，所用者同。”[②]在把握人类社会发展规律的基础上，才能“知运会之所由趋，而逆睹其流极。唯知其所由趋，故后天而奉天时；唯逆睹其流极，故先天而天不违。于是裁成辅相，而置天下于至安”[③]。

其二，社会是人组成的，因此要普遍提高社会成员的素质，只有这样才能真正提高社会和国家的实力。严复指出，尽管社会与生物一样都是有机体，但它们之间还存在一定的差异，最为明显的就是生物有机体作为整体具有知觉，但其各个组成部分则不具有知觉，社会有机体与之相反，作为整体不具有知觉，而其组成部分的每个人则具有知觉。对于一个社会来讲，只有每个成员的素质高，整个社会才有活力与希望，他举例道：“不观于圬者之为墙乎？与之一成之砖，坚而廉，平而正，火候得而大小若一，则无待泥水灰粘之用，不旋踵而数仞之墙成矣。由是以捍风雨，卫室家，虽资之数百年可也。”[④]相反，如果所使用的砖大小不均，残缺不全，即使有能工巧匠，也只能勉强“成一粪土之墙而已矣”。所以严复指出，一

---

① 王栻. 严复集（第五册）[M]. 北京：中华书局，1986：1266.

② 王栻. 严复集（第五册）[M]. 北京：中华书局，1986：1250.

③ 王栻. 严复集（第一册）[M]. 北京：中华书局，1986：1.

④ 王栻. 严复集（第一册）[M]. 北京：中华书局，1986：18.

个民族与国家欲争自强以立于世，就必须从提高国民素质着手，具体讲就是鼓民力、兴民德、开明智，他讲道："盖生民之大要三，而强弱存亡莫不视此：一曰血气体力之强，二曰聪明智虑之强，三曰德行仁义之强。是以西洋观化言治之家，莫不以民力、民智、民德三者断民种之高下，未有三者备而民生不优，亦未有三者备而国威不奋者也。"[①]

## 三、小结

严复将作为自然科学的生物进化论及其自然选择机制提升和泛化为一种普天之"道"，同时强调人们应当适应这一规律团结起来自强自立以与外物斗争，这就既超出了作为科学学说的进化论的范围，也不完全相同于赫胥黎或者斯宾塞两人中任何一个人的理论，"既不是斯宾塞的一般进化观念，也不同于赫胥黎的人性本善的伦理学说……似乎是矛盾，实际却是一种合情合理的'创造'"[②]。而严复的这种创造有着深刻的社会历史根据。

从理论内涵上看，达尔文生物进化论与斯宾塞普遍进化主义之间存在着巨大差异，而赫胥黎与斯宾塞的观点又非常不同，但是，他们都处于英国工业革命的辉煌时期，国家强大、富庶，他们的理论，或为实证的科学，或为严密的学理。而严复的天演哲学有着与它们不同的形成背景，当时的中国内忧外患，他是本着寻求救亡之道而建构的天演哲学体系，而西方近代进化论之所以备受青睐就在于"进化是科学问题，但更是一个哲学问题。这里既需要一个知识概念（由具体的科学事实来承担），也需要一个思辨的形而上学体系，两者互相依赖"[③]。可以说，严复天演哲学的功用性很明确：其一，通过将作为生命现象领域的进化论及其自然选择机制提升为"天道"，进而将其使用范围拓展到属于"人治"的人类社会领域，从而实现天人一贯，这样做，就是以科学的说服力和合理性强调中国所处的现实世界，灌输给国人一种危机意识；其二，强调在"人治天行，同为天演"

① 王栻. 严复集（第一册）[M]. 北京：中华书局，1986：18.

② 李泽厚. 中国近代思想史论[M]. 北京：生活·读书·新知三联书店，2008：272.

③ 李勇. 社会认识进化论[M]. 武汉：武汉大学出版社，2000：41.

的前提下发挥“人治”的功用，就是要唤起国人自强保种的信心。

从学理上讲，尽管严复天演哲学具有现实的功用性，但他论述的“天行”与“人治”的关系问题是一个真正的哲学问题，正如冯友兰所指出的：“一个重要的哲学论点，必须能解决一种矛盾，使矛盾的两个对立面统一起来。而严复通过翻译和译述《天演论》所要解决的是天行与人治的矛盾，他发挥了斯宾塞尔的天人一贯论，把这对矛盾统一起来……哲学并不能把本来没有同一性的东西统一起来。在一个统一体中，两个矛盾的对立面本来就有同一性，哲学的作用只是把原来有的同一性指出来，并说明它们是怎样统一的。”①

① 冯友兰. 中国哲学史新编（下卷）[M]. 北京：人民出版社，2007：440.

# 第三章　严复科学观与科学主义思想

一般而言，社会现代化是指社会在科学技术发展的带动下，经济基础、社会生活各个方面逐步脱离传统社会的发展过程①。中国传统文化中有着丰富的科学思想与骄人的科技成就，特别是明清之际实学思潮的兴起与发展业已蕴含了部分可称之为“近代科学”的因素，但严格来讲，与西方在自有文化传统中孕育出的近代实验科学不同，中国科学近现代化发端的直接肇因则在于西学东渐过程中西方科学文化的输入，以及在此基础上渐次展开的科学本土化实践。这一特征决定了科学中国化或中国科学近现代化所面对的一个重要或首要的问题是认识西方科学并揭示科学的价值，以期实现科学自身获得社会的承认与支持。在这一特定历史阶段中，严复作为“第一个真正了解西方文化的思想家”，以其深厚的科学素养和对中国科技事业发展的炽热关怀，深入探讨了何谓“科学”“科学的功能与价值”等重要命题，形成了主题明确、层次清晰的科学观内容，并通过将其思想述诸笔端，广布于国人，开启了国人认识西方科学的崭新阶段，其中部分灼见对当今世人树立正确而全面的科学观亦有认识论和方法论上的助益。

此外，较之魏源等人以及后来的洋务派所持有的“技”“器”科学观，严复是最早将科学作为一种价值体系来接受的中国人，从而在一定程度上和某些侧面表现出科学主义的倾向。这一特征鲜明地表现在前面我们讲到的将作为科学学说的进化论转化为一种具有形而上学性质的天演哲学的具体实践中，同时也体现在严复“科学为本”的思想主张中，这种倾向的形成一方面来源于他的西方导师——实证主义者的影响，另一方面来源于他需要建立一种新的世界观来揭露和取代中国长期以来形成的“因循守旧”“期于相安相养”的观念体系。但是具体考察严复的思想，我们会发现，严复同西方实证主义一样持有科学知识至上、科学方法万能的倾向，但他并

---

① 李芹. 社会学概论[M]. 济南：山东人民出版社，2012：276.

没有因之而走向“科学万能”的极端，相反，他充分认识到人文文化在实现人的全面发展上的重要价值和意义，因而提出科学文化与人文文化不可“一甚一亡”的主张。

## 第一节 严复科学观

严复的科学观有着丰富的内涵，他认识到科学是求真求诚的事业，其内在价值在于提供反映客观规律的真理性知识；而科学的功用一方面在于通过具体实践提高人的生产能力，进而推动经济社会的发展，另一方面通过对科学方法的训练、科学思想的启迪和科学精神的陶冶起到“开瀹心灵、变民心习”的作用。

### 一、“科学公例，无时不诚”的科学知识观

严复是近代中国较早认识到在西方先进的“技”“器”背后尚有“学”的成分在的先进士人，而这种“学”的内在价值就是对自然规则的客观反映，能够为人们提供正确认识自然进而合理利用自然的知识，并且，因其知识的客观真理性而将其自身与其他文化形态区分开来。

#### （一）科学知识是对自然规则的客观反映

科学的任务在于“创造非个人的和客观的知识，它借助于这种知识系统地为我们解释世界，并通过合理性的认识和惊奇把我们与世界联系起来”[①]。对此，严复有着较为自觉的认识并做了系统的阐释。

第一，自然现象背后存在着具有普遍有效性的客观规律。严复指出，自然界在不断的进化发展过程中主要表现为物质的运动，而物质的运动必然涉及空间与时间两个概念，即“占位、历时二事”，并且“物舍此先无以为有”。因此，尽管从现象来看物质世界的变化发展纷繁复杂、流变万

① [德]汉伯里·布朗. 科学的智慧：它与文化和宗教的关联[M]. 李醒民译. 沈阳：辽宁教育出版社，1998：161.

端，但仍有其“理”可循，这就是自然现象背后的“自然之律令”：“占位者宇，历时者宙。体与宇为同物，其为发见也，同时而并呈；心与宙为同物，其为发见也，历时而递变。并呈者著为一局，递变者衍为一宗；而一局、一宗之中，皆有其井然不纷、秩然不紊者以为理，以为自然之律令。”①自然规律的客观性表现在它不以人的主观好恶而做出任何改变，正所谓“天固不为无衣者减寒，岁亦不为不耕者减饥也”②；自然规律的普遍有效性表现在无论何种肤色、何一年龄段、何种程度智力的人都无不受自然规则之规范，它“不同地而皆然，不同时而皆合”③。而正是自然规律的客观性与普遍有效性才使科学认识的存在与发展有了可靠的基础，正所谓“此吾生学问之所以大可恃，而学明者术立，理得者功成也”④。对人类而言，认识自然背后的客观规律具有极端的重要性，人类的实践必须建基于正确认识并遵循客观规律的基础上才能趋利避害，有所作为，否则，“脱令求之不得，抑所得不真，与夫知而不守，则百犯百罚，无一免者。此所谓覆辙之车，彼冥冥行法者，未尝或稍纵也”⑤。

第二，客观反映自然规律是科学的内在价值所在。严复指出，宇宙万物默默地按照自然规律演化发展，从而有“四时行焉，万物生焉”的各类自然现象，但是作为人类认识自然、把握自然与改造自然之理据的“自然律令”，其本身却并不自然而然地显现在人们面前，它“未尝为誊黄，为告示，如官府然，谆谆告诫，曰言出法随，曰勿谓言之不预也”⑥，因此就需要人们直面自然、研究自然，探索和认识自然背后的自然规则。自古以来，凡讲求认识自然，实际上就是要认识自然规则：“人类自古至今，所推求研究者，皆此导师（自然——笔者注）之规则，大者一本，小者万殊，虽竭吾人毕生精力以学习之，有不能尽。故世界者，一学界也；地球

① 王栻. 严复集（第四册）[M]. 北京：中华书局，1986：1036.

② 王栻. 严复集（第一册）[M]. 北京：中华书局，1986：12.

③ 王栻. 严复集（第四册）[M]. 北京：中华书局，1986：1036.

④ 王栻. 严复集（第四册）[M]. 北京：中华书局，1986：1036.

⑤ 孙应祥，皮后锋.《严复集》补编[M]. 福州：福建人民出版社，2004：63.

⑥ 孙应祥，皮后锋.《严复集》补编[M]. 福州：福建人民出版社，2004：63.

者，一大学校也。”[①]但是长期以来，人们“出入于自然规则之间，离合参半，每顺则祥，每违则殃，违之已甚，则死且亡”[②]，亦即人们并没有真正认识到自然规律的本来面目，尽管有时做出的行为符合自然规律，但却不知为何合于自然规律，相应地，当人们因违背自然规律而受到自然的惩罚时，同样不明白受惩罚的道理。而科学的内在价值就在于为我们描绘了一幅反映客观规律的世界图景：“诚以科学所明，类皆造化公例，即不佞发端所谓自然规则”[③]，“夫公例者，无往而不信者也”[④]，而人类唯有勤治自然科学才能识得藏而不露的自然规则以获得可靠的知识，才能在实际事务中自觉地做到“执其例可以御蕃变者”[⑤]，进而生发出“驾驭风雷，萧与水火”的现实力量。

第三，科学知识具有真理性。严复讲，科学知识具有客观真理的性质，即“科学所明者公例，公例必无时而不诚”[⑥]，而所谓的“诚”，严复借穆勒的话指出“诚者非他，真实无妄之知是已”[⑦]。科学公例之所以具有“真实无妄”的性质就在于它具有以下特征：①科学知识表现为实证化、精确化的知识体系，“一理之明，一法之立，必验之物物事事而皆然，而后定之为不易。其所验也贵多，故博大；其收效也必恒，故悠久；其究极也，必道通为一，左右逢原，故高明”[⑧]，它“必其部居群分，层累枝叶，确乎可证，涣然大同，无一语游移，无一事违反；藏之于心则成理，施之于事则为术；首尾赅备，因应厘然”[⑨]。②科学知识不因人而异，具有主体间可检验性：“公例既立之余，随地随时可以试验……人人可自用其耳目，

① 孙应祥，皮后锋.《严复集》补编[M]. 福州：福建人民出版社，2004：62.
② 孙应祥，皮后锋.《严复集》补编[M]. 福州：福建人民出版社，2004：62.
③ 王栻. 严复集（第二册）[M]. 北京：中华书局，1986：280.
④ 王栻. 严复集（第四册）[M]. 北京：中华书局，1986：1093.
⑤ [英]赫胥黎. 天演论[M]. 严复译. 北京：商务印书馆，1981：ix.
⑥ [英]亚当·斯密. 原富[M]. 严复译. 北京：商务印书馆，1981：11.
⑦ [英]穆勒. 穆勒名学[M]. 严复译. 北京：商务印书馆，1981：5.
⑧ 王栻. 严复集（第一册）[M]. 北京：中华书局，1986：45.
⑨ 王栻. 严复集（第一册）[M]. 北京：中华书局，1986：52.

在在得实验其不诬。”[①]他举例道，“水至热表四度而结冰，空气于平面每方寸有十斤之压力……内肾主清血出溺而非藏精，肺不主皮毛，肝不藏魂魄”[②]等等科学认识虽然难易程度有差别，但它们都无一例外可以通过任何人的亲自试验而加以验证，因此，严复讲道：“公例者，不过臆说之十足印证者耳。”[③]

第四，好的科学理论的评价标准。严复指出，一个好的科学公例“必居于最易最简之数，乃足当之”[④]，他在《穆勒名学》中具体讲道：“自然公例非他，乃极少数之公论，得此而一切世界常然，皆可执外籀而推知之。”[⑤]亦即能够从最少的科学公理出发经过逻辑演绎而达到对自然现象的最广泛和普遍的认识，他讲道：“穷理致知之事，其公例皆会通之词，无专指者。惟其所会通愈广，则其例亦愈尊。理如水木然，由条寻枝，循枝赴干，汇归万派，萃于一源；至于一源，大道乃见，道通为一，此之谓也。”[⑥]为了更好地说明这一要求的实质，他特别举例道：“今设云‘甲乙丙三角形，乙为直角，则甲丙方必等于甲乙、乙丙二方之和’。此专指一形，最狭之词也。”“次云‘勾股形之弦自乘等于勾股两自乘之和’，则较广矣。三云‘三角形一边之方，与余二边之方，相待有定率（本三角术）’，则愈广矣。设又云‘直线形求边方，皆可以三角术御之’。此则所冒弥广，为形学最公之词。”[⑦]亦即，从较为特殊的直角三角形三边之间的关系到一般三角形三边之间的关系的科学发现是沿着普遍性愈趋增大的方向上升的。又如，西方自然科学各以其专门领域开展研究并在这一领域取得专门性知识，“谓重、谓水、谓气、谓热、谓电、谓光、谓声，是七学者睽孤分治，终鲜大效”，但是，这种专门性知识涵盖性较狭，若考

---

① 王栻. 严复集（第二册）[M]. 北京：中华书局，1986：284.
② 王栻. 严复集（第二册）[M]. 北京：中华书局，1986：284.
③ [英]耶方斯. 名学浅说[M]. 严复译. 北京：商务印书馆，1981：73.
④ 王栻. 严复集（第四册）[M]. 北京：中华书局，1986：1051.
⑤ 王栻. 严复集（第四册）[M]. 北京：中华书局，1986：1051.
⑥ 王栻. 严复集（第四册）[M]. 北京：中华书局，1986：1042.
⑦ 王栻. 严复集（第四册）[M]. 北京：中华书局，1986：1042.

求其会通，则“而知一切皆力之变，故力理明是七者莫不明，而格物之学术大进”。也正因为此，严复评价笛卡儿的割锥术之“贵”就在于它“能用一公式御割锥诸形之变”①，即这一理论具有较大的普遍性。

回观科学史，特别是物理学史，不正走的是一条逐渐“大一统”的路径吗？正因为“地心说”及其“本论均轮”需要不断增加附加条件才能解释新观察到的天文现象，这种日趋复杂化的理论体系最终被推翻。牛顿的经典力学体系统一了地上与天体的运行，而他本人也秉持着“大自然不做徒劳无功的事”的观点。麦克斯韦也将电磁现象统一在一组公式下。华人科学家杨振宁、李政道的“弱相互作用下宇称不守恒理论”则统一了人类已知的宇宙间的四种力（万有引力、电磁力、弱相互作用、强相互作用）中的后三种。狄拉克的墓碑上，镌刻的仅仅是他提出的几组公式，而不需要再用什么文字表彰他的伟大了。

### （二）科学与技术、哲学及宗教的区别

在严复看来，科学知识是普遍有效的：“格致之事，一公例既立，必无往而不融涣消释。”②它是在不同空间中和不同时间上都具有有效解释力的知识，他讲道：“夫道无不在，苟得其术。虽近取诸身，岂有穷哉？而行彻五洲，学穷千古，亦将但见其会通而统于一而已矣。”③相反，如果一个理论不具有普遍的解释力，就不能称作科学理论：“若可言于甲，不可言于乙；可言其无数，而独不可言于其一端，凡此者其公例必不公而终破也。”④当然，体系化、实证化、理性化、精确化是科学知识或理论的本质特征，但是任何科学真理都是相对真理，科学知识本身的另一优良品质正在于其具有批判性，毋宁说，正是批判性促成了科学的进步，因此严复将科学“公例”视为“无时不诚”难免有对科学知识特别是具体科学知识的绝对化之嫌。但是，客观而言，科学知识或理论是人类迄今为止在

① 王栻. 严复集（第四册）[M]. 北京：中华书局，1986：1042-1043.

② 王栻. 严复集（第四册）[M]. 北京：中华书局，1986：871.

③ 王栻. 严复集（第四册）[M]. 北京：中华书局，1986：1095.

④ [英]亚当·斯密. 原富（上册）[M]. 严复译. 北京：商务印书馆，1981：162.

把握对象方面最为接近客观真理的认识成果，特别是在对自然的认识上，而科学正是以追求真理作为第一基本价值[①]，正是在这种意义上，严复在科学与技术、宗教及哲学等文化形态之间作了分疏，从而也彰显了他对作为知识体系之科学的理解与认识。

第一，科学与技术的联系与区别。科学是以追求真理为价值导向的。即使培根讲科学的、真正的、合法的目标说来不外是把新的发现和新的力量惠赠给人类生活[②]，但他也强调其前提亦要保证科学对真理性知识的探索，即彭加勒所大力提倡的“为科学而科学”的价值理念。对此，严复有着较为自觉的认识，他是中国近代较早合理区分科学与技术的先进人物之一。严复指出，科学之所以能够蕴含强大的社会功能，一则在于科学所提供的具有客观真理性的知识，二则科学需要通过技术作为中介转化为现实的生产力。前者起着基础性和决定性作用。他讲道：“学者，即物而穷理，即前所谓知物者也。术者，设事而知方，即前所谓问宜如何也。”[③]从知行的角度来讲，“学主知”，以“考自然之理，立必然之例”为目的，其本身不含功利性；而“术主行”，“据既知之理，求可成之功”[④]，因此，“格致之家，孜孜焉以尽物之性为事。农工商之民，据其理以善术，而物产之出也，以之益多”[⑤]。基于以上认识，严复强调：“然不知术之不良，皆由学之不明之故；而学之即明之后，将术之良者自呈。此一切科学所以大裨人事也。”[⑥]亦即在科学的时代，作为“工匠传统”的技术愈来愈依赖于作为“学者传统”的科学，而科学则需要通过技术实践转化为促进社会经济发展的现实力量。当然，由科学理论或知识转化为实用技术尚有赖于一系列复杂的过程，而非“将术之良者自呈”那样简单，但可以看出严复对科学知识的推重。故而，尽管受西方实证主义哲学的功利主义影响，严复要求

① 李醒民. 关于科学与价值的几个问题[J]. 中国社会科学，1990，（05）：50.
② [英]培根. 新工具[M]. 许宝骙译. 北京：商务印书馆，1986：58.
③ 王栻. 严复集（第五册）[M]. 北京：中华书局，1986：1248.
④ 王栻. 严复集（第四册）[M]. 北京：中华书局，1986：885.
⑤ [英]赫胥黎. 天演论[M]. 严复译. 北京：商务印书馆，1981：36.
⑥ 王栻. 严复集（第五册）[M]. 北京：中华书局，1986：1248.

学问与事功“二者交失，其实则相资而不可偏废也”，但同时他也不忘告诫国人：“今夫尚学问者，则后事功，而急功名者，则轻学问”，“功名之士多有，而学问之人难求，是则学问贵也”①。这种思想亦体现在他的家庭教育上，他要求子女趁风华正茂，多潜心学习一些自然科学知识而少过问政治。

第二，科学与宗教的联系与区别。严复认为作为学术的科学与宗教都是理解世界的具体方式，都有悠久的历史：“宗教、学术二者同出于古初。”在人类社会发展早期，囿于人类智识的普遍不发达，科学与宗教之间复杂地纠缠在一起，难以划而分治：“当进化程度较浅之时范围极广，而学术之事亦多杂以宗教观念，无纯粹之宗风。”②严复的论述是有见地的，不仅在古代人类社会，即使开启了近代科学革命的哥白尼在描述他的“日心说”体系时仍这样说：在这极美丽的庙堂中，太阳唯有位于宇宙中心才能把它的光明普照到整个体系。太阳是宇宙之灯、宇宙之心、可见的神、宇宙的统治者。奠定经典物理学体系从而标志近代科学革命完成的牛顿同样认为他的力学中的“质点”是最适合于上帝创造他们时所达到的目的③。而且，美国科学社会学家默顿在其博士论文中系统论述过17世纪英国清教主义思想和一批清教徒在近代科学创立过程中曾发挥了举足轻重的作用。但毕竟近代宗教与科学之间存在着认知上的区别，严复讲：前者“笃信主宰，谓世间一切皆有神权，即至生民，其身虽亡，必有魂魄，以为长存之精气者”；而后者“由是而有研究物情，深求理数之人”④。而它们之间的更为实质性的差异则在于，科学以为人提供有益于民生日用的普遍性知识为主旨：“‘学’者所以务民义，明民以所可知者也。明民以所可知，故求之吾心而有是非，考之外物而有离合，无所苟焉而已矣。”相形之下，“教”则主于信仰：“‘教’者所以事天神，致民以不可知者也。致民以不可知，故无是非之可争，亦无异同之足验，信斯奉之而已矣。”⑤整体上

① 王栻. 严复集（第一册）[M]. 北京：中华书局，1986：29.

② 王栻. 严复集（第二册）[M]. 北京：中华书局，1986：316.

③ 李醒民. 关于科学与价值的几个问题[J]. 中国社会科学，1990，（05）：48.

④ 王栻. 严复集（第二册）[M]. 北京：中华书局，1986：316.

⑤ 王栻. 严复集（第一册）[M]. 北京：中华书局，1986：52.

讲，严复指出：“世间一切宗教，无分垢净，其权威皆从信起，不由知入；设从知入，即无宗教。”[①]也正因此，科学与宗教之间长期存在着“教”崇“学”卑、“教”幽“学”显的此消彼长的关系，而随着科学所提供的客观真理性知识日益显示出强大的力量，科学本身必定疆界日弘，而宗教之范围日缩。

第三，科学与哲学的关联与区别。严复讲，科学与哲学都是“爱智之学”，“理学，其西文本名，谓之出形气学，与格物诸形气学为对，故亦翻神学、智学、爱智学。日本人谓之哲学。顾晚近科学，独有爱智以名其全，而一切性灵之学则归于心学，哲学之名似尚未安也”[②]。之所以说“哲学之名似尚未安也”并不是否定哲学是“爱智之学”，而是在承认科学与哲学在同为“爱智之学”的前提下，如果将科学“独有爱智以名其全”，那么哲学就不宜于用同一名称，因为在严复看来，首先，尽管从求事物之“故”的角度来讲，“科哲诸学皆事此者”[③]，但是二者在求得事物之“故”的层次上有着区别：如果说科学在于在观察实验的基础上通过逻辑推演而达到“道通为一”的关于自然规律的认识，在于“异”中求“同”，揭示并描述自然现象之间存在着如此这般的联系，其结果表现为实证化和体系化的知识，那么，哲学就是要寻找“异”之中何以有“同”，即“同”之故，探求自然现象以及社会现象之间为何存在如此这般的联系，即“于其所同，能得其故，便是哲学能事”[④]。严复强调，西方哲学不出“十二字”，即《老子》所谓的“同谓之玄，玄之又玄，众妙之门”，而所谓的“玄”即“悬也。凡物理之所通摄而不滞于物者，皆玄也。哲学谓之提挈归公之物德”[⑤]。概言之，科学知识是对“物”与“物”之间、“现象”与“现象”之间的必然联系的客观反映，属于形下之域；而哲学则追问“物”之

① 王栻. 严复集（第二册）[M]. 北京：中华书局，1986：328.
② 王栻. 严复集（第四册）[M]. 北京：中华书局，1986：1029.
③ 王栻. 严复集（第四册）[M]. 北京：中华书局，1986：1081.
④ 王栻. 严复集（第五册）[M]. 北京：中华书局，1986：1251.
⑤ 王栻. 严复集（第四册）[M]. 北京：中华书局，1986：1079.

本质，属于形上之域，即“见微知著，其理关于哲学”①。其次，科学知识是对规律的客观反映，在价值上必然是中立的，科学知识就是要求“真”、求“诚”，它不涉及自身之外的功利化诉求或伦理规范，“科学之事，主于所明之诚妄而已。其合于仁义与否，非所容心也”②；但哲学必然涉及价值判断，是倡导言“善”之学，“今之哲学言为善，所由与古之言为善殊者。古之言为善也，以为利人，而己无与也；今之言为善也，以不如是，且于己大不利也”③。

## 二、物质与精神价值同具的科学功能观

中国传统学术中向来有“以学为政”的价值诉求，特别是在近代中国，面对民族危机，先进士人对科学的论述往往要落实到“科学\救亡、科学\富强、科学\政治”的叙事结构中，它们共同表征着时人对科学的功利化认识，这一点在有着深切爱国情怀的严复身上亦有着明显的体现，但是，较之绝大部分同时代先进士人局限于对科学物质价值的认识而言，严复以其敏锐的眼光至为深刻地认识到，较之物质价值，科学还具有精神价值，就是通过科学思想的启迪、科学精神的陶冶培养人们“尚实”的心习和理性的态度，而这种价值才是科学更为重要和可贵的所在。

### （一）富强之基，本诸格致

其一，科学有益于实际事功，首先体现在科学之于救亡“将舍是而不可”④。19 世纪 70 年代末，严复留学英伦时期正值维多利亚女王执政，此时在这个号称“日不落帝国”的国度内经济社会发展呈现出一片欣欣向荣的景象。严复身临其境，感受尤为真切，盛赞英国富强之效是“百年以来，横绝四海，远迈古初”⑤。反身自顾，故国腐朽衰落，列强环伺，几于亡

① 王栻. 严复集（第五册）[M]. 北京：中华书局，1986：1244.
② 王栻. 严复集（第一册）[M]. 北京：中华书局，1986：100.
③ 王栻. 严复集（第四册）[M]. 北京：中华书局，1986：1022.
④ 王栻. 严复集（第一册）[M]. 北京：中华书局，1986：46.
⑤ 王栻. 严复集（第一册）[M]. 北京：中华书局，1986：68.

与不亡之际。中西霄壤之别引发了严复探寻西方之所以强，中国之所以弱的沉重思考。考诸历史，严复发现“即彼西洋之克有今日者，其变动之速，远之亦不过二百年，近之亦不过五十年已耳”[①]。正是在16世纪到19世纪期间，西方世界走上了工业化、现代化的道路，相形之下，中国的步伐则显得踯躅不前，被远远甩在了世界潮流的末端。严复设问：“不及二百年中，彼土所以致此古未曾有之盛者，实由何故？”原因是多方面的，答案也形形色色：宗教家认为是西方“以所奉之教之清真也”；政法家认为是西方“诸邦政法大改良也”。严复评价道，种种说法各有其道理，但他们都未看到西方富强的根本原因，而“必言近因，则惟格致之功胜耳”[②]，他讲道：“西洋今日……蔑一事焉不资于学。”[③]仅以化学学科为例，从本书第二章第一节“严复自然观”中我们知道，严复认为化学学科对物质世界的认识程度还很有限，还有极大的发展空间，但就仅有的化学知识来讲，它们已在民生日用中发挥出巨大的功用价值：“顾化学之事，以言其体虽未足以穷极，而以言其用，亦既多已。”[④]严复甚至认为，西方之所以能够发展出工业文明，就在于化学学科的不断发展及其成果的广泛应用，“虽谓泰西今日之富强，化学实尸之，未为失也。盖自农桑医药，至于一切之制造，皆非化学不为功。舟车非是不驶，火器非是不威，而卫生悊狱，所以进斯民于仁寿，而刑法无滥冤者，向非此道，亦乌由进乎？”“是故西国之为数也，以是为普通之一门，自童子以上莫不学。特其功有阶级，不可以躐等治耳。”[⑤]

然而，当时国内尚有相当大的群体认为学习西方科学以振兴国家是不切实际的“迂涂”，严复针锋相对地指出“西学格致，非迂涂也，一言救亡，则将舍是而不可”[⑥]。他追问道：“且客谓西学为迂涂，则所谓速化

① 王栻. 严复集（第一册）[M]. 北京：中华书局，1986：27.
② 王栻. 严复集（第二册）[M]. 北京：中华书局，1986：283.
③ 王栻. 严复集（第一册）[M]. 北京：中华书局，1986：48.
④ 王栻. 严复集（第二册）[M]. 北京：中华书局，1986：291.
⑤ 王栻. 严复集（第二册）[M]. 北京：中华书局，1986：291.
⑥ 王栻. 严复集（第一册）[M]. 北京：中华书局，1986：46.

之术者，又安在耶？得毋非练军实之谓耶？裕财赋之谓耶？制船炮开矿产之谓耶？讲通商务树畜之谓耶？开民智正人心之谓耶？而之数事者，一涉其流，则又非西学格致皆不可。”[①]据此，严复提出中国欲实现救亡从而走向富强就必须发展科学事业。

科学之于救亡何以“将舍是而不可”？严复指出，是因为科学能够转化为巨大而现实的力量进而有益于事功。首先，科学及其应用深刻地改变了人类的交往方式，丰富了日常生活：“科学中一新理之出，其有禆益于民生日用者无穷。”[②]具体讲，先进的机械制造、交通工具以及疾病治疗等各方面无不资于自然科学的进展与成果：“是以制器之备，可求其本于奈端；舟车之神，可推其原于瓦德；用电之利，则法拉第之功也；民生之寿，则哈尔斐之业也。”[③]严复举例道，往者，一个健全的人借助于传统交通工具日行百里便以为致远，但在今天，即使身有残疾之人假借汽车，其日行之途数倍于前者，正所谓“汽机电器既用，地球固弹丸耳”[④]。其次，科学通过技术实践有效地提高了人的生产能力，严复强调指出，仅电邮、汽舟、铁路三项科技成果“其能事足以收六合之大，归之一二人掌握而有余”[⑤]。以工业为例，严复指出，现代工业的本质特征即依托于科技的支撑：“大抵事由学问，Science，施于事功，展用筋力，于以生财成器，前民用而厚民生者，皆可谓之实业（即 industries——笔者注）。”[⑥]严复分析指出，近代海通以来，全国各地遍布西洋产品，而国内产品不足与之争，其深层次的原因就在于西方工业依赖科学发展与技术进步极大地提高了生产率，仅以瓦特发明的蒸汽机的应用就可窥其一斑：“汽机影响，第一见于织造。故一千七百八十五年英之棉货出口者，仅值八十六万镑。而一千八百十年，乃十八兆镑。再后六十年，直至八十兆镑。他若铁业，当

① 王栻. 严复集（第一册）[M]. 北京：中华书局，1986：46-47.

② 王栻. 严复集（第四册）[M]. 北京：中华书局，1986：903.

③ 王栻. 严复集（第一册）[M]. 北京：中华书局，1986：29.

④ 王栻. 严复集（第一册）[M]. 北京：中华书局，1986：79.

⑤ 王栻. 严复集（第一册）[M]. 北京：中华书局，1986：24.

⑥ 王栻. 严复集（第一册）[M]. 北京：中华书局，1986：203.

法国革命之日，英国三岛全年出产不过七万吨。降至一千九百年，岁出乃七兆吨矣。其发达之速如此。”[①]相比之下，“夫吾国实业之闭塞，论其大归，不过二病而已：不知机器之用，与不明物理与化学也”[②]。因此，当面对西方工业产品的“价廉物美，有利用之实”，“虽爱国之士倡为行用土货、禁绝外产之谈，敝舌焦唇，终于无效”[③]。据此，严复指出，“文明实业，多归制造，制造所用，不外汽电诸机，故民必有普通理化知识”[④]，而欲振兴国家实业，必须学习西方实业发展模式，而当务之急就是培育掌握数学、物理、化学等科学知识并重视实践的新式人才。

正是基于以上认识，严复指出，随着时代的发展，科学业已渗透到社会发展的方方面面而日益成为具有决定性的力量，因此，他谆谆告诫国人："富强之基，本诸格致。不本格致，将无所往而不荒虚，所谓‘蒸砂千载，成饭无期’者矣。”[⑤]

其二，科学有助于建立善政。对于科学与政治、社会发展的关系，严复秉持“西艺实西政之本”的观点。晚清时期，洋务派固守“中体西用”论并以此作为处理中学与西学之间的关系与地位问题的指导方针，要求将包括科学文化在内的西方文化框定在中国“纲常名教”的范围之内为维护封建正统和清朝皇权的合法性与稳定性服务，反映到“艺学”与“政学”的关系上就是所谓的“政本艺末”说。对此，严复提出了犀利的批判，并通过对“政本艺末”说的批判阐述了他对科学与政治之关系的认识与看法。针对国人对“艺”的不同理解，严复详细剖析道：一方面，如果所谓的“艺”即是指科学，那么，“名、数、质、力，四者皆科学也。其通理公例，经纬万端，而西政之善者，即本斯而立”[⑥]。他借用赫胥黎的话讲到，保障西方强国发展的政治制度安排尚未能完全按照科学的要求建立，否则，其

① 王栻. 严复集（第一册）[M]. 北京：中华书局，1986：203-204.
② 王栻. 严复集（第一册）[M]. 北京：中华书局，1986：209.
③ 王栻. 严复集（第二册）[M]. 北京：中华书局，1986：295.
④ 王栻. 严复集（第二册）[M]. 北京：中华书局，1986：297.
⑤ 王栻. 严复集（第一册）[M]. 北京：中华书局，1986：43.
⑥ 王栻. 严复集（第三册）[M]. 北京：中华书局，1986：559.

臻美之境定不止此。以之为对照，“中国之政所以日形其绌，不足争存者，亦坐不本科学，而与通理公例违行故耳”。因此，他指出，“是故以科学为艺，则西艺实西政之本”①。另一方面，如果所谓的“艺”并非指科学，那么“政艺二者，乃并出于科学”②。可见，在严复看来，就科学与政治之间的关系而言，前者更具基础性地位，他甚至断言：“继今以往，将皆视物理之明昧，为人事之废兴。”③

严复指出，科学及其应用能够推动经济社会发展，这为建立善政夯实了必要的物质基础，除此之外，发展科学有助于建立善政还体现在以下两个方面：一是从理论建设上讲，严复指出，“其人既不通科学，则其政论必多不根，而于天演消息之微，不能喻也”④。因此，他建议要像开展自然科学研究那样建构政治学,在观察覃研的基础上把握社会政治发展脉搏，洞悉社会政治发展规律，进而为政治文明的进步做出合理的制度安排。这一思想突出地反映在他于 1906 年刊出的《政治讲义》单行本中。二是从实践主体上讲，严复指出，“善治如草木，而民智如土田。民智既开，则下令如流水之源，善政不期举而自举，且一举而莫能废”⑤。因此，要借助于科学开启“民智”，培养具有现代性意识的国民，进而以理性的态度和精神参与具体政治活动，保障建立民主政治的群众基础，从而从根本上改变中国社会因个别贤君良相“人存政举，人亡政息，极其能事，不过成一治一乱”⑥的历史循环困境。

需要说明的是，严复所讲的以自然科学为榜样建构政治学理论主要指的是在政治学理论建设中应用自然科学方法。诚然，自然科学方法应用于包括政治学在内的社会科学领域有其限度，但较之中国传统文化中“天人感应”思想，以天象的变化臆测人事的兴衰，并以此为根据开展现实的政

① 王栻. 严复集（第三册）[M]. 北京：中华书局，1986：559.
② 王栻. 严复集（第三册）[M]. 北京：中华书局，1986：559.
③ 王栻. 严复集（第一册）[M]. 北京：中华书局，1986：48.
④ 王栻. 严复集（第三册）[M]. 北京：中华书局，1986：565.
⑤ [英]赫胥黎. 天演论[M]. 严复译. 北京：商务印书馆，1981：22.
⑥ [英]赫胥黎. 天演论[M]. 严复译. 北京：商务印书馆，1981：22.

治实践，无疑是时代的进步，这也正是科学力量的另一种表现形式，正如J. D. 贝尔纳所声言的："像研究自然界那样地去研究人类，去发现社会运动和社会需要的意义和方向，这便是科学的功能。……科学可以既通过说明某些人类目的的虚假和不可能，又通过满足其他人类的目的，而带来力量和人类的解放。"①

## （二）增益智慧，变化心习

严复是近代中国较早提出"科学为本"的启蒙思想家，他系统论证发展科学事业是中国摆脱落后走向富强的必经途径，但是，严复对科学的认识又超越了一般功利主义科学观的眼界。如果说，通过技术实践，科学在丰富人们的物质生活和带动社会经济发展方面所表现出的巨大的现实力量是科学的形而下的价值所在，那么，科学的形而上的价值就在于通过"科学思想、科学方法、科学精神潜移默化影响人的思想，影响人的行为规范，从而逐渐变革社会价值观念"②。而后者，严复认为是科学更为深刻的价值所在："凡学之事，不仅求知未知，求能不能已也。学测算者，不终身以窥天行也；学化学者，不随在而验物质也；讲植物者，不必耕桑；讲动物者，不必牧畜。其绝大妙用，在于有以炼智虑而操心思，使习于沈者不至为浮，习于诚者不能为妄。"③概而言之，科学更高的价值在于"增益智慧，变化心习"，它是培养符合近现代社会发展要求的国民必须具备的基本素养，它的重要价值尤其体现在开阔人的眼界和锤炼人的心智两个方面上。

其一，科学可以开阔人的视野。严复深刻地认识到，科学冲决了守旧思想的束缚，开阔了人们的视野，赋予人们看待万事万物的新视角和新基点，他讲道："力质诸学，则假以导观物察变之方，而其本事，则筌蹄之于鱼兔而已矣。"④他列举道，中国传统文化中不乏古人的睿智与卓识，

① [英]J. D. 贝尔纳. 科学的社会功能[M]. 陈体芳，张今校译. 桂林：广西师范大学出版社，2003：478.

② 李醒民. 科学价值概论[N]. 光明日报，2007-02-06（011）.

③ 王栻. 严复集（第一册）[M]. 北京：中华书局，1986：45.

④ 王栻. 严复集（第一册）[M]. 北京：中华书局，1986：29.

但是它们往往隐而不彰就在于人们不具备一定的“法眼”，即我们今天所讲的“科学的眼力”，从而不能挖掘出其中的深刻内涵。不具有“法眼”的人，严复认为是新时期“无文化人”的特征：“盖民智未开，物理未明，视天地万物之繁然淆然而又条例秩然，思之而不得其故，遂作为鬼神之说以推之，此无文化人之公例矣。”①一言以蔽之，即是“不了科学，其观物必肤”②。严复的论述是有见地的，美国著名科学史家萨顿就曾讲，通过科学“对世界和我们自己认识的不断深化，我们的世界观也在改变，我们达到的高度越高，我们的眼界也就越宽广”③。

那么，科学开阔视野的具体内涵是什么呢？严复指出：①科学知识描绘了一幅反映世界的真实图景。这一点上文已谈到，在此，仅以“日心说”与“进化论”为例，严复指出，从人类探索自然、认识自然的角度讲，“盖自有歌白尼而后天学明，亦自有达尔文而后生理确也”④，亦即，只有通过科学的不断进展我们才能逐步看清世界的本来面目。②科学思想带动了社会观念的解放。通过科学思想的启迪，人们打破了封建社会的等级秩序，“格致之事，以道眼观一切物，物物平等，本无大小、久暂、贵贱、善恶之殊”⑤，突破了迷信思想的藩篱，“一切谬悠如风水、星命、机祥之说，举不足以惑之矣”⑥。同样以“日心说”与“进化论”为例，这两大科学学说颠覆了人们传统意义上的关于自我、宇宙的看法：前者将人一直以来引以为豪的作为宇宙中心的地球与其他星球建立起了平等的关系；后者则将自视为“笃生特造”的人与其他普通生物之间建立了平等的关系。严复高度评价这两种科学学说在解放人类思想观念上的巨大作用：“十八期民智大进步，以知地为行星，而非居中恒静，与天为配之物，如古所云云者。十九期民智大进步，以知人道为生类中天演之一境，而非笃生特造，中天

① 王栻. 严复集（第一册）[M]. 北京：中华书局，1986：85.
② 王栻. 严复集（第三册）[M]. 北京：中华书局，1986：564.
③ 李醒民. 科学与人文[M]. 北京：中国科学技术出版社，2015：75.
④ [英]赫胥黎. 天演论[M]. 严复译. 北京：商务印书馆，1981：4.
⑤ 王栻. 严复集（第一册）[M]. 北京：中华书局，1986：46.
⑥ 王栻. 严复集（第一册）[M]. 北京：中华书局，1986：94-95.

地为三才，如古所云云者。”①对于哥白尼的“日心说”，他说：“伟哉科学！五洲政治之变，基于此矣。”在历史上，特别是在中国传统观念中，“群之为制，其始莫不法于自然”②，因此，当《易》曰“天尊地卑，乾坤定矣”时，在人世间也就相应地划分为尊卑贵贱的不同等级，但是，自“日心说”提出后，“民知向所对举而严分者，其于物为无所属也。苍苍然高者，绝远而已，积虚而已，无所谓上下也。无所谓上下，故向之名天者亡。名天者亡，故随地皆可以为极高，高下存乎人心，而彼自然，断断乎无此别也。此贵贱之所以不分，而天泽之所以无取也”③。这种观念的转变带来了平等自由之说畅行西方。对于达尔文进化论，严复讲道：“自其书出，欧美二洲几于无人不读，而泰西之学术政教，为之一斐变焉。”④

其二，科学可以培养人的“尚实”心习。何谓“尚实”心习，严复认为，其核心即为崇尚真理的精神，因此，他积极推崇亚里士多德的名言，即“吾爱吾师柏拉图，胜于余物，然吾爱真理，胜于吾师”⑤，并赞赏布鲁诺、伽利略勇于为真理献身的精神。1895 年 3 月，严复撰《辟韩》一文，文中大加鞭挞韩愈的“君权神授”说。这篇文章给严复带来了不小的麻烦，张之洞视之为“洪水猛兽”，周同愈同样对此文颇为不满，因而寄书加以责难，严复回答，“仆固甚尊韩退之，然不敌其尊真理”，他讲道：“使其说非欤，即持之者亲如吾父，尊如吾君，仆尤谨而辟之。何则？吾父固至亲，吾君固甚尊，以名义可一言一事而使吾忘其身而为之死。独至是非之公，则天地人物之所共有，吾又安得殉其所私尊亲者，使天下后世相疑误乎？”因此，严复坚持认为“特以臣子而救君父之失，其措词自有义法之所宜，是则不易者耳”⑥。

严复之所以崇尚真理并身体力行地践行真理原则就在于在他看来，

---

① [英]赫胥黎. 天演论[M]. 严复译. 北京：商务印书馆，1981：29.
② 王栻. 严复集（第五册）[M]. 北京：中华书局，1986：1241.
③ 王栻. 严复集（第五册）[M]. 北京：中华书局，1986：1241.
④ 王栻. 严复集（第一册）[M]. 北京：中华书局，1986：5.
⑤ 王栻. 严复集（第一册）[M]. 北京：中华书局，1986：134.
⑥ 王栻. 严复集（第三册）[M]. 北京：中华书局，1986：717-718.

“尚实”心习是“诚人类极宝贵高尚之心德”，是提升国民素质的最为基本和关键的要素，他说：“使中国民德民智而有进今之一时，则必至宝爱真理始”，并预言：“使神州黄人而但知尚实，则其种之荣华，其国之盛大，虽聚五洲之压力以沮吾之进步，亦不能矣。”①但是，在文化专制传统的统摄下，辅之以科举制度牢笼天下，中国知识分子奉代圣人立言为圭臬，潜移默化地形成了“一切皆资于耳食，但服膺于古人之成训，或同时流俗所传言，而未尝亲为观察调查，使自得也”②的思维定式。学术界的褊狭之情扩展到社会上亦形成了一股不良的习气，影响深巨：“是以社会之中常有一哄之谈，牢不可破，虽所言与事实背驰，而一犬吠影，百犬吠声之余，群情汹汹，驯至大乱，国之受害，此为厉阶。”③一句话，就是国人没有形成“尚实”的心习。那么，如何培养“尚实”心习呢？严复指出，要充分发挥科学的作用：“欲变吾人心习，则一事最宜勤治：物理科学是已。”④

而科学之所以有这样的功效就在于其教授方法与其他学科不同。严复指出，培养“尚实”心习“道在必使学者之心，与实物径接，而自用其明，不得徒资耳食，因人学语”⑤。因此，要明确区分“其教授之法，与他项学业划然不同”，否则就起不到这种作用。他举例道，比如在经学课堂上学习《论语》，当读到“子曰：巧言令色，鲜矣仁”一句时，大家都明白道理是这个道理，但为什么有道理，就必然无法让学生自行求证了，只能解释为这是圣人所言，圣人的话是不会错的，我们必须相信。又如，在史学课上，当读到《史记·项羽本纪》中描写巨鹿之战中如火如荼的战争场景时，学生必然是无法亲眼见到其景象，只能说：“太史公古称良史，其书号为实录，所载自宜不差。”其他方面如讲岳飞主战，乃是功臣；秦桧主和，故为奸相；等等，“凡皆以枯骨朽肉之定论”皆建立于对古之成说

---

① 孙应祥，皮后锋.《严复集》补编[M]. 福州：福建人民出版社，2004：69.
② 孙应祥，皮后锋.《严复集》补编[M]. 福州：福建人民出版社，2004：68.
③ 孙应祥，皮后锋.《严复集》补编[M]. 福州：福建人民出版社，2004：68.
④ 孙应祥，皮后锋.《严复集》补编[M]. 福州：福建人民出版社，2004：69.
⑤ 孙应祥，皮后锋.《严复集》补编[M]. 福州：福建人民出版社，2004：72.

的信任基础上，除非古书作者所载前后矛盾，或不同古书对同一事、人、物的记载不相符合，否则，学生难以具体考证其真伪。而且，一些内容若经过“皇帝所折中，昔贤所论断”，则更得俯首受教，不敢有违。可以说，文史课程可以提供一些具体的知识，但起不到培养“尚实”心习的功用。

与之相反，实验科学的重要特征之一就在于实证性，它特别有益于培养人的“尚实”心习，严复具体指出：①以科学方法的训练提升国人“即物实测”的能力。严复指出，开展科学研究的基本要求就在于“其治之也，首资观察试验之功，必用本人之心思耳目，于他人无所待也”[①]。而在自然科学学科的教学过程中又特别重视动手能力的培养：“其教授也，必用真物器械，使学生自考察而试验之。”[②]故而，他强调中国此后教育要重视自然科学，并通过参与具体的科学实践掌握一定的科学方法进而养成人们“层累阶级，脚踏实地”的实证态度与精神。②以科学精神的陶冶树立国人的理性态度。严复讲：“所谓科学，其区别至为谨严，苟非其物，不得妄加其目。”[③]它突出地体现出理性的精神，因此通过科学春风化雨般的滋育可以“使习于沈者不至为浮，习于诚者不能为妄”[④]，进而达到“一理来前，当机立剖，昭昭白黑，莫使听荧。凡夫洞〔恫〕疑虚猲，荒渺浮夸，举无所施其伎焉者”[⑤]的境界。

## 三、小结

科学施之于外则有益于事功，修之于内则可“增益智慧，变化心习”，而二者又以科学的真理性（或近真理性）知识为基础，它们共同构成了严复科学观的丰富内涵。整体上讲，严复科学观代表了清末民初国人认识西方科学所走到的一个崭新阶段，而且在一定程度上为中国科学近现代化起到了清扫观念障碍、奠定思想基础的作用，其中部分灼见对我们今天准确

① 王栻. 严复集（第二册）[M]. 北京：中华书局，1986：282.
② 王栻. 严复集（第二册）[M]. 北京：中华书局，1986：282.
③ 王栻. 严复集（第二册）[M]. 北京：中华书局，1986：282.
④ 王栻. 严复集（第一册）[M]. 北京：中华书局，1986：45.
⑤ 王栻. 严复集（第一册）[M]. 北京：中华书局，1986：45.

认识科学、推进科学现代化不乏借鉴意义。

第一，严复对西方科学功利化作用的大力宣传与执着倡导有利于国人对科学的接受与认可。中国传统文化中向来有“艺成而下”的认识倾向，视科技为“奇技淫巧”，这不能不说是近现代科学未能诞生于中国的重要观念因素之一。伴随西力东侵、西学东渐，以西方科技文明为核心和前沿的西方文化逐渐浸入中国传统文化之中，面对这种全新的文化形态，深闭固拒者有之——他们拿出“以夷变夏”的罪名加到学习西方科学文化的先进士人身上，呼吁“宁可使中夏无好历法，不可使中夏有西洋人”①；欲迎还拒者有之——他们拿出“西学中源”的理论来迎合夜郎自大的心态，拿出“中体西用”的策略试图用“科学”的一些侧面来维护传统纲常礼教。这些都反映了一种传统心理习性上的惯性，“一般来讲，传统的惯性是历史的最大阻力”②，而这种惯性又构成了科学中国化或中国科学近现代化进程中的思想藩篱。因此，认识科学并揭示科学的价值（最直观的就是科学的物质性价值）就成为发展中国科学事业的重要环节。严复以论述科学以追求真理为第一价值作为基点，系统阐释科学可以通过技术实践转化为增进民生、促进社会发展的现实力量的努力，为“科学”深入人心清扫了观念障碍。

第二，严复科学观的智慧之维时至今日仍然透射出思想的光辉。人作为万物之灵长，关键在善于向万物习得智慧。科学作为“人的智力发展中的最后一步，并且可以被看成是人类文化最高最独特的成就……是人类历史的最后篇章和人的哲学的最重要主题”③，那么，它能够增进人类的智慧，或者，它本身就是一种智慧乃是题中应有之义。历史发展到今天，中国科学事业可谓取得了长足发展，“科学”的名词可谓深入人心，但是“科学”的观念，特别是科学的智慧之维并未引起应有的重视，“人们长期以来把科学的社会功能仅仅局限在物质生产和物质福利方面，至多只是把科学视为一种客观的、严密的、静态的知识体系，而很少看到科学思想、

① [清]杨光先，等. 不得已（附二种）[M]. 陈占山校注. 合肥：黄山书社，2000：79.

② 董光璧. 新道家与新启蒙运动[J]. 哲学动态，1992，（04）：18.

③ [德]卡西尔. 人论[M]. 唐译编译. 长春：吉林出版集团有限责任公司，2014：224.

科学方法、科学精神气质（ethos——笔者注）——一言以蔽之曰科学的智慧——对于思想启蒙、思想解放的作用，对提高社会的精神文明和社会成员的文化素质的作用”[①]。因此，挖掘科学之中本有的智慧就显得既现实又必要。严复关于科学的“最大之实功”在于“开瀹心灵”，在于“增益智慧，变化心习”的阐述，关于以科学培养人们崇尚真理、捍卫真理的“尚实心习”以求得“中国之幸福”的论见不正为我们提供了一条走向智慧科学观，实现人类可持续发展的可资借鉴之路吗？正如澳大利亚天文学家布朗教授所指出的，科学最有价值的“用处”就是获得智慧，这种智慧不仅是人们安身立命的根本，而且人种“永存”也取决于智慧的获得[②]。

## 第二节　继承与超越：严复科学主义思想

受西方实证主义科学主义的影响，严复同样持有科学知识至上和科学方法万能的信念，但严复并没有因之而忽视、漠视人文文化对完善人格、实现人的全面发展中的价值与意义。

### 一、近代中西科学主义概述

西方科学主义与近代实验科学的诞生和发展是同步的。近代以来，实验科学的蓬勃发展可以说是人类文明史上的一个突出的景观，人类依赖于科学的具体实践而在征服自然的过程中取得的空前的成功并在此基础上获得的物质文明的巨大进步,促使人们对科学产生了一种类似于宗教的崇拜，认为科学是一种万能的力量，人类可以依仗这种力量，运用科学的方法解决人世间的一切问题。这种信念的建立与弥漫，使得科学超出了具体实证知识的领域，而上升为一种具有规范性的评价尺度的价值。“科学主义”（scientism）一词于 1877 年出现在英语世界中，但作为一种思潮，科学主

① 李醒民. 什么是科学：为《科学的智慧：它与文化和宗教的关联》序[J]. 民主与科学，1998，（02）：35-36.

② 李醒民. 什么是科学：为《科学的智慧：它与文化和宗教的关联》序[J]. 民主与科学，1998，（02）：36.

义在启蒙运动时期即显端倪，中经培根的大力宣扬，后大成于实证主义，并产生了持续而广泛的影响。从西方科学主义的实际发展情况看，很难有一种得到普遍公认的定义①，但大致来讲，如果一个人或一种观念持有以下信条中的一个或多个，就往往被贴上科学主义的标签：

（1）科学范围无疆，即现象界不存在科学不能研究的对象；

（2）科学方法万能，即原则上，科学方法可用来解决人类在现象界所面临的一切问题；

（3）科学知识独尊，科学知识最精确、完备和可靠，在各种知识类型中地位最高，是一切知识的典范②。

概言之，科学主义原本限于认识论和方法论的领域，主张重视科学在认识中的地位，但正如叶闯教授在《论对科学主义的批判》一文中所指出的，这个概念在演化的过程中，已扩大了自己的使用范围，并渗透到价值观层面，从而具有了一般文化观的含义③。因此，按照对以上三种信念所持有的实际情况，科学主义往往又划分为弱科学主义和强科学主义。前者是指“自然科学的方法应该被应用于包括哲学、人文和社会科学在内的一切研究领域的主张”；后者是指“对科学知识和技术万能的一种信念”④。

就在19、20世纪之交西方科学主义成为一种社会思潮广为散播之际，伴随传统儒家价值体系的日渐衰微以及西学东渐中带来的中西文化之间的紧张与对话，中国国内同样出现了对西方科学的认识由“技”而“道”，进而将科学视为一种新的信仰的科学主义思潮。据杨国荣考证，就历史源头而言，中国近代科学主义的某些观念可以追溯到17、18世纪，亦即明清

① 《科技导报》编辑部的陈广仁整理的有一定代表性的科学主义的定义就达36个。参见：陈广仁. 科学主义的36个定义[J]. 科技导报，2010，（09）：118.

② 陈俊. “反科学主义”对中国现代化的危害[J]. 科学技术与辩证法，2003，（04）：7.

③ 叶闯. 论对科学主义的批判[C]//吴国盛. 自然哲学（第2辑）. 北京：中国社会科学出版社，1996：123.

④ 范岱年. 唯科学主义在中国——历史的回顾与批判[J]. 科学文化评论，2005，（06）：27.

之际及清代中期[①]。但科学主义在中国成为一种社会思潮，其基本形成则在维新运动中，此时，国人对西方科学的认识超越了“器物”的层面而深入制度与思想观念的领域，其后在五四运动，特别是1923年发生的“科玄论战”之后科学主义的影响进一步扩大，正如同年胡适在《我们对西洋文明的态度》一文中写到的：“这三十年来，有一个名词在国内几乎做到了无上尊严的地位；无论懂与不懂的人，无论守旧和维新的人，都不敢公然对他表示轻视或戏侮的态度。那个名词就是‘科学’。这样几乎全国一致的崇信，究竟有无价值，那是另一问题。我们至少可以说，自从中国讲变法维新以来，没有一个自命为新人物的人敢公然毁谤‘科学’的。”[②]“我们也许不轻易信仰上帝的万能了，我们却信仰科学的方法是万能的。”[③]

而在近代国人科学观由“技”而“道”的演化过程中，严复是最早将国人的科学观推深到思想观念的层次的先进人物，正如有学者指出的：“严复奠定了新时代思想家们把现代科学作为一种价值体系而接受的基础。”[④]并且从严复对科学知识至上信念的宣扬和对科学方法论的大力推崇来看，这两个方面已然涵盖了科学主义的基本思想内容，因此，有学者指出：“毫无疑问，严复从19世纪就已开拓了中国科学主义的基本形态。”[⑤]

## 二、继承：对科学知识与方法的推崇

严复对西方哲学最为崇信的是实证主义哲学，尽管实证主义哲学与科学主义不是一个概念，科学主义的外延显然要比实证主义大，但实证主义者基本都持有科学主义的取向。可以讲，严复正是从实证主义那里继承了

① 杨国荣. 科学的形上之维——中国近代科学主义的形成与衍化[M]. 上海：华东师范大学出版社，2009：9.

② [美]郭颖颐. 中国现代思想中的唯科学主义（1900—1950）[M]. 雷颐译. 南京：江苏人民出版社，2005：9.

③ 胡适. 胡适文集（3）[M]. 欧阳哲生编. 北京：北京大学出版社，1998：9.

④ 段治文. 科学与近代中国[M]. 北京：高等教育出版社，2004：159.

⑤ 王中江. 严复与福泽谕吉——中日启蒙思想比较[M]. 开封：河南大学出版社，1991：314.

他们的科学主义思想，特别表现在对科学知识至上的信念与科学方法泛化的倾向上。

### （一）科学知识至上的信念

科学主义反映到知识领域就表现为将科学知识视为一切知识类型中唯一可靠的和最具权威的知识形态，这种趋向在严复身上表现得较为明显。

首先，这种趋向突出之处就在于严复以是否提供具有客观真理的知识作为区分科学与其他文化形态的唯一标识（例如我们上文讲到的科学与宗教、哲学等文化形态之间的区别就是以是否“明民以所以可知”为评判尺度）。尽管严复指出科学知识本身是价值中立的，但这种价值中立的科学知识却成为知识领域的权威与模范，因为严复认定人们只有通过对科学的发现才能把握现象与现象之间的必然之理。因此，他提出了以实证科学作为“学”与“非学”的划界标准：“今夫学之为言，探赜索隐，合异离同，道通为一之事也。是故西人举一端而号之曰‘学’者，至不苟之事也。必其部居群分，层累枝叶，确乎可证，涣然大同，无一语游移，无一事违反；藏之于心则成理，施之于事则为术；首尾赅备，因应厘然，夫而后得谓之为‘学’。”[①]这一标准就涵盖了科学知识的实证性、严密性以及在具体实践中的有用性等特征与要求。

相应地，严复指出，“取西学之规矩法戒，以绳吾‘学’，则凡中国之所有，举不得以‘学’名”，原因就在于，中国传统学术成果除了“特阅历知解积而存焉，如散钱，如委积”[②]，即缺乏体系化与严密性之外，大都是“无实”“无用”之学，他详细举例道，中国知识分子所从事的学术主要可归结为汉学与宋学两大流脉，以及清中叶后逐渐有了相对独立性的“词章”一门。其一是汉学考据，即“厌制艺则治古文词，恶试律则为古今体；鄙折卷者，则争碑版篆隶之上游；薄讲章者，则标汉学考据之赤帜”[③]。在这一学术理路下，学者崇尚古人，提倡复古，为钟鼎校铭，为

① 王栻. 严复集（第一册）[M]. 北京：中华书局，1986：52.
② 王栻. 严复集（第一册）[M]. 北京：中华书局，1986：52
③ 王栻. 严复集（第一册）[M]. 北京：中华书局，1986：44.

珪琮考证，以古器物及典籍为治学的对象与依据，与现实社会生活渐行渐远，更难有将学术的视角投向发展自然科学和生产技术的方面，因此，严复指出，这种学问或许在“富强而物阜民康”以为“怡情遣日之用”，但若求“救贫救弱”，则一言以蔽之“无用”。其二是宋学义理，即所谓“修己治人之方，以佐国家化民成俗”的学问，以“侈陈礼乐，广说性理”为学术路径，在唐宋时期就已形成了蔚为大观的学术派别：以湖南周敦颐为代表的“濂学”，以河南洛阳程颢、程颐兄弟为代表的“洛学”，以陕西张载为代表的“关学”，以福建朱熹为代表的“闽学”。其中多有刻苦为学以求经世致用者，但整体而言，严复认为他们的学问“救死不赡，宏愿长赊”①，故而“去实滋远。徒多伪道”②，无裨于民生，对此，严复声言“吾又得一言以蔽之，曰：无实”③。其三是本与“经济殊科”的“词章一道”，它作为实际内容的语言形式，不妨“放达”，“故虽极蜃楼海市，惝恍迷离，皆足移情遣意”④。但是，将词章作为学问的根本，以形式掩盖甚至替代实质的内容，一涉及实际事务，则极易流于夸大失实之弊，“生于其心，害于其政矣；苟且粉饰，出于其政者，害于其事矣”⑤。严复指出，“盖学术末流之大患，在于徇高论而远事情，尚气矜而忘实祸”⑥，而恰恰值得痛心的是“中土不幸，其学最尚词章，致学者习与性成，日增慆慢。又况以利禄声华为准的，苟务悦人，何须理实，于是慆慢之余，又加之以险躁，此与武侯学以成才之说，奚啻背道而驰”⑦，它同样“无实”“无用”。

当然，严复对中国传统学术的评论不免失之偏颇，例如，作为清代学术主流的乾嘉学派在面向文本遍搜博讨中就蕴含一些理性的态度和实证的

---

① 王栻. 严复集（第一册）[M]. 北京：中华书局，1986：44
② 王栻. 严复集（第一册）[M]. 北京：中华书局，1986：44.
③ 王栻. 严复集（第一册）[M]. 北京：中华书局，1986：44.
④ 王栻. 严复集（第一册）[M]. 北京：中华书局，1986：45.
⑤ 王栻. 严复集（第一册）[M]. 北京：中华书局，1986：45.
⑥ 王栻. 严复集（第一册）[M]. 北京：中华书局，1986：43.
⑦ 王栻. 严复集（第一册）[M]. 北京：中华书局，1986：45.

精神，而且在文字、音韵、天文、历算等方面积累了一些重要的知识，但是，在这里我们可以看到的是，以科学知识的特征来横断中国学术的具体路径表明了严复将科学知识视为知识领域的权威的信念。

其次，既然认为科学知识最可靠、最严密、最有益，那么科学主义往往还要求人们在追求体系化的知识的同时也要建构科学知识的体系以实现科学的综合和科学的统一。实证主义的科学主义走的正是这样一条道路：孔德在《实证哲学教程》一书中首先将科学分为数学、天文学、物理学、化学、生物学（生理学）、社会学（社会物理学）六类。他指出，数学是最为基础和普遍的科学，是人类探索自然规律最为基本的工具；天文学、物理学、化学归属于自然科学领域，研究对象为无机界；生物学与社会学（实证主义者将社会视为一有机体）则以有机界为研究对象。孔德再次将社会学放置在科学门类中的最高层次，他认为，在人类思想长河中，只有跨越了神学阶段、形而上学阶段进入实证的阶段才会出现社会学，而社会学的出现才使科学的统一成为可能。孔德之后，另一位重要的实证主义者斯宾塞也提出了一个包含自然现象与社会现象的科学知识体系。

与之相似，严复借鉴斯宾塞的科学分类也构建了自己的科学综合体系[①]。其一，统挈科学，又名玄学，是"理该众事"的学问，含逻辑学和数学两门，因为它们是所有科学研究必备的工具，是进一步学习科学知识的"锁钥"，因而名"统挈"。其中，名学就是逻辑学，是"定思想语言之法律"的学问；数学则包含空间、时间两门，空间如几何平弧、三角八线割锥，时间如代数、微积之类。其二，间立科学，又名玄著学，介于统挈、及事二科之间，是与社会生产联系最为紧密的科学，其中含物理学和化学两类，前者如水学、火学、声学、光学、电学，以及动、静二力学等；后者分为无机化学与有机化学两科。其三，及事科学，又名著学，如果说统挈科学和间立科学是较为基础性的科学，那么，及事科学则在于专门学科：天有天文；地有地质，有气候，有舆志，有金石；人有解剖，有体用，有心灵，有种类，有群学，有历史；物有动物，有植物，有察其生理者，有言其情状者。

① 王栻. 严复集（第一册）[M]. 北京：中华书局，1986：94，130.

构建科学知识体系基于这样一种信念：唯有将人世间方方面面的现象纳入科学考察的范围才有可能获得对它们可靠的认识，而其他文化形态，诸如宗教、艺术、哲学等都达不到这样的目的。这一观念在严复对科学与其他文化形态的区分中清晰可见。

### （二）科学方法泛化的倾向

科学知识之所以独具如此高的位格，在严复看来在于科学方法的保证，他将之具体化为经验的原则与逻辑的原则（详见第四章第一节“经验与逻辑并重的‘即物穷理’之学”），而且二者缺一不可。也就是说，唯有科学知识是最可靠、最精密、最权威的知识，而断定一种知识是否可以冠以“科学”的名义，就要考求它是否由科学的方法而获得，这样，只有在具体科学活动中才能展现出现实品格的科学方法在严复这里成了一种具有评判功能的标准，而且成了他贯通作为知识之域的科学与作为“道”的科学的桥梁。

首先，通过科学方法应用的拓展将自然科学与人事联系了起来。

从严复的科学知识体系中可以看出，他的科学知识观显然已不限于对自然现象间必然之理的反映而且包括对社会现象间必然之理的把握,亦即，科学的认知功能进入了社会领域。严复之所以将社会现象也视为科学研究的对象，就在于他相信社会现象之间也存在类似于自然现象之间的普遍必然性联系，而认识社会现象之间的必然之理，获得客观反映社会规律的知识同样离不开科学方法。

第一，社会现象之间同样存在不以人的意志为转移的客观规律。严复早在《论世变之亟》一文中就指出，在纷繁复杂、流变万端的社会现象背后存在着客观的发展趋势，它名为“运会”。“运会”是包括圣人在内的社会中人都无法改变的客观力量，人们的任务是在观察覃研的基础上认识这种趋势，并以此指导人事与社会发展，做到“知其所由趋”以“后天而奉天时”，“逆睹其流极”以“先天而天不违”，最后“置天下于至安”。如果说科学的重要本质之一是其具备预测性，“凡学必有其因果公例，可以数往而知来者，乃称科学”[①]，那么建构群学就需要“用科学之律令，察民群之变端，以明既往测方来也”[②]。据此，严复将群学的目的定位为：“群学者，将以明治乱盛衰之由，而于三者（指正德、利用、厚生——笔者注）之事操其本耳。”[③]

第二，认识社会现象的必然之理同样必须借助于科学方法。严复讲，“欲为群学，必先有事于诸学焉”。入手处在于先治数学与逻辑学，以察不遁之理和必然之数；治物理学与化学“以审因果之相生，功效之互待也”。但名数质力还只是治群学的先决条件，人心还失于“仅察于寡而或萤于纷，仅察于近而迷于远”。为此，又不得不治天地二学：名数虚，于天地征其实；力质分，于天地会其全，进而有以知成物之悠久，杂物之博大，与夫化物质藩变也。又“盖群者人之积也”，故而需要进一步了解和掌握生理学以“明生生之机”和心理学以“知感应之妙”[④]。在具备了以上科学知识并遵循科学方法的基础上才能构建出科学合理指导社会发展的群学，正如他所讲的：“明者著论，必以历史所发见者为之本基。其间抽取公例，必用内籀归纳之术，而后可存。”[⑤]相反，如果不以科学方法治社会学，就不能取得有效指导社会变革以及社会发展的效果，他以政治学为例讲道：“大抵治权之施，见诸事实，故明者著论，必以历史之所发见者为之本基。其间抽取公例，必用内籀归纳之术，而后可存。若夫向壁虚造，用前有假如之术（西人名学谓之 a'priori），立为原则，而演绎之，及其终事，往往生害。”只能是“乌托邦之政论”[⑥]。

将社会现象纳入科学的研究范围，进而建构科学的社会学科，严复的主张就与后来出现在中国思想界的玄学派有了本质的区别，例如，张君劢虽然肯定物理学的科学性，但对生物学、心理学以及在社会历史领域能否

---

① 王栻. 严复集（第一册）[M]. 北京：中华书局，1986：125.
② 王栻. 严复集（第一册）[M]. 北京：中华书局，1986：123.
③ 王栻. 严复集（第一册）[M]. 北京：中华书局，1986：123.
④ 王栻. 严复集（第一册）[M]. 北京：中华书局，1986：94-95.
⑤ 王栻. 严复集（第二册）[M]. 北京：中华书局，1986：337.
⑥ 王栻. 严复集（第二册）[M]. 北京：中华书局，1986：337.

构建科学表示了怀疑，他说："在身、心、社会、历史领域，科学的因果无用无效。"[①]

其次，将科学方法提升为一种达至"内圣外王"的手段。科学方法现实品格的实现离不开具体的科学研究活动，其结果是获得科学知识。如果说严复要求将自然科学方法应用于社会科学研究，科学方法的作用仍然限定于获取可靠的知识，那么通过科学方法将社会现象纳入科学研究的范围之后，严复通过对群学与中国儒家传统价值诉求的沟通，使得科学方法进一步泛化为成就"内圣外王"的具体手段。

面对"三千年未有之变局"，与康有为等人在经今古文学之争中寻求变革之策不同，他从西方实证主义者那里搬来了群学。严复曾给群学下过一个有起源史意味的定义："群学西曰梭休洛支。其称始于法哲学家恭德（现译孔德——笔者注）。彼谓凡学之言人伦者，虽时主偏端，然无可分之理，宜取一切，统于名词，谓曰群学。"[②]在严复构建的科学知识体系中，严复认为群学是最复杂同时也是最为重要的科学门类，他说："学问之事，以群学为要归。唯群学明而后知治乱盛衰之故，而能有修齐治平之功。"[③]因此，他盛赞斯宾塞的《综合哲学体系》是"宗天演之术，以大阐人伦治化之事"[④]，并认为其说与中土"诚意、正心、修身、齐家、治国、平天下"相对应，但较之"修齐治平"，群学独具科学性和合理性就在于它的理论建构严格遵循实证科学精神，"用近今格致之理术，以发挥修齐治平之事，精深微眇，繁富奥殚。其论一事，持一说，必根据理极，引其端于至真之原，究其极于不遁之效"[⑤]。

群学因为有科学方法的保证而成为一门科学，但同时严复又将群学与"修齐治平"联系在一起，而且上文提到，严复尚认为群学是实现"正德、利用、厚生"之本。我们知道，中国传统知识分子向来有经世情怀，他们

① 朱寿桐. 汉语新文学通论[M]. 北京：生活·读书·新知三联书社，2018：218.
② 王栻. 严复集（第四册）[M]. 北京：中华书局，1986：847.
③ 王栻. 严复集（第一册）[M]. 北京：中华书局，1986：18.
④ 王栻. 严复集（第一册）[M]. 北京：中华书局，1986：16.
⑤ 王栻. 严复集（第一册）[M]. 北京：中华书局，1986：16-17.

不懈地追求“内圣外王”之道，希求通过从心性的涵养达至与外部事功的统一，因此《大学》讲八条目：“格物致知诚意正心修身齐家治国平天下”，格物致知诚意正心为“内圣”，齐家治国平天下为“外王”，而《易经》讲“正德利用厚生”，正德为“内圣”，利用厚生为“外王”。但是一直以来，都没有提出一个具体的环节来实现“内圣”与“外王”的统一[①]。而严复将科学方法化为自然科学与人事联系的具体途径之后，又进一步通过将群学与“修齐治平”的沟通而将其进一步泛化为统一“内圣外王”之道。

## 三、超越：科学不能疏离人文之域

科学知识至上的信念以及将科学方法泛化的倾向，表明了严复具有科学主义的取向，但是严复并没有沿着这条路走向“科学万能论”的独断论，而是较为深刻地看到了科学的有限性的一面。而且认识到，尽管针对中国传统社会与文化形态而言，无论如何突出科学的重要性都不为过，但若从陶铸符合现代社会要求的国民，培育理想人格的角度讲，科学只是其中的必要条件而非充分条件，它还需要人文文化的在场与呵护。

### （一）对科学有限性的认识

#### 1. 科学自身发展水平的有限性

严复认为唯有将人世间的一切现象纳入科学的研究范围，通过严谨的科学方法才能获得具有客观真理性的知识，他肯定自近代科学诞生以来人类对必然之理的把握取得了超越前人几千年的成果，“三百年科学肇开，事严左证；又知主观多妄，耳目难凭；由是历史所传都归神话。则摧陷廓清之功，不可诬也”[②]，而且随着科学的进一步发展，人们将获得越来越多的真理性知识，但是严复同时指出，这只是科学应然之义，在现实中，无论科学取得多大的进步，人世间必定还有诸多科学所不能穷尽的问题与疑惑存在，“然而世间之大、现象之多，实有发生非科学公例所能作

---

① 李丽. 科学主义在中国的历史与现实之省思[D]. 复旦大学博士学位论文，2006：47-48.

② 王栻. 严复集（第三册）[M]. 北京：中华书局，1986：725.

解者”[①]，也正因为此，尽管科学与宗教之间存在着科学疆界日宏、宗教范围日缩的趋势，但“学术之所以穷，即宗教之所由起”，因此，“宗教可以日玄而无由废”[②]。

2. 科学的具体应用既能致善亦能致恶

严复指出，社会的进步与发展日益依赖于科学的不断进步及其成果的具体应用，但科学是求“真”、求“诚”的事业，作为其成果的科学知识本身是中立性的，与“仁义”无涉，因此，科学知识之“真”在具体应用中可能达至“善”的功效，也可能带来“恶”的结果。早在严复以激烈批判传统文化，热情宣扬西方科技文明的姿态登上中国思想舞台的 19 世纪末，他就指出科技成果的应用可以带来生产的发展、生活日用的进一步丰富，但是也有可能为不良商人利用形成行业垄断，他讲道：“虽有益于民生之交通，而亦大利于奸雄之垄断。垄断即兴，则民贫富贵贱之相悬滋益远矣。”[③]1906 年，严复在环球中国学生会上发表题为《论教育与国家之关系》的演说，其中，他更为系统地分析了科学成果如果被道德不良的人所用，就成为他们危害社会的利器，其带来的不良后果的广度和深度必将更甚于没有科技的时代。例如，古时人们造谣，因没有发达的通信工具，影响范围也就局限于一隅，但借助电报等先进的媒介，不一日则可传遍全球。而在第一次世界大战中，感伤于战争中先进武器的广泛使用给整个人类带来的巨大灾难，严复在《欧战感赋》一诗中写道：“三年西宇战天骄，海上金银气尽销。（只以英计，每日费金钱殆五百万镑，今则六七百万镑矣。）入水狙攻号潜艇，凌云作斗有飞轺。壕长地脉应伤断，炮震山根合动摇。见说伤亡过十万，不堪人种日萧条。”[④]1918 年，他又应何遂（1888—1968）之请做《何嗣五赴欧观战归，出其记年册子索题，为口号无绝句》[⑤]，其中同样讲到，科学高度发展的同时也带来了武器突飞猛进的变化，如“洄

① 王栻. 严复集（第三册）[M]. 北京：中华书局，1986：725.
② 孙应祥，皮后锋.《严复集》补编[M]. 福州：福建人民出版社，2004：147.
③ 王栻. 严复集（第一册）[M]. 北京：中华书局，1986：24.
④ 王栻. 严复集（第二册）[M]. 北京：中华书局，1986：396.
⑤ 王栻. 严复集（第二册）[M]. 北京：中华书局，1986：403-404.

漩螺艇指潜渊，突兀奇肱上九天。长炮扶摇三百里，更看绿气坠飞鸢”[①]，从而深刻地改变了传统战争的方式，“自有潜艇，而海战之术一变；又以飞车，而陆战之术亦一变。炮之远者，及三百里外”，但与之俱来的是巨大的杀伤力，“而绿气火油诸毒机，其杀人剧于火器益进弥厉，况夫其未有艾耶!”[②]在这里，科学的应用俨然成为人类灾难的根源，他感叹道：“太息春秋无义战，群雄何苦自相残。欧洲三百年科学，尽作驱禽食肉看。”[③]

尽管严复一再强调，科学的致“恶”，错不在科学自身，而在于人类的误用，在于“不义之徒，执杀人之器”[④]，更深刻地讲是人的道德沦丧，他指出：“甲寅欧战以来，利器极杀人之能事，皆所得于科学者也。孟子曰：‘率鸟兽以食人。’非是谓欤？”[⑤]但确实也反映了科学有限性的另一面——它不能决定自己被用向何处，正如他所言：“惟器之精，不独利为善者也，而为恶者尤利用之。”[⑥]

3. 科学可以培育人的理性精神，但理性并非健全心智的唯一要素

培根曾讲：“世间无物为大，人为大；人中无物为大，心为大。”[⑦]所以，自古至今的圣哲贤人皆以“婏心为至重之学”，亦即人类由初民而野蛮，由野蛮而开化的过程中皆以开启心智为要。对此，严复深以为是并进一步阐发道，人生在世以及人之为人“以炼心积智为第一要义”[⑧]。而关于人心之域，严复指出，它兼具思理与情感两层向度，前者“一切心之所

① 王栻. 严复集（第二册）[M]. 北京：中华书局，1986：403.

② 王栻. 严复集（第二册）[M]. 北京：中华书局，1986：403.

③ 王栻. 严复集（第二册）[M]. 北京：中华书局，1986：403.

④ 王栻. 严复集（第二册）[M]. 北京：中华书局，1986：676.

⑤ “率鸟兽以食人”这句话出自《孟子·梁惠王上》，原句为“庖有肥肉，厩有肥马，民有饥色，野有饿莩，此率兽而食人也。”（参见：孟轲. 孟子[M]. 王常则译注. 太原：山西古籍出版社，2003：5-6.）其意即指社会道德严重沦丧，人心降低到禽兽状态，不再有道德的基本约束，最终导致人类文明毁灭。严复借此表达如果人类道德沦丧，那么本可以至“善”的科学也可以带来“恶”的力量和“恶”的后果。

⑥ 王栻. 严复集（第一册）[M]. 北京：中华书局，1986：167.

⑦ 王栻. 严复集（第一册）[M]. 北京：中华书局，1986：93.

⑧ 王栻. 严复集（第一册）[M]. 北京：中华书局，1986：93.

思，口之所发，可以是非然否分别者也”；后者“一切心之感觉，忧喜悲愉，赏会无端，揽结不尽，而不可以是非然否分别者也”①。两者各有所主：文章、论辩、书说等多出于理性，而诗骚、辞赋等多出于感情。两者也各有所用：思理善，必文理密，察理之事也，感情善，必和说微。至乐之事也。它们两者之间存在着紧密的联系“往往相入不可径分。科学之中，大有感情；美术之功，半存思理”②。因此，对于完善的心智而言，两者缺一不可。严复进一步指出提高人的理性思维能力，主要靠智育，而智育又主要依靠科学，即以科学的“开瀹心灵”“变民心习”③之功用，培养人的实证态度和理性精神，但是，人的情感、意志等非理性因素的健全则需要科学文化之外的其他形态的文化的介入，即有道德教化功能的文化形式。可见，在严复看来，完善人的心智，科学尽管重要但不全面，它只是必要而非充分的条件，这也是科学有限性的第三个表现。

综上所述，尽管认为科学是人类文明中最伟大的成就，科学文化是人类文化中最为精致、最不可或缺的文化，但严复同样意识到科学自身还远非完满，只有科学素养的人还不能达至完善的心智，只有科学文化的世界也不必然就会带来臻美的世界。这种认识就与后来出现在中国思想界的科学派的观点有了很大的不同，科学主义的一个极端化就是将理智视为人主要乃至唯一的品格，例如，丁文江就讲作为个体的“我”视为一架思维机器：“我的思想的工具是同常人的一类的机器。机器的效能虽然不一样，性质却是相同。”④在这一表述中，我们可见这种认识忽视了人作为情感与理智的统一体中所应有的人文丰度，从而使主体的“我”变的抽象与干涸。

### （二）对人文文化功能的认识

将科学作为一种信仰而加以膜拜的同时，科学主义往往走向与人文意

① 孙应祥，皮后锋.《严复集》补编[M]. 福州：福建人民出版社，2004：66.

② 王栻. 严复集（第二册）[M]. 北京：中华书局，1986：279.

③ 王栻. 严复集（第二册）[M]. 北京：中华书局，1986：284.

④ 张君劢，丁文江，等. 科学与人生观[M]. 济南：山东人民出版社，1997：47.

义渐行渐远之路。而在严复看来，完善的心智需要理性与情感两方面的丰裕与健全，缺一不可，而情感等非理性方面的健全又关系到德育的实现，“德育主于感情”，因此，在大力提倡发展科学文化的同时，他同样推崇人文文化，因而在这种意义上超越了科学主义的视界。

1. 构建完善人格科学与人文缺一不可

严复的启蒙思想关注的是人的现代化，通过科学方法的训练、科学思想的启迪与科学精神的陶冶可以树立国人“尚实”的心习，这是严复对科学精神价值的深刻把握，特别是针对中国传统文化中极度缺乏实验科学的因子。因此，在国民启蒙教育过程中要突出发挥科学的精神价值，所以他讲：“今日之政，于除旧，宜去其害民之德、智、力者；于布新，宜立其益民之德、智、力者。以此为经，而以格致所得之实理真知为纬。”[①]这一经一纬纵横交错构成了严复以培养符合新时期要求的国民为目的，以西学格致为重要手段的启蒙思想框架，凸显了科学在严复观念中的重要性，但是否仅以西学格致就可以完成陶铸新国民的历史重任呢？

严复讲：“人道之所贵者，一曰诚，二曰善，三曰美”[②]，而尚公、尚武、尚实“此三者，诚人类极宝贵高尚之心德”[③]。亦即完善的人格应当是真善美、知情意的统一；理想的人生应当拥有健康的体魄、高尚的情操和崇真的精神。他曾借用赫胥黎的话描述一个现代文明人的表现：“其血气必足以充其志愿，而志愿又足以驭其血气，随其操纵进退，不入于邪，其意识必清明静湛，其心才有相得之用，而无所偏。其心量，小之足以入无间，大之可以含元气，如良机器然。以之刺绣文、制游丝可也，以之范大炮，冲坚城亦可也……操守凛然，具有热情，而束躬由体，至于感念之地，则高尚深挚，好丽称芳。”[④]可见其中包括了对“德”“智”“力”三个方面的要求，其中，“德育当主于尚公，体育当主于尚武，而尚实则

① 王栻. 严复集（第三册）[M]. 北京：中华书局，1986：514.
② 王栻. 严复集（第四册）[M]. 北京：中华书局，1986：988.
③ 孙应祥，皮后锋.《严复集》补编[M]. 福州：福建人民出版社，2004：69.
④ 孙应祥，皮后锋.《严复集》补编[M]. 福州：福建人民出版社，2004：63-64.

惟智育当之”[①]。而三者之间，“德”“智”尤为重。如果说智育需要依靠科学，关涉的是人的理性方面的培养，那么关涉情感的是德育，德育则需要依靠美术：“德育主于感情，智育主于思理，故德育多资美术，而智育多用科学。”[②]

那么，所谓的“美术”是什么呢？严复解释道：“夫美术者何？凡可以娱官神耳目，而所接在感情，不必关于理者是已。其在文也，为词赋；其在听也，为乐，为歌诗；其在目也，为图画，为刻塑，为宫室，为城郭园亭之结构，为用器杂饰之百工，为五彩彰施玄黄浅深之相配，为道涂之平广，为坊表之崇闳。凡此皆中国盛时之所重，而西国今日所尤争胜而不让人者也。”[③]亦即我们今天所讲的文学与艺术，或从更为宽泛的意义来讲，就是人文文化。而在严复看来，科学与人文共同发挥教育与教化的作用才能实现完善人格与理想人生，而“无至于偏胜”，如果“一甚一亡，则教育之道苦矣”[④]。

2. 人文文化的具体作用

由上可见，尽管严复持有科学知识至上的信念并以是否能够提供客观真理性知识为标准来评判和否定科学之外的其他文化形态的认识功能，但他并没有因此而一概否定它们的价值，相反，他系统地分析了哲学与艺术等人文文化对培养人的完善人格的作用：“各国大学如希腊、拉丁、印度之文学、哲学，此外尚有多科，皆以为文明国家所必不可少……凡所以自重其国教化之价值也。”[⑤]

第一，关于哲学。严复认为，尽管哲学不能提供具体的反映现象界必然之理的知识，但仍有其价值功能，有其表现在对人的世界观的形成过程中有着重要的作用，他说：“甚矣，哲学之有益于主术也。”[⑥]他批评国

① 孙应祥，皮后锋.《严复集》补编[M]. 福州：福建人民出版社，2004：69.

② 孙应祥，皮后锋.《严复集》补编[M]. 福州：福建人民出版社，2004：66

③ 王栻. 严复集（第四册）[M]. 北京：中华书局，1986：988.

④ 孙应祥，皮后锋.《严复集》补编[M]. 福州：福建人民出版社，2004：66.

⑤ 孙应祥，皮后锋.《严复集》补编[M]. 福州：福建人民出版社，2004：117.

⑥ 王栻. 严复集（第四册）[M]. 北京：中华书局，1986：968.

人常常认为哲学空虚玄思，不切实用的观点是“不智者”之言，他列举道，亚历山达（亚历山大）是位英明的君主，“其为善者，深知天下之利莫此大也。盖受教雅里斯多德（亚里士多德——笔者注）深矣”[①]；之后又有罗马的安敦、奥力烈等，他们深受斯多葛哲学的影响；到了近代以后这种情况更为明显，普鲁士的伏烈大力、法国的拿破仑都受到哲学的影响，而培养了一种进取的精神，建立了功业。而且随着时代的发展，哲学不断更新或丰富着自身的内涵，从而引导人们紧跟时代的步伐，他以人的“义利观”为例讲道：“今之哲学言为善，所由与古之言为善殊者。古之言为善也，以为利人，而己无与也；今之言为善也，以不如是，且于己大不利也。知为善之所以利己，而去恶且不止于利人，庶几民乐从教，而不祸仁义也，亦庶几国法之成，无往而不与天理人情合也。”[②]

第二，关于文学与艺术。首先，严复认为，从关乎国计民生来看，文学与艺术确实没有实用之处，饿不充饥，寒不加衣，不可富国，不能治乱，但是，从事诗歌或艺术可以提高人的境界，“声气禽犊之事，吾知免已”[③]，从而实现人类向更高层次上的发展，正如《荀子·劝学》讲：“君子之学也以美其身；小人之学也，以为禽犊。”[④]其次，文学艺术最能体现人的本质，具有人类的共通性。以诗歌为例，自从有人类以来，千百年的发展历程中，各个国家、地域、民族之间产生了很大的差异，“至于诗歌，则莫不有”。而且各民族的诗歌在形式等方面有着很强的相似性。何以至此，就在于诗歌之于人有如“草木之花英”，“鸟兽之鸣啸”，它是“发于自然，达其至深而莫能自已”。因之，虽然看似无用，但却不可或缺，“盖至无用矣，而又不可无如此”[⑤]。再次，严复指出，从人的长远发展来看，“其物皆奴系而不足贵者也”[⑥]，因为仅器物的丰裕也只是

① 王栻. 严复集（第四册）[M]. 北京：中华书局，1986：968.

② 王栻. 严复集（第四册）[M]. 北京：中华书局，1986：1022.

③ 孙应祥，皮后锋.《严复集》补编[M]. 福州：福建人民出版社，2004：133.

④ [战国]荀况. 荀子[M]. [唐]杨倞注，耿芸标校. 上海：上海古籍出版社，1996：5.

⑤ 孙应祥，皮后锋.《严复集》补编[M]. 福州：福建人民出版社，2004：132.

⑥ 孙应祥，皮后锋.《严复集》补编[M]. 福州：福建人民出版社，2004：133.

能造就“蘧庐”，而文艺则能造就“诗庐”[①]，因此，对文艺的价值就不能用有用、无用作为评价标准，倘若一意苛求它们的实用性，则将丧失其本有的价值，即满足人的精神诉求。最后，严复指出，艺术在某些方面和一定程度上还有助于培养人们专注严谨的态度，而这种态度有利于科学研究。例如，从事绘画，则需要人“心不外驰”，而要使画的作品达到与实物相像，则又需要人观物“审详不苟”[②]。

概言之，较之一些“科学万能论”所持有的“相信科学能回答所有的人类问题，它使科学成为哲学、宗教、习惯方式和道德的替代物”[③]的观点，从而使人文主义思想受到严重压制而言，严复并未否定哲学、艺术、文学等人文文化在人的全面发展上的重要价值。

## 四、小结

一个时期以来，海内外学术界对中国近现代科学文化以及中国现代化问题进行了多方面、多角度的系统而深入的研究，其中关于中国科学主义或唯科学主义的研究更是经久不衰。回顾这一领域的研究成果，我们发现论者大都将论域集中于与五四运动中伴随的“科学”与“民主”口号的提出所标志的将科学形而上化和泛化，以及 1923 年“科玄论战”之后科学主义的社会影响的进一步扩展。其中，一个较为普遍的现象是提及中国近现代科学主义或唯科学主义的兴起时或多或少会提及严复的科学观或科学思想，但同样一个较为普遍的现象是都未对严复的科学主义倾向做过系统的梳理，更少见对其超越科学主义主体论域的发见。事实上，在严复提出“科学为本”的观点，并在将西方科学主义的某些方面介绍给国人时，难能可

① 孙应祥，皮后锋.《严复集》补编[M]. 福州：福建人民出版社，2004：133.“蘧庐”指古代驿站中供人休息的房子；“诗庐”是近代著名诗人胡梓方（胡朝梁）名其室曰“诗庐”以示诗歌之外无他爱好（见朱新华. 关于胡梓方[J]. 读书，1995，（02）：69）。此处严复设喻，前者指物质文明，后者指精神文明。

② 王栻. 严复集（第二册）[M]. 北京：中华书局，1986：285.

③ 张今杰. 科学主义与人本主义关系的历时性探析[J]. 河北大学学报(哲学社会科学版)，2005，（03）：105.

贵的是，他并未陷入“入主出奴，入附出污”的思想陷阱，而是对科学的现实功用的局限性有着较为深入的认识，而且对相对于科学文化的人文文化保留较大的价值认同，从而在很大程度上超越了科学主义的思想范畴，而且其思想的合理性甚至超越了他身后大部分科学派的认识。

# 第四章　严复方法论与实证主义思想

近代以来，在中西文化大规模的交汇与交融的过程中，西方科学文化逐步走入国人视野，大致来讲，在19世纪末，国人认识西方科学经历了一个渐进的过程，鲜明地表现出器物的科学观、知识的科学观到方法论的科学观依次递嬗和深化的过程。严复是近代先进士人中较早认识到作为“器”与“学”的科学背后尚有更为根本和重要的因素存在，那就是伴随科学的发展不断总结和提炼出来的科学方法论，从某种意义上讲，科学方法论在科学的发展过程中具有基础性地位。严复指出，西方经济社会的繁荣昌盛得益于科学（包括自然科学与社会科学）的发达，而科学的发达又离不开一套科学方法论的指导，他讲道：西方“二百年学运昌明，则又不得不以柏庚（培根——笔者注）氏之摧陷廓清之功为称首”[①]。相应地，中国欲摆脱落后，赶上世界潮流，就必须发展科学事业，为此又必须从根本上引入和学习西方的科学方法。正是本着这样的认识，严复特别注重对科学方法的研究，主要以英国经验主义哲学，特别是实证主义哲学的科学归纳法为思想与理论模板，参合笛卡儿等大陆理性主义哲学的部分思想，形成了较为完整和有着个人见解的科学方法论内涵，并通过首次向国人较为系统地进行宣传和阐释，从而有力地推动了国人科学观的深化。

同时，严复由对科学归纳法的推崇而在思想倾向上导向实证主义，从他对西方科学方法和科学思想的引介与宣传的理论体系来讲，主要的是19世纪初在欧洲兴起的实证主义哲学体系，正如有学者指出：“严复介绍和接受的不是西方某个实证主义哲学家，而是整个英国的实证主义思想体系。”[②]而且“他本人也主要接受了这种思想的影响，而成为中国近代实

① 王栻. 严复集（第一册）[M]. 北京：中华书局，1986：29.

② 王鉴平，胡希伟. 传播与超越——中国近现代实证主义进程研究[M]. 上海：学林出版社，1989：1.

证主义思潮的开创者和代表人物”①。实证主义哲学是在以揭露和批判近代等古典形而上学的历史背景中兴起的，在西方哲学发展史上具有“革命”的意义，严复引介和宣传西方实证主义哲学同样是为了变革中国传统思维方式，培育和导引国人建立“尚实”的心习。从这个意义上讲，严复在引进西方实证主义哲学的基础上形成的实证主义思想对中国传统文化来讲同样具有“革命”的性质。需要加以注意和具体分析的是，严复的实证主义思想尽管来源于西方实证主义哲学，但同时它又深深浸染在中国深厚的传统文化氛围内，特别是脱离不了近代中国探求和实现国家“现代化”的时代主题的统摄，因此，他的实证主义思想又与他的西方导师们有了一些差异，衍化出部分不同于西方实证主义哲学的认识和内涵。

## 第一节 经验与逻辑并重的“即物穷理”之学

科学的发展离不开科学方法的应用，发展科学首要的问题就是处理好对科学方法的认识，只有具备正确的科学方法，科学事业才能取得事半功倍的效果。中国古诗讲“鸳鸯绣了从教看，莫把金针度与人”②，而被誉为中国近代科学的先驱者徐光启在与耶稣会士利玛窦合译的《几何原本》之后提及“金针度与人”，表达了较之具体的西方科学成果，方法更具基础性和根本性。严复同样重视科学方法，但与徐光启囿于时代的局限性而侧重于对古希腊至中世纪，亦即近代科学之前的科学方法的宣扬不同③，严复科学方法论深深根植于近现代科学及哲学的发展基础之上，他系统地阐释了“实测内籀”方法（即科学归纳法），鲜明地体现出经验原则与逻辑原则两重向度，它们共同构成了严复“即物穷理”之学的丰富内涵。

① 王鉴平，胡希伟. 传播与超越——中国近现代实证主义进程研究[M]. 上海：学林出版社，1989：32.

② [金]元好问. 元好问全集（上）[M]. 姚奠中主编. 太原：山西人民出版社，1990：428.

③ 需要肯定的是，徐光启与利玛窦合译的《几何原本》（前六卷）对中国传统学术来讲具有真正革命的意义，爱因斯坦就认为欧洲近代科学之所以能够诞生的一个重要思想资源就是古希腊发明的集中体现在《几何原本》中的逻辑演绎体系。

## 一、"实测内籀"的科学方法

严复对科学方法的认识包含对其重要性的阐述和具体方法步骤两个方面，具体如下。

### （一）科学发达关键在方法

严复指出，较之以具体的科学知识，科学方法更为重要，因此，不仅要引进西方科技成果（包括具体的器物和理论），更要学习西方科学中所蕴含的"观物察变"之方法，他分析道，仅仅引进和学习具体的科学知识和先进的科技器物，一方面其数量毕竟有限，另一方面这种做法只能步西人之后尘，无法真正实现科学文化的本土化，更无法赶上世界科技的发展潮流。而掌握了科学方法，则可以获得源源不断的新知识、新成果，才能切实促进中国科技事业的发展。正是本着这样的认识，严复批评了近代海通以来国人在认识西方科学文化过程中忽视科学方法重要性的几种态度，并通过对它们的批评系统宣扬了科学发达关键在方法的思想。

首先，严复深入批判了近代以来国人对西方科学文化的认识始终停留在浅表层而未能深入它的核心层面，即方法论层面。基于对西方科学技术和社会发展历史的较为深入的理解，他讲道，西方近代科学取得突飞猛进的成果，其根源在于培根、笛卡儿等人建立的科学方法论，特别是经验主义者"倡为实测内籀之学"[①]，牛顿、伽利略、哈维等自然科学家"踵用其术，因之大有所明"[②]。因此，科学方法是科学的灵魂和社会发达的根本，相应地，中国要改变积贫积弱的面貌，大力发展有益于人事的科学，就必须以学习西方科学方法为根本。但是，自道光、咸丰朝以来，一些士人虽然意识到采取完全的排外政策必然无补于时弊，认识到学习西方科技文化的必要性，但在三十多年的洋务运动中，人们并未形成一种理性的态度去认真认识西方科学技术之所以发达的关键所在，他说："风气渐通，士知弇陋为耻，西学之事，问涂日多。然亦有一二巨子，訑然谓彼之所

① 王栻. 严复集（第五册）[M]. 北京：中华书局，1986：1385.

② 王栻. 严复集（第五册）[M]. 北京：中华书局，1986：1385.

精，不外象、数、形下之末，彼之所务，不越功利之间，逞臆为谈，不咨其实。”[①]概言之，他们对西方科学的认识停留在“船坚炮利”的器物层面和“声光化电”的知识层面，并未能从方法的层面把握西方科学。而一时甚嚣尘上的维新士人林林总总，但“实能见西法所以然之故，而无所为而为者，不过数人”[②]：一类人以谈新法为新潮，借西器以装点门户；一类人以船坚炮利为西方强盛之本；一类人自诩为“通天地人”之宿儒，“乃举声光化电之粗迹，兵商工艺之末流，毛举糠粃，附会经训，张颏植髭，不自愧汗”[③]，弄得天下人“翕然宗之”；更有甚者，借“维新”之名而行私利之实，以为跻身权贵的进阶之梯。这种心态下同样不会认真研究西方科学之所以发达的根由所在，也不会看到科学方法的重要性。质而言之，在严复看来，无论是洋务派还是维新派，他们都未能认识到西学之所以发达，西方之所以强盛的真正原因，他总结道：“今之称西人者，曰彼善会计而已，又曰彼擅机巧而已。不知吾今兹之所见所闻，如汽机兵械之伦，皆其形下之粗迹，即所谓天算格致之最精，亦其能事之见端，而非命脉之所在。”[④]那么其命脉何在呢？严复指出，从学术的角度讲，即是“黜伪崇真”的科学方法。

其次，严复着重批判了部分国人在比较中西文中得出中国人之智虑“运于虚”而西洋人之智识“寄于实”的看法，他认为西方科学的发达而中国科学落后的原因不在于什么“虚”“实”之分，他说：“自不佞观之，中国虚矣，彼西洋尤虚；西洋实矣，而中国尤实，异者不在虚实之间也。”[⑤]问题的关键在于要有一套正确的科学方法。他指出，在明代之前，西方科学发展水平与中土不相上下，而到了近代，西方逐渐树立起“言学则先物理而后文词，重达用而薄藻饰”“自竭其耳目，自致其心思，贵

① [英]赫胥黎. 天演论[M]. 严复译. 北京：商务印书馆，1981：x.
② 王栻. 严复集（第二册）[M]. 北京：中华书局，1986：488.
③ 王栻. 严复集（第二册）[M]. 北京：中华书局，1986：488.
④ 王栻. 严复集（第一册）[M]. 北京：中华书局，1986：2.
⑤ 王栻. 严复集（第一册）[M]. 北京：中华书局，1986：29.

自得而贱因人，喜善疑而慎信古”[①]的实证科学精神以及“藉以教致思穷理”的科学方法，因而带来巨大的进步，相对于具体的研究成果来讲，方法才是科学更为根本的所在，他讲道，“其力质诸学，则假以导观物察变之方，而其本事，则筌蹄之于鱼兔而已矣”[②]，即指科学方法就好比钓鱼用的鱼竿和捕兔用的夹子，较之现成的成果，授之以获得成果的方法更具根本性，授之以“鱼”不如授之以“渔”，因此，严复提倡工欲善“科学”之事，必先利“科学方法”之器。也正是基于这样的认识，一方面严复通过发表文章、公开演讲等方式大力宣传科学方法论，另一方面借用“实测内籀”之学建构自己的政治学理论，自觉应用科学方法开展学术研究。

### （二）“实测内籀”的具体步骤

严复对科学方法重要性的认识并非停留在泛泛而谈上，他深受以培根为代表的英国经验主义，特别是19世纪初兴起的实证主义思潮的影响，提出了“实测内籀”科学方法论，深化了当时国人对西方近代科学方法的认识。“实测内籀”即建基于经验事实基础上的科学归纳法，简单讲，就是“必为其察验，继乃有其内籀外籀之功，而其终乃为其印证”[③]，即指，在观察和实验的基础上通过逻辑方法概括出一般性的科学理论，并通过实验验证科学理论的真理性的过程。它具体展开为相继而又相互联系的三层功夫：一曰考订；二曰贯通；三曰试验[④]。

首先，“考订”意谓广泛收集资料并分门别类加以规整，即“聚列同类事物而各著其实”。其中“考订”又分为观察与实验，“考订或谓之观察，或谓之演验”。这两者尽管“皆考订之事而异名者”，但在具体运用中又有所区别：前者适用于超出人类可控能力之所及的自然与社会现象，例如“日月之行，风俗代变之类”；后者则适用于可人为控制的现象，例如“炉火树畜之类”。严复指出，“考订”是科学认识方法的逻辑起点，

---

① 王栻. 严复集（第一册）[M]. 北京：中华书局，1986：29.
② 王栻. 严复集（第一册）[M]. 北京：中华书局，1986：29.
③ 孙应祥，皮后锋.《严复集》补编[M]. 福州：福建人民出版社，2004：67.
④ 王栻. 严复集（第一册）[M]. 北京：中华书局，1986：93.

只有在周详的考订基础上才有可能提炼出反映一般性规律的知识，他说："考订既详，乃会通之以求其所以然之理，于是大法公例生焉。"①

其次，"考订"作为科学方法的第一层功夫，其成果还显得散而杂，一般性的、普遍性的知识还不能从中自然而然地显现出来，因此就需要在翔实的资料基础上加以"贯通"。"贯通"就是在观察实验的基础上发现事物背后的规律性知识达到"道通为一"的理论体系或假说，其表现形式即所谓全称命题。

最后，在前个环节的基础上得到的理论体系还需要"试验"的环节，即对理论加以验证，具体讲就是将全称命题推演为若干可加以验证的单一命题并以其确证或证伪来检验理论的真理性。

在《名学浅说》译书中，严复借用耶方斯的论述又将其详细化为四个环节：观察、设臆、外籀与印证。"设臆"即提出科学假说。具体讲，就是"第一层：攈集有关系之事实，用观察法；第二层：造立'希卜梯西'，用臆度法；第三层：以连株之术，推较所臆度者，用外籀法；第四层：多用事实以校勘所立之例，用印证法"②。考虑到"形成假设和验证假设的过程是科学的核心活动之一"③，可以看出，严复对近代科学方法有着较为准确的把握。

从以上讨论可以看出，严复所谓的"实测内籀"之学就是指在"即物实测"的基础上，通过逻辑推演而得到"道通为一"的具有普遍性的"公例"，并将"公例"放到具体的经验实践中加以验证，其中鲜明地贯彻着经验的原则与逻辑的原则，而在逻辑原则中又以归纳法为重。

## 二、"即物实测"的经验原则

所谓"即物实测"即是指以经验为基础，重视获取第一手资料的治学态度和方法。严复对"即物实测"的经验主义原则极为推重，他认为，真

① 王栻. 严复集（第一册）[M]. 北京：中华书局，1986：93.

② [英]耶方斯. 名学浅说[M]. 严复译. 北京：商务印书馆，1981：69.

③ [美]美国科学促进会. 面向全体美国人的科学[M]. 中国科学技术学会译. 北京：科学普及出版社，2001：6.

正的学问必须由经验事实出发，而知识的真理性又必须经由事实考验，既不能迷信古人之“成说”，亦不可仅凭主观之判断。在此基础上，严复系统地批判了中国旧学中轻视经验的倾向。

## （一）科学研究要与“实物径按”

严复指出，真正的科学研究是要发现现象与现象之间的必然联系，因此首要的就是要与“实物径按”，坚持“即物实测”的经验原则，具体包括两个方面：科学研究要坚持经验的原则在于它是获取科学知识的重要基础，同时是验证科学知识真理性的唯一标准。

### 1. 对自然规则的把握需要坚持经验的原则

科学在形态上表现为一种揭示和反映自然规律的知识体系，在严复看来，西方科学之所以发达，之所以能够不断获取关于自然的新知识首要的原因就在于“其为学术也，一一皆本于即物实测”[①]，“与万物直接研究”，向自然索取一手资料，他借用赫胥黎的话讲道：“能观物观心者，读大地原本书；徒向书册记载中求者，为读第二手书矣。”[②]并指出：“读书得智，是第二手事，唯能以宇宙为我简编，民物为我文字者，斯真学耳。”[③]他深入分析了人获得自然知识有两种途径：一种是“读书穷理”的方法，另一种是“即物实测”的方法。诚然，这两种方法无论对人类整体还是个人来讲都是认识自然必不可少的，但两者之间又以后一种方式为根本，前者只是后者的一种辅助方法，他讲道：“设人道必及而后知，必履之而后艰，必不及之势也。于是急于自救，而人为教育兴”以之“辅自然教育之不足者也”[④]。亦即教育就是研习前人的知识成果。严复指出“即物实测”的方法更为重要就在于：第一，人类诞生伊始，并无现成的书籍供其阅读，人们首要的任务就是以自己的经验直接面向自然，向自然学习，探究自然奥秘，发掘自然规律，即他所讲的“吾人入世……其始皆以自然为师，受

① 王栻. 严复集（第一册）[M]. 北京：中华书局，1986：23.

② 王栻. 严复集（第一册）[M]. 北京：中华书局，1986：93.

③ 王栻. 严复集（第一册）[M]. 北京：中华书局，1986：29.

④ 孙应祥，皮后锋.《严复集》补编[M]. 福州：福建人民出版社，2004：63.

其教育”[①]。第二，伴随人类文明的进展，特别是进入近代以来，西方科技日新月异，人们对自然规律的认识范围不断扩大，程度不断提高就是因为伸张了经验的原则，主张面向自然，以事实为依据，始终本着“学于自然有道，必勤必精，必虚必顺，必重左证，必求自得”[②]的实证精神。相反，如果忽视“即物实测”的经验原则，将“读书穷理”作为获取知识的唯一途径将会带来很坏的后果：一是前人的知识积累本身就可能存在错误，后人不通过经验基础上的辨析去粗取精、去伪存真，一味地加以信奉将可能导致对自然的错误认识；二是即使人们能够很好地甄别前人成果的真与误，并且能够很好地继承其中的正确成分，但也只能是“因人作计终当后人”，并不必然带来新知识的发现和积累。这两个方面都是“格物家所最忌者”[③]。正是基于以上认识，严复指出，“故世界者，一学界也；地球者，一大学校也”，人类“以自然为之监督，为之教务长，有教无类”[④]，而且无论何种肤色的人，无论何一年龄阶段的人以及无论何等聪明才智的人，欲不断获得真实反映自然规则的新知识，就必须重视经验，面向自然。

2. 对知识真理性的确证需要返回于经验与实践

经验原则的重要性不仅在于它是获得新知的可靠途径，而且是检验一切知识客观性、真理性的唯一标准。上面讲到严复“实测内籀”科学方法的三个步骤，其中，他特别推重“试验”这一层功夫，即科学理论还需要经验与实践的证实，而且认为这是古今学术的重要区别，他讲道，中西古学所用治学方法仅停留在“实测内籀”方法的前两个阶段，即“考订”与“贯通”，而近代科学方法特别重视“印证”的重要性和必要性，严复称其为：“试验愈周，理愈靠实矣，此其大要也。”[⑤]进而，近代科学诞生之前的学术理论之所以难以确保其知识的真理性，往往“见破后人者”就在

① 孙应祥，皮后锋. 《严复集》补编[M]. 福州：福建人民出版社，2004：62.

② 孙应祥，皮后锋. 《严复集》补编[M]. 福州：福建人民出版社，2004：62.

③ 王栻. 严复集（第一册）[M]. 北京：中华书局，1986：93.

④ 孙应祥，皮后锋. 《严复集》补编[M]. 福州：福建人民出版社，2004：62.

⑤ 王栻. 严复集（第一册）[M]. 北京：中华书局，1986：93.

于“阙于印证之故”，而“三百年来科学公例，所由在在见极，不可复摇者，非必理想之妙过古人也，亦以严于印证之故”①。因此，严复谆谆告诫国人对于存在争论的知识不可仅以主观判断来断定，而要将其放到广泛的事实验证中去，以实际经验来判决其真伪，他讲道：“今夫理之诚妄，不可以口舌争也，其证存乎事实。”②对此，严复举例道，“进化论”学说在一开始提出来的时候，便引起了社会思想的巨大震荡，有人认为它是歪理邪说，极尽其力加以驳斥、打压，也有人认为它揭示了复杂自然现象背后的本质，可谓聚讼纷纭。而到后来，信奉其学说的人越来越多，以至于“欧美二洲几于无人不读，而泰西之学术政教，为之一斐变焉”③，其原因就在于：①它来自人们“目治手营，穷探审论”；②它不断获得自然事实的验证与支持，“而矿事日辟，掘地开山，多得古禽兽遗蜕，其种已灭，为今所无。于是虫鱼禽互兽人之间，衔接迤演之物，日以渐密，而达氏之言乃愈有证”④。同样，严复指出，哥白尼、牛顿等人的科学之所以可信，就在于它们来源于经验并经过了经验的验证，他说：“歌白尼、奈端之言天运，其说所不可复摇者，以可坐致数千万年过去未来之躔度，而无杪忽之差也。”⑤相应地，在分析说明西方的格致之学时他这样讲道，“一理之明，一法之立，必验之物物事事而皆然，而后定之为不易”，并认为，“其所验也贵多，故博大；其收效也必恒，故悠久”⑥，亦即西方的科学理论来源于经验，而且经过了经验的验证，从而保证了其真理性，保证了其是对自然规则的正确反映，这种知识应用于现实生活中也就必然会带来现实的成效，他说：“迨夫施之民生日用之间，则据理行术，操必然之券，责未然之效，先天不违，如土委地而已矣。”⑦

① 王栻. 严复集（第四册）[M]. 北京：中华书局，1986：1053.

② 王栻. 严复集（第一册）[M]. 北京：中华书局，1986：99.

③ 王栻. 严复集（第一册）[M]. 北京：中华书局，1986：5.

④ [英]赫胥黎. 天演论[M]. 严复译. 北京：商务印书馆，1981：4.

⑤ 王栻. 严复集（第一册）[M]. 北京：中华书局，1986：99.

⑥ 王栻. 严复集（第一册）[M]. 北京：中华书局，1986：45.

⑦ 王栻. 严复集（第一册）[M]. 北京：中华书局，1986：45.

## （二）以经验原则对旧学的批判

有学者指出，“对传统具有反叛意识的思想家在近代不乏其人，可对西学真正能登堂入室，窥其堂奥的则少如凤毛麟角。严复是集两者于一身而为我们所熟悉的人物之一。他宣传经验主义思想方法同对传统主观主义治学态度的批判是同时进行的”①。可以讲，对中国传统治学方法的批判构成了严复方法论中经验原则的重要部分。

首先，在科学研究中贯彻经验原则的一个基本要求就是“学于自然”，而中国传统学术向来有“艺成而下”的倾向，轻视对自然的研究，而侧重于对伦理道德的关注，可以讲，中国传统学术治学态度重玄思、轻经验，例如，董仲舒就讲：“能说鸟兽之类者，非圣人所欲说也；圣人所欲说，在于说仁义而理之。”对此，严复评价道，“盖吾国所谓学，自晚周秦汉以来，大经不离言词文字而已。求其仰观俯察，近取诸身，远取诸物，如西人所谓学于自然者，不多遘也”②。即使乾嘉学派有一点实证的精神，但是汉学考据方法仍然将学术的视域局限于文字材料，在古籍中求学问，未能将眼光投向更为广阔的自然，因而始终不能算是严格意义上的自然科学方法。因此，严复指出，“吾人为学穷理，志求登峰造极，第一要读无字之书”，他进一步借用培根的话解释道：“凡其事其物为两间之所有者，其理即为学者之所宜穷，所以无大小，无贵贱，无秽净，知穷其理，皆资妙道”，并认为这是“佛所谓墙壁瓦砾，皆说无上乘法也”③。也就是说，学问无贵贱、上下之分，只要能给人类提供有用的知识都应当成为人们研究的对象，他讲：“夫科学者，举凡宇宙之所有，与人心之所得思，莫不标之以为学”④，特别是要获得征服自然的力量就必须面向自然、“学于自然”，潜心求得反映自然规律的科学知识。

其次，中国传统治学方法侧重于“向书册记载”中求学问，宗经征圣，

---

① 陈少明. 理性的唤醒——西方认识论冲击下的中国近代哲学[J]. 哲学研究，1987，（12）：53.

② 王栻. 严复集（第二册）[M]. 北京：中华书局，1986：237.

③ 王栻. 严复集（第一册）[M]. 北京：中华书局，1986：93.

④ 王栻. 严复集（第二册）[M]. 北京：中华书局，1986：277.

以古人为标准，并常常以不及古人为恨，古人之非既不能明，古人之是亦不知所以是。他列举道："中国九流之学，如堪舆、如医药、如星卜，若从其绪而观之，莫不顺序；第若穷其最初之所据，若五行支干之所分配，若九星吉凶之各有主，则虽极思，有不能言其所以然者矣。无他，其例之立根于臆造，而非实测之所会通故也。"①当然，说中国"九流之学"之所据尽"根于臆造"难免显得极端了一点，但揭露中国学术侧重于闭门造车之弊端则确实独具慧眼，他说："自以为不出户可以知天下，而天下事与其所谓知者，果相合否？不径庭否？不复问也。自以为闭门造车，出而合辙，而门外之辙与其所造之车，果相合否？不龃龉否？又不察也。"②因此，像骊山博士说瓜，不问瓜之有无，但凭借想象就可以展开激烈的讨论。特别是对中国近世哲学产生了直接而重要影响的陆王心学一脉，其认识起点往往"向壁虚造"③"强物就我"④，不能与"实物径按"，在此基础上展开逻辑推演，即使其过程合理合法亦不能保证获得符合客观的真理性知识，故而严复批判道："不实验于事物，而师心自用，抑笃信其古人之说者，可惧也夫！"⑤

## 三、"道通为一"的逻辑原则

所谓"道通为一"，是指经验观察获取的事实材料尽管是科学研究的起点，但是它还失于对自然现象的粗浅性认识，还需要从材料中归纳提炼出反映客观规律的具有普遍性的知识，这就离不开逻辑的方法。重视逻辑的原则与重视经验的原则交相辉映、珠联璧合，共同构成了严复丰富的科学方法论内涵。

---

①　王栻. 严复集（第四册）[M]. 北京：中华书局，1986：1047.

②　王栻. 严复集（第一册）[M]. 北京：中华书局，1986：44.

③　王栻. 严复集（第一册）[M]. 北京：中华书局，1986：44.

④　王栻. 严复集（第一册）[M]. 北京：中华书局，1986：45.

⑤　王栻. 严复集（第四册）[M]. 北京：中华书局，1986：1032.

### （一）关于“逻辑”的一般性认识

#### 1. 逻辑是“一切学之学”

严复指出，自然界存在不以人的意志为转移的客观规律，他称之为“自然规则”，并指出“人类自古至今，所推求研究者，皆此导师之规则，大者一本，小者万殊，虽竭吾人毕生精力以学习之，有不能尽”[①]。“学于自然”就是要认识并把握对人类生存与发展来讲至关重要的自然规则，因为“此导师之规则，不恶而至严，顺之则吉，逆之则凶，累试必验，无一爽者”[②]。但是，自然规则并不自己张贴“誊黄”，发布“告示”，自然而然地显现在人们的面前，而需要人们在大量的经验事实基础上，深入挖掘，提炼出“道通为一”的具有普遍性、规律性的知识。而实现由经验的片段上升为普遍的认识就离不开逻辑方法。何谓“逻辑”，严复在《穆勒名学》中讲：“本学之所以称逻辑者，以如贝根（培根——笔者注）言，是学为一切法之法，一切学之学；明其为体之尊，为用之广，则变逻各斯为逻辑以名之。”[③]他认为，正是西方逻辑学的发达，西方科学才取得了巨大的成就，逻辑学关键的、重要的作用就在于培养人们的理论思维能力，他讲道：“西学之所以翔实，天函日启，民智滋开，而一切皆归于有用者，正以此耳。”[④]正是基于以上认识，严复的科学方法之中，同样特别重视逻辑的原则，处处留意宣扬逻辑方法，蔡元培就曾讲道，严复“在《天演论》自序及其他杂文中，常常详说内籀外籀的方法”[⑤]。

#### 2. 内籀与外籀的具体含义

严复指出，内籀（归纳法）与外籀（演绎法）是西方自然科学的两种重要的方法，是“即物穷理之最要途术”[⑥]，它们已与科学研究水乳交融般融合在一起，他讲道：“观西人名学，则见其于格物致知之事，有内籀

① 孙应祥，皮后锋.《严复集》补编[M]. 福州：福建人民出版社，2003：62.
② 孙应祥，皮后锋.《严复集》补编[M]. 福州：福建人民出版社，2003：62.
③ 王栻. 严复集（第四册）[M]. 北京：中华书局，1986：1028.
④ 王栻. 严复集（第四册）[M]. 北京：中华书局，1986：1047.
⑤ 蔡元培. 蔡元培选集[M]. 北京：中华书局，1959：216.
⑥ 王栻. 严复集（第五册）[M]. 北京：中华书局，1986：1320.

之术焉，有外籀之术焉。”而正是运用了这些方法，西方的发明创造日新月异，他讲道：“又若问西人后出新理何以如此之多，亦即此而是也。而于格物穷理之用，其涂术不过二端。一曰内导，一曰外导。”①

何为内籀与外籀呢？严复曾指出：“司马迁曰，‘《易》本隐而之显。《春秋》推见至隐’……迁所谓本隐之显者，外籀也；所谓推见至隐者，内籀也。”②当然，做这样的比附是否合理，我们姑且不论，但从中可以得见严复对归纳与演绎的认识。他讲：“内籀云者，察其曲而知其全者也，执其微以会其通者也。外籀云者，据公理以断众事者也，设定数以逆未然者也。”③亦即，内籀是指，通过对一类事物的分析考察而总结出关于这一全类事物的一般性认识，是从特殊到一般。外籀则从一个一般性命题出发，推断出个别事物的认识过程。严复以日常生活为例讲道，一个不懂火会烫伤人的常识的儿童，第一见到烛光以手触之而烫伤，再次见到炉火之光，足践之而被烫伤，当他再次见到“炎炎而光，烘烘而热者”④，因为前两次的经历他明白了火可以伤人的道理，无论如何他不会再以身体触及火焰了。这就是“合异事而观其同，而得其公例”⑤的道理，所用的就是内导术，即归纳法。相应地，一个儿童经过多次触及火焰而被烫伤，因而得出火可伤人的道理来解释归纳法。同样，他进一步讲道，这个儿童如若想伤害别人，他就会自觉使用火去触及他人，这就是外导术，其间经历的正是演绎的过程，严复表述为“次一案，二一断……合例、案、断三者，于名学成一联珠”，亦即亚里士多德的三段论，在这个例子中：例，即大前提，就是“火能烫人”；案，即小前提，就是“所持者是火”；断，推断出的结论就是“故必烫人”。而且，通过用火去触及人，果真将人烫伤，进一步验证了“火能烫人”的认识。

---

① 王栻．严复集（第一册）[M]．北京：中华书局，1986：94.

② 王栻．严复集（第五册）[M]．北京：中华书局，1986：1319-1320.

③ 王栻．严复集（第五册）[M]．北京：中华书局，1986：1319-1320.

④ 王栻．严复集（第一册）[M]．北京：中华书局，1986：94.

⑤ 王栻．严复集（第一册）[M]．北京：中华书局，1986：94.

### （二）“不得以既成外籀，遂与内籀无涉”的重归纳思想

严复主张归纳与演绎的统一，他讲“内外籀之相为表里，绝非二途”①，但在两者哪个更为重要的认识上，他与穆勒重归纳思想一脉相承，更为推重归纳，而且同样认为“夫外籀不与内籀对也，而实为内籀之一术”②，即将演绎视为归纳的一个具体环节而取消了演绎的独立性。严复重归纳的思想可以从以下两个方面来认识。

1. 从他所着力译介的西方逻辑学说来看

我们知道，严复在西方逻辑学东渐史上占有极为重要的地位，他通过译介《穆勒名学》与《名学浅说》系统地将西方形式逻辑体系介绍给国人，在当时社会上引起了强大的反响，“一时风靡，学者闻所未闻，吾国政论之根柢名学理论者，自此始也”③。一般来讲，翻译者所翻译的内容并不能直接代表译者本人的具体思想与认识，但是，在清末民初，绝大部分先进士人是本着救亡图存、富国强兵的思想来向西方学习的，除非是批判西方的某种理论，一般而言，他们所引介的西方理论与思想基本上与他们所认为的西方富强的缘由有着直接的关系，这一点在严复身上体现得更为明显，或者说严复的翻译实践就是这种思想的生动诠释。他译介西方逻辑学就是为了变民心习，建立理性的思维方式，促进国人观念的现代化，进而推进中国科学事业的发展以实现国家的强大，因此，从严复择取的西方逻辑学译本可以窥见他对归纳与演绎的认识的一些思想倾向。①穆勒时负盛名，被认为是英国经验论的最大代表，其《穆勒名学》一书被看作集归纳法大成的名著④；②耶方斯的《名学浅说》一书对演绎逻辑的三个基本规律即同一律等，不仅没有专章叙述，而且在全书中只字未提⑤，作者提出，演绎逻辑并不能给人增加新的知识，相反，他对归纳逻辑极为推崇，认为

---

① [英]穆勒. 穆勒名学[M]. 严复译. 北京：商务印书馆，1981：230.

② [英]穆勒. 穆勒名学[M]. 严复译. 北京：商务印书馆，1981：229.

③ 冯契. 中国近代哲学史（上册）（修订版）[M]. 北京：生活·读书·新知三联书店，2014：254.

④ 李泽厚. 中国近代思想史论[M]. 北京：生活·读书·新知三联书店，2008：278.

⑤ [英]耶方斯. 名学浅说[M]. 严复译. 北京：商务印书馆，1981：v.

归纳逻辑是求得新知的最为科学的方法。因此，考虑到严复是在“闵同国国人，于新理过于蒙昧”[①]而立志“惟以译书自课”[②]的心理态度和理想诉求下译介的两部重归纳的西方逻辑学著作，我们可以从一个侧面认识到严复重归纳的思想。

2. 从他本人的思想认识来看

严复对归纳逻辑的认识与穆勒等人一脉相承，认为归纳才是科学研究的真正可靠的方法，他讲“格致真术，存乎内籀”[③]，而且“惟能此术，而后新理日出，而人伦乃有进步之期”[④]。归纳之所以重要于演绎，就在于以下两点。

首先，归纳为演绎推理提供了可靠的基础，脱离了归纳所得出的客观性知识为大前提，演绎就成为无本之木、无源之水。诚然，演绎法可以根据公例来推断各种特殊事例，但是，演绎的逻辑起点，即推理所依据的作为大前提的公例则并非“根于良知，不必外求于事物”[⑤]，恰恰相反，它来源于实测基础上的归纳，即使是较为抽象的数学几何公例也是如此，“不必形数公例而独不然”[⑥]，因此，严复总结道：“常智之证，恒在原而不在委；原之既非，虽不畔外籀之术无益也。”[⑦]也就是说，没有实测归纳提供的公例作为演绎的基础，即使演绎的过程合理、合法，也难以保证得到符合实际的结果。以中国传统学术为例，严复指出，中国传统方法中不乏演绎法的应用，而且能够做到一定程度的自觉应用，但是在推理的过程中，国人常常以“子曰”“诗云”作为大前提，而未对其正确性做细致的考证，而这种言论大都为“心成之说”，他详细讲道：“旧学之所以多无补者，其外籀（演绎）非不为也，为之又未尝不如法也。第其所本者大抵心成之说，持之似有故，言之似成理，媛姝者以古训而严之，初何尝取其

① 王栻. 严复集（第三册）[M]. 北京：中华书局，1986：527.
② 王栻. 严复集（第三册）[M]. 北京：中华书局，1986：525.
③ [英]耶方斯. 名学浅说[M]. 严复译. 北京：商务印书馆，1981：66
④ [英]耶方斯. 名学浅说[M]. 严复译. 北京：商务印书馆，1981：64.
⑤ 王栻. 严复集（第四册）[M]. 北京：中华书局，1986：1050.
⑥ 王栻. 严复集（第四册）[M]. 北京：中华书局，1986：1050.
⑦ 王栻. 严复集（第四册）[M]. 北京：中华书局，1986：1048.

公例而一考其所推概者之诚妄乎？此学术之多诬，而国计民生之所以多病也。”[①]换言之，归纳法是中国传统学术中被较为忽视的重要方法，这种状况给学术以及国家社会的发展产生了非常不利的影响，因此，中国如果要学习西方科学实现国家振兴，就应当加强对方法论，特别是归纳法的研究。

其次，演绎法不能为人们提供新知，他说：“夫外籀之术，自是思辨范围，但若纯向思辨中讨生活，便是将古人所已得之理，如一桶水倾向这桶，倾来倾去，总是这水，何处有新智识来？”[②]严复举例道，几何与数学可谓演绎法的具体应用，而且其他自然科学常常也要借用数学作为科研的工具，比如，力学就离不开数学，力学“其术几无往不资形数”，但是，几何与数学尽管是最为精确的知识，如果脱离经验基础上的归纳，它们同样得不出更多的新知识，因为它们推导出的结果实质上已然暗含在其前提之中，因此，严复极为赞赏穆勒“本形数而推者，其所得终不出于形数；欲徒从形数而得他科之公例者，其道莫由也”[③]的判断，认为这是“透宗之论”[④]。也就是说，数学公例同样来自经验，其他自然科学需要借用数学工具，但获得新知就必须建基于经验基础上的归纳。据此，严复提出一个观点：“形、数二科为同物，且与力、质诸科但有深潜、生熟之殊，而无性情本原之异，而民智又归于一本矣。”[⑤]而何谓民智之一本，仍然是“实测内籀”的科学归纳法。

当然，严复取消演绎法的独立性，使之统一于归纳而成为归纳的一个具体环节，这在理论上看确实失之偏颇，但不这样做，难以冲决中国根深蒂固的传统思维方式，尽管有矫枉过正之嫌，仍不失其进步意义。

### （三）“用名不苟”是“科学紧要事业”的“正名”思想

严复将“逻辑”称为“名学”，之所以这样翻译，他讲道：“逻辑最

① 王栻. 严复集（第四册）[M]. 北京：中华书局，1986：1047.
② [英]耶方斯. 名学浅说[M]. 严复译. 北京：商务印书馆，1981：65.
③ 王栻. 严复集（第四册）[M]. 北京：中华书局，1986：1051.
④ [英]穆勒. 穆勒名学[M]. 严复译. 北京：商务印书馆，1981：282.
⑤ 王栻. 严复集（第四册）[M]. 北京：中华书局，1986：1050-1051.

初译本为固陋所及见者，有明季之《名理探》，乃李之藻所译，近日税务司译有《辨学启蒙》。曰探、曰辨，皆不足与本学之深广相副。必求其近，姑以名学译之。盖中文惟‘名’字所涵，其奥衍精博与逻各斯字差相若，而学问思辨皆所以求诚、正名之事，不得舍其全而用其偏也。”[①]对此，冯友兰评价道：“严复认识到逻辑学是思维之学，是思维就必用名言，名代表概念，即在心之意；言就是在口之言。逻辑学的范围限于‘名言之域’，逻辑学的对象就是关于名言的规律。任何学问都必须用名言，所以必须遵守名言的规律。逻辑学成为一切学问的形式，所以称为形式逻辑。译逻辑学为名学，可以表达逻辑学的这个意义。”[②]并且指出，“译逻辑学为名学，可以上接着先秦诸子中的名家”，“名学这个译名是很有意义的，可惜没有沿用下来”[③]。求学是“求成、正名”之事。而逻辑又为求学问的“一切法之法”，因此严复的逻辑学认识必然包含“正名”的思想，即对概念精确性的重视。

1．“正名”与科学的关系

科学成果作为体系化的知识，意味着要以概念的形式来表述和描写自然规则，而只有正确确立概念才有可能保证科学知识的准确性。严复指出，概念精确对发展自然科学至关重要，他说：“科学入手，第一层工夫便是正名。”[④]之所以这样讲，就在于科学是“至诚”之事，这种性质就决定了开展科学研究，首先要做到的就是“求名义了晰，截然不紊之难”[⑤]，亦即要准确地界定和使用概念，对于一个概念的含义要一清二楚，他说：“既云科学，则其中所用字义，必须界线分明，不准丝毫含混。假其不然，则虽讲至口绛舌桥，于听者无几微之益也。”[⑥]“正名”是“科学紧要事业”，如果“正名”工作做好了，对于发展科学来讲就起到了一个良好的

① [英]穆勒．穆勒名学[M]．严复译．北京：商务印书馆，1981：2.
② 冯友兰．中国哲学史新编（下卷）[M]．北京：人民出版社，2007：441-442.
③ 冯友兰．中国哲学史新编（下卷）[M]．北京：人民出版社，2007：442.
④ 王栻．严复集（第五册）[M]．北京：中华书局，1986：1247.
⑤ 王栻．严复集（第五册）[M]．北京：中华书局，1986：1243.
⑥ 王栻．严复集（第五册）[M]．北京：中华书局，1986：1280.

开端，将会起到事半功倍的效果，他说，“于科学所得，已不少矣”；相反，如果不能做到“用名不苟”，则会极大地限制发展严确精深之科学，甚至可以说将“无科学也”[①]。基于以上认识，严复告诫国人“汝等既治名学，第一事在用名不苟。即有时与人辨理，亦须先问其所用名字界说云何，所言始有归宿，物理乃有发见之时”[②]。

2. 对中国概念运用含混的批评

严复指出，西方学术自古希腊亚里士多德以来就非常重视对“概念”的界说，因此，即使“其人非甚不学，尚不至偭规畔矩而为破坏文字之事也”[③]。但是中国传统学术不够注意概念的精确性，以中国老儒生之言“气”字为例：如果问一个人为什么生病，则曰“邪气内侵”，如果问一个国家为什么衰败，则曰“元气不复”，如果问为什么会出现圣贤之人，则曰“间气”，其他如有“正气”“淫气”“厉气”等“几于随物可加”[④]。但是如果问这个无所不包、神乎其神的“气”是什么，它究竟是何物，是否在现实中有其对应物，则人们“茫然不知所对也”[⑤]。这种现象在中国传统文化中并非个案，其他的哲学概念，如“仁”“义”“道”等“皆古书中极大极重要之立名”，但它们无一例外存在“意义歧混百出”的现象[⑥]。此外，严复指出，中国“训诂学”并非为概念界说，其实是同名互训，只是用不同于古人的表达方式将同一概念又叙述了一遍，而且尤为可憾的是国人“用名虽误，无由自知”[⑦]。另外，在划分类别上往往不按事物的实际共同特征为根据，“五纬非星也，而名星矣；鲸、鲲、鲟、鳇非鱼也，而从鱼矣；石炭不可以名煤，汞养不可以名砂”[⑧]等等，诸如此类指不胜

① 王栻. 严复集（第五册）[M]. 北京：中华书局，1986：1285.

② [英]耶方斯. 名学浅说[M]. 严复译. 北京：商务印书馆，1981：18.

③ 王栻. 严复集（第四册）[M]. 北京：中华书局，1986：1031.

④ [英]耶方斯. 名学浅说[M]. 严复译. 北京：商务印书馆，1981：18.

⑤ [英]耶方斯. 名学浅说[M]. 严复译. 北京：商务印书馆，1981：18.

⑥ [英]耶方斯. 名学浅说[M]. 严复译. 北京：商务印书馆，1981：19.

⑦ 王栻. 严复集（第四册）[M]. 北京：中华书局，1986：1031.

⑧ [英]穆勒. 穆勒名学[M]. 严复译. 北京：商务印书馆，1981：36.

偻。近代海通以来，随着西方新鲜器物的不断来华，国人对其的命名更是不求其故，“遐方之物，诡用异体”，如“火轮船”“自来火”等，“几无名而不谬”[①]。可见，中国传统文化中不重视概念精确性的习惯根深蒂固。

3. 如何达到“名义了晰”

严复认为，许多概念不够精确是中国传统学术的一个巨大的弱点，这种弱点一定程度上阻碍了中国科学事业的发展，他说：“今夫名者器也，以如此不精之器，以求通专精之学。呜呼难已！此又学者所不可不知者也。”[②]那么，如何做到概念明确呢？基本要求就是要明白，在同一语境下，所使用任何一个概念，无论它出现多少次，都应当只有一个明确的含义，他说：“科学之一名词，只涵一义”[③]，“函（含——笔者注）义不容两歧，更不容矛盾。”[④]如果出现了两个含义，“则当问此二者果相合否。合固甚善，假使冲突不合，则取其一者，必弃其一，而后其名词可行，不至犯文义违反之条禁”[⑤]。基本途径就是要掌握分析的方法，他说：“凡擅一技、知一物而口不能言其故者，此在智识谓之浑而不晰。”因此欲“知之晰者”，要“始于能析，能析则知其分，知其分则全无所类者，曲有所类”，“曲而得类，而后有以行其会通”，在这样的基础上“或取大同而遗其小异，常、寓之德既判”[⑥]。所谓“常、寓之德”亦即事物的一般的、稳定的特性。也就是说，通过分析找出事物之间的相同之处与不同之处，合理分归为不同的类别，进而根据类属关系下定义。为了使国人更明白“正名”的方法，严复曾写专文《界说五例》讲解如何定义概念：①界说必尽其物之德，违此者其失混；②界说不得用所界之字，违此者其失环；③界说必括取名之物，违此者其失漏；④界说不得用诂训不明之字，犯此者其失荧；

---

① 王栻. 严复集（第四册）[M]. 北京：中华书局，1986：1031.

② [英]耶方斯. 名学浅说[M]. 严复译. 北京：商务印书馆，1981：20.

③ 王栻. 严复集（第五册）[M]. 北京：中华书局，1986：1285.

④ 王栻. 严复集（第五册）[M]. 北京：中华书局，1986：1290.

⑤ 王栻. 严复集（第五册）[M]. 北京：中华书局，1986：1285.

⑥ 王栻. 严复集（第四册）[M]. 北京：中华书局，1986：1046.

⑤界说不用“非”“无”“不”等字，犯此者其失负[①]。

## 四、小结

关于中国传统文化，17世纪第一位来华的意大利耶稣会士利玛窦就曾认为，这种传统不仅不应当被视为完全的落后与保守，相反，应将其视为一种可以与西方文化相匹配的文化，而且，他认为中国历史上有着先进的科学。但是，从学术整体和治学方法上讲，他认为“在学理方面，他们（指古代中国人——笔者注）对伦理学了解最深；但因为他们没有任何辩证法则，所以无论是讲或写的时候，都不按科学方法，而是想直觉能力之所及，毫无条理可言，提出一些格言和论述”[②]。这种“不按科学方法”和“毫无条理可言”的判断基本符合中学治学传统的事实。因此，要发展自然科学就必须引进和学习西方的科学方法，这也正是严复方法论的时代价值所在。

其一，提倡面向自然的意义。20世纪伟大的科学家爱因斯坦就曾讲过，近代科学之所以诞生在西方得益于古希腊哲学家发明的形式逻辑体系和文艺复兴以来对系统的实验的重视，而在二者之间，他认为，后者对于科学发展或获取科学知识来讲更为重要：“纯粹的逻辑思维不能给我们任何关于经验世界的知识；一切关于实在的知识，都是从经验开始，又终结于经验。用纯粹逻辑方法所得到的命题，对于实在来说完全是空洞的。由于伽利略看到了这一点，尤其是由于他向科学界谆谆不倦地教导了这一点，他才成为近代物理学之父——事实上也成为整个近代科学之父。”[③]严复重视经验原则可谓抓住了西方科学方法的一个重要或具有基础性的侧面，它直接冲决的是传统“心性之学”重“玄思”轻“自然”的思想藩篱，对于从爬梳故纸堆，求大义于微言的中国传统学术转向对自然的研究，发展自

① 王栻. 严复集（第一册）[M]. 北京：中华书局，1986：95-96.

② [意]利玛窦. 利玛窦全集1：利玛窦中国传教史（上）[M]. 刘俊馀，王玉川译. 台北：光启出版社，辅仁大学出版社，1986：23.

③ [美]爱因斯坦. 爱因斯坦文集（第一卷）[M]. 徐良英，范岱年编译. 北京：商务印书馆，1976：313.

然科学具有重要的解放思想的意义。

其二，重视逻辑的意义。中国传统学术史在逻辑学领域也曾取得一些重要的成果，但客观而言，对逻辑理论的发展确实是中国传统学术的薄弱环节。墨家在“名”“实”关系的争论中可见逻辑学方面的学问，其中，《墨经》可谓一部具有代表性的逻辑学著作，但在战国之后，该学中绝无继，正如晚清学者孙诒让在《墨子间诂》中所讲的“汉、晋以降，其学几绝，而书仅存，然治之者殊鲜”[①]，魏晋玄学的“辩名析理”固然在一定程度上拔高了人们的理论思维能力，但对后世的影响显然没有达到应有的广度与深度。到唐宋时期，印度佛教哲学的传入尽管在此时已基本完成本土化，而且促成了中国本土宗教——道教的诞生，并对宋明理学的兴起起到了一定的催化作用，但与其同时来到中土的因明学却未引起人们同等的注意，并未产生广泛而深刻的影响。明清之际，伴随第一次西学东渐，在来华耶稣会士和本土具有实学精神的先进士人的共同努力下，西方一些重要的逻辑学著作开始出现在中国，例如，意大利传教士利玛窦与徐光启合译的欧几里得的《几何原本》（前六卷），葡萄牙传教士傅汎际与李之藻合译的《名理探》等，但是问津者不多，而且囿于雍正时期“礼仪之争”等原因而导致的西学东渐的中断，其后百年间，无论是中国本土逻辑学，抑或西方逻辑理论的引介都无所建树。考虑到逻辑学是思维之学，因此，从改造国人思维方式、培养理论思维能力的角度来讲，严复通过传播西方逻辑学理论并形成的逻辑学思想就在中国思想史上具有重大的意义，因而他被称为“对传统思维方式最早提出质疑与诘难，并通过西方逻辑学对其进行改造的第一人”[②]。

## 第二节　格致与科学在方法上的差异

“科学”一词出现之前，中国传统学术术语“格物”“致知”（略称“格致”）在中西文化交流中发挥了重要作用，成为高频词语。然而有学者通过检索先秦两汉至魏晋南北朝经典儒家文献后指出：“格物”“致知”

① [清]孙诒让. 墨子间诂（上）[M]. 孙启治点校. 北京：中华书局，2001：2.

② 陈国庆. 晚清新学史论[M]. 西安：三秦出版社，2003：262.

这两词仅仅出现在《大学》中；而由“格物”“致知”两词连用而产生的“格致”一词，居然一次都没有出现。并指出，在宋之前的经典文献中，它们都不是常用词语。“格物”“致知”最初是作为“修齐治平”的基础，以实现人“明明德”而“入于圣贤之域”，也因之成为中国古代政治伦理的重要内容，基本与自然研究无涉。直至唐宋，格致论始有认识自然的意蕴，特别是宋儒理学家格致论中自然研究的意识和实践最具代表性。例如，程颢（1032—1085）、程颐（1033—1107）（世称“二程”）提出，“天下物皆可以理照，有物必有则，一物须有一理”①；朱熹（1130—1200）更是将知识视为道德的基础，并提出：“是以《大学》始教，必使学者即凡天下之物，莫不因其已知之理而益穷之，以求至乎其极。”②既然是“即凡天下之物”都有其理、都当穷之，那么，开展自然研究也理应成为格物的内容。事实上，宋儒理学家非常重视研究自然，朱熹就被李约瑟称为“一位深入观察各种自然现象的人”③。这也正是格致在两次西学东渐的特殊时期被先进士人用以指代“科学”的重要原因之一。然而，中西格致各有其渊源，学术旨趣、方法、内容等各个方面差异很大，如何认识二者之间的关系就成为当时亟须解决的重大观念认识问题。1889 年，李鸿章（1823—1901）就曾给上海格致书院的考生命题西学格致源流及与中国格致的比较，《万国公报》也曾以类似的主题向社会征文。而且，也正是在中西格致词语互释的过程中，中西文化发生了更为深入的交流与对话，是科学文化东渐的阶段性历史过程。

正如上文所言，严复特别重视学术方法的近现代化，他认为方法的异同导致古今中外学术体系的不同：“学问之事，往往因所由涂术不同，其得果因而大异。”④严复活跃于中国思想舞台的早期，同样曾以格致对应西方科学，他也是较早深刻认识中西格致差异的人。他从材料的收集（考

---

① [宋]程颢，程颐. 二程集（第一册）[M]. 王孝鱼点校. 北京：中华书局，1984：193.

② [宋]朱熹. 朱子全书（第 6 册）[M]. 朱杰人，严佐之，刘永翔主编. 上海：上海古籍出版社，合肥：安徽教育出版社，2002：20.

③ [英]李约瑟. 李约瑟文集[M]. 潘吉星主编. 沈阳：辽宁科学技术出版社，1986：521.

④ 王栻. 严复集（第五册）[M]. 北京：中华书局，1986：1247.

订）、提取一般性认识（贯通）和验证所得一般性认识的可靠性（试验）等治学方法的三个层面对中国传统格致和西学格致进行了系统、认真的比较，从方法论上指出了两者之间的差异，不仅成为时人认识西方科学文化的重要思想来源之一，而且对当下重新审视和创新中国传统文化以及培育适应科学发展的新的文化传统具有重要的启示意义。

## 一、如何格物："读书穷理"与"即物穷理"

### （一）"穷理之必要在于读书"

宋儒理学家提出和论证了面向自然、开展自然研究的必要性，并身体力行地进行观察和研究自然的活动。例如，朱熹就对天文、山川、河泽、动植物表现出了浓厚的兴趣。对此，钱穆就有所评价，"朱子言格物，涵义深广，决非专指自然科学。但自然科学方面之探究，亦在朱子所言格物范围之内，则无疑义"[①]。

但是，自然研究是宋儒理学家格致论的主要途径吗？或者说，朱熹将格物解释为"即物而穷其理"，那么，穷理的主要途径是什么呢？二程提出："穷理亦多端：或读书，讲明义理；或论古今人物，别其是非；或应接事物而处其当，皆穷理也。"[②]并进一步讲，"诵《诗》、《书》，考古今，察物情，揆人事，反覆研究而思索之，求止于至善，盖非一端而已也"[③]。可见，在二程看来，即物穷理有多种途径，或从书本中汲取，或从历史人物和事件中获得，或从直接应对外在事物中积累。

朱熹讲他的思想源自二程，他说："一书不读，则阙了一书道理；一事不穷，则阙了一事道理；一物不格，则阙了一物道理。须着逐一件与他理会过。"[④]但在即物穷理的多种途径中，他主张以读书为要。与其他理

① 钱穆. 朱子新学案（下）[M]. 成都：巴蜀书社，1986：1858-1859.

② [宋]程颢，程颐. 二程集（第一册）[M]. 王孝鱼点校. 北京：中华书局，1984：188.

③ [宋]程颢，程颐. 二程集（第四册）[M]. 王孝鱼点校. 北京：中华书局，1984：1191.

④ [宋]朱熹. 朱子全书（第 14 册）[M]. 朱杰人，严佐之，刘永翔主编. 上海：上海古籍出版社，合肥：安徽教育出版社，2002：477.

学家一样，朱熹亦非常重视圣人之言，他说："至论天下之理，则要妙精微，各有攸当，亘古亘今，不可移易。唯古之圣人为能尽之，而其所行所言，无不可为天下后世不易之大法。"[①]而在不易之圣人言中，包含对万事万物的认识智慧，"夫天下之物莫不有理，而其精蕴则已具于圣贤之书，故必由是以求之"[②]。从中鲜明表露出朱熹穷理以读书为重的倾向性，他认为读好圣贤书，即可识得万事万物之理，包括伦理道德、人之性情。当然，也包括含有自然的外在的世界。故而，他强调，"为学之道，莫先于穷理，穷理之要必在于读书"[③]。

事实上，宋儒理学家中读书为重的观念非常普遍。二程门人杨时（1053—1135）就很推崇研读儒家经典、求诸圣人之言，他认为，"学者必以孔孟为师"[④]，为学之道必不能"舍先圣之书"[⑤]，"学而不求诸孔孟之言则末矣"[⑥]。许谦（1269—1337）在论及穷理的多种方式之关系时，亦认为"然三事又当以读书为先"[⑦]。朱熹门人王柏（1197—1274）不仅指出，读书、论古今人、应接事物，"虽此三言"，但是"包括已尽"，而其"先后之序，又有不可紊者，必以读书居于先，应事接物居于后"[⑧]，并且将读书作为认识事物的基本前提，"虽事事物物，固皆有当然之理，与其所以然之故，不读书，则无以识其事事物物之则也"[⑨]。

① [宋]朱熹. 朱子全书（第20册）[M]. 朱杰人，严佐之，刘永翔主编. 上海：上海古籍出版社，合肥：安徽教育出版社，2002：669.

② [宋]朱熹. 朱子全书（第23册）[M]. 朱杰人，严佐之，刘永翔主编. 上海：上海古籍出版社，合肥：安徽教育出版社，2002：2811.

③ [宋]朱熹. 朱子全书（第20册）[M]. 朱杰人，严佐之，刘永翔主编. 上海：上海古籍出版社，合肥：安徽教育出版社，2002：668.

④ 乐爱国. 朱子格物致知论研究[M]. 长沙：岳麓书社，2010：24.

⑤ 乐爱国. 朱子格物致知论研究[M]. 长沙：岳麓书社，2010：23.

⑥ 乐爱国. 朱子格物致知论研究[M]. 长沙：岳麓书社，2010：24.

⑦ [元]许谦. 读四书丛说（一）[M]. 北京：商务印书馆，1936：25.

⑧ [宋]王柏. 鲁斋集（补遗附录）（三）[M]. 北京：中华书局，1936：170.

⑨ [宋]王柏. 鲁斋集（补遗附录）（三）[M]. 北京：中华书局，1936：170.

### （二）“人之学问，非仅读书”

对此，严复直言道：“夫朱子以即物穷理释格物致知，是也；至以读书穷理言之，风斯在下矣。”[①]他引用英国哲学家、生物学家赫胥黎的话讲，“读书得智，是第二手事”[②]，并指出这是“格物家所最忌者”[③]。因为在他看来，以读书为重，乃至走上“除六经外无书，即云除六经外无事理也”[④]这样的歧途，首先反映出中国传统治学的眼光是向后的，缺乏开拓精神。这也恰恰是与“西之人力今以胜古”[⑤]相异趣的“中之人好古而忽今”[⑥]的风俗在学术上的反映，即宗经征圣，迷信古人，常常以不及古人为恨，其结果必然是“因人作计，终当后人”[⑦]，不仅难获新知，即使古人之真知亦未必能继承好。其次，这种泥古习气在一代一代学人间传下去，其后果尤为可惧，“少日就傅读书，其心习已成牢锢，及其长而听言办事，亦以如是心习行之”[⑧]，亦即知识分子群体中难以培养起“尚实”心习。最后，知识群体的这种风气流传到社会，带来整个民族缺乏批判进取的意识和精神，他说：“是以社会之中常有一哄之谈，牢不可破，虽所言与事实背驰，而一犬吠影，百犬吠声之余，群情汹汹，驯至大乱，国之受害，此为厉阶。”[⑨]因此，他严厉批判道：“皆在文字楮素之间，而不知求诸事实。一切皆资于耳食，但服膺于古人之成训……而未尝亲为观察调查，使自得也。”[⑩]

当然，讲宋儒理学家“未尝亲为观察调查”，难免有些绝对。前文已

① 王栻. 严复集（第一册）[M]. 北京：中华书局，1986：29.
② 王栻. 严复集（第一册）[M]. 北京：中华书局，1986：29.
③ 王栻. 严复集（第一册）[M]. 北京：中华书局，1986：93.
④ [英]耶方斯. 名学浅说[M]. 严复译. 北京：商务印书馆，1981：65.
⑤ 王栻. 严复集（第一册）[M]. 北京：中华书局，1986：1.
⑥ 王栻. 严复集（第一册）[M]. 北京：中华书局，1986：1.
⑦ 王栻. 严复集（第一册）[M]. 北京：中华书局，1986：93.
⑧ 王栻. 严复集（第二册）[M]. 北京：中华书局，1986：281.
⑨ 王栻. 严复集（第二册）[M]. 北京：中华书局，1986：281.
⑩ 王栻. 严复集（第二册）[M]. 北京：中华书局，1986：281.

提到很多宋儒大家非常重视对自然的观察研究，而且朱熹对前人之论亦有批判的自觉。例如对《尚书·禹贡》进行研读和实地考察后，他指出《禹贡》文本中对一些地方的记载描述与实际情况“全然不合”，并对很多不正确的地方做了纠正。这在其所处的时代是一种了不起的自觉，体现了难能可贵的批判和求实精神。但整体而言，宋儒理学家自然研究只是“察物”之中并不突出重要的一个部分，是以服务“道德性命”为目标，乃至为着这个目的有时还不得不“削足适履”，即严复所讲“强物就我”。因此，这种批判精神很难全方面展开并将其贯彻到底。而且“察物”较之“读书”又为轻的观点在宋明理学家中较为普遍，并体现在自然研究中。例如，朱熹在自然研究上，很多精力放在阅读和考证古书中记载的自然知识上。其原因，正如有学者评价：“这与他把读书看做格物致知的重要途径，强调‘穷理之必要在于读书’，不无关系。”[①]也正是在这个层面上看，严复之言虽有过其实，但大概不失重症猛药之意。而且，事实上，严复也并非一般地反对读书和否定宋明理学格物致知论，而是反对即物穷理走向“读书穷理”一途，正如他所言“人之学问，非仅读书”[②]。

那么，除读书之外，“即物穷理”更应该重视什么样的途径以获新知呢？

严复提倡：“吾人为学穷理，志求登峰造极，第一要知读无字之书。”[③]这就是说，要真正求得万事万物之理，特别是在自然研究上，不能仅仅依靠书本，要直面自然，“格物致知之事……方其始也，必为其察验”[④]。这也正是中西格致最终大为不同的重要原因之一，他说，“夫西洋之于学，自明以前，与中土亦相埒耳”[⑤]。但后来，西学格致“言学则先物理而后文词，重达用而薄藻饰。且其教子弟也，尤必使自竭其耳目，

① 乐爱国. 朱子格物致知论研究[M]. 长沙：岳麓书社，2010：210.

② 王栻. 严复集（第二册）[M]. 北京：中华书局，1986：468.

③ 王栻. 严复集（第一册）[M]. 北京：中华书局，1986：93.

④ 王栻. 严复集（第二册）[M]. 北京：中华书局，1986：280.

⑤ 王栻. 严复集（第一册）[M]. 北京：中华书局，1986：29.

自致其心思，贵自得而贱因人，喜善疑而慎信古”[①]。而中土学术依然如故。所以，要求新求变，首要的就是在学术上“能观物观心者，读大地原本书”[②]。这也正是他所言“大抵学以穷理，常分三际”[③]的第一层功夫“考订”，亦即广泛收集资料并分类加以规整。严复解释说：“考订或谓之观察，或谓之演验。”前者主要针对日月星辰等人力不可控制之物予以细心、耐心的观察记录；后者主要是指开展可控试验。而“观察演验，二者皆考订之事而异名者”，其目的就是要“聚列同类事物而各著其实”[④]，为归纳提炼一般性认识奠定了扎实的材料基础。

## 二、如何贯通：类推与归纳

### （一）“推类以尽其余”

材料的收集还只是认识事物之理的第一步，而万事万物千变万化，如何能把握其理呢？宋儒认为“理一分殊”，但如何由“分殊”达到“理一”，亦即，既然万物皆是一理，那么，对具体一事一物的透彻认识是否就达到对万事万物的认识呢？二程指出，格一物只是个入门功夫，需要不断积累，“若只格一物便通众理，虽颜子亦不敢如此道。须是今日格一件，明日又格一件，积习既多，然后脱然自有贯通处”[⑤]。而具体的事物难易有别、名目繁多，需要一件一件全部穷其理吗？对于难易有别，二程建议，或先易后难，或先难后易，根据人的智识高低选择，“如一事上穷不得，且别穷一事，或先其易者，或先其难者，各随人深浅”[⑥]。对于名目繁多，二程认为，“非是要尽穷天下之物，但于一事上穷尽，其他可以类推”[⑦]。就是说，一方面主张一件一件格，积累以贯通，另一方面又认为不需要穷尽

① 王栻. 严复集（第一册）[M]. 北京：中华书局，1986：29.
② 王栻. 严复集（第一册）[M]. 北京：中华书局，1986：93.
③ 王栻. 严复集（第一册）[M]. 北京：中华书局，1986：93.
④ 王栻. 严复集（第一册）[M]. 北京：中华书局，1986：93.
⑤ [宋]程颢，程颐. 二程集（第一册）[M]. 王孝鱼点校. 北京：中华书局，1984：188.
⑥ [宋]程颢，程颐. 二程集（第一册）[M]. 王孝鱼点校. 北京：中华书局，1984：157.
⑦ [宋]程颢，程颐. 二程集（第一册）[M]. 王孝鱼点校. 北京：中华书局，1984：157.

所有事物，可以以已知事物通过类推的方式获得对未知事物的认识。

朱熹同样认为万理同归一理，“然虽各自有一个理，又却同出于一个理尔。如排数器水相似：这盂也是这样水，那盂也是这样水，各各满足，不待求假于外。然打破放里，却也只是个水”[①]。因此也非常推崇“类推”，他讲，必须要“推类以尽其余”，否则如何能识得万物之理？并对如何“推类”做了进一步阐释。

《朱子语类》中有一段对话。蜚卿问：“比类，莫是比这一个意思推去否？”朱熹答：“固是。”[②]并指出，类推的前提“须是劈初头要理会教分晓透彻”[③]，然后“从已理会得处推将去”[④]。这也即是二程主张由透彻认识一物以比类他物思想的继承，那么如何算是“分晓透彻”？朱熹举例说：“如有一物，凡十瓣，已知五瓣，尚有五瓣未知，是为不尽。如一镜焉，一半明，一半暗，是一半不尽。格尽物理，则知尽。”[⑤]亦即要达到表里粗精无不到方为止。而且，朱熹主张类推应当循序渐进，“就近推将去”[⑥]，“不要跳跃望远，亦不是纵横陡顿”，他举例道：“如识得这灯有许多光，便因这灯推将去，识得那烛亦恁地光。”[⑦]可见，朱熹认为只要如此由近及远地“挨将去”，那么就会“次第都能理会得”[⑧]。通过“举一而反三，闻一而知十”[⑨]的推类后便能融会贯通，以此穷尽事理。

宋儒格致论主张在横向上对事物进行直观经验的类比，通过这样类比

① [宋]黎靖德. 朱子语类(第2册)[M]. 王星贤点校. 北京：中华书局，1986：398-399.
② [宋]黎靖德. 朱子语类（第4册）[M]. 王星贤点校. 北京：中华书局，1986：1202.
③ [宋]黎靖德. 朱子语类（第4册）[M]. 王星贤点校. 北京：中华书局，1986：1202.
④ [宋]黎靖德. 朱子语类（第2册）[M]. 王星贤点校. 北京：中华书局，1986：416.
⑤ [宋]黎靖德. 朱子语类（第1册）[M]. 王星贤点校. 北京：中华书局，1986：295.
⑥ [宋]黎靖德. 朱子语类（第4册）[M]. 王星贤点校. 北京：中华书局，1986：1.
⑦ [宋]黎靖德. 朱子语类（第4册）[M]. 王星贤点校. 北京：中华书局，1986：1203.
⑧ [宋]黎靖德. 朱子语类（第4册）[M]. 王星贤点校. 北京：中华书局，1986：1203-1204.
⑨ [宋]朱熹. 朱子全书（第22册）[M]. 朱杰人，严佐之，刘永翔主编. 上海：上海古籍出版社，合肥：安徽教育出版社，2002：2460.

来解释不同的事物，以“积累多后，自当脱然有悟处”①。对于自然的研究也大致如此。例如，对于雪花为什么呈六角形，就通过直观类比推理的方式解释说：“雪花所以必六出者，盖只是霰下，被猛风拍开，故成六出。如人掷一团烂泥于地，泥必溅开成棱瓣也。”②又如，古人还多用阴阳的类比推理来说明自然界的变化，如“阳唱而阴和，故雨”“电者阴阳相轧，雷者阴阳相击也。轧者如石相磨而火光出者，电便有雷击者是也”“冬寒夏暑，阴阳也”③，等等。

### （二）“类异观同，道通为一”

程朱格致论“类推”方法，当然还不能算作当代逻辑所讲的推理，“但自运作原理、运作程序和运作目的上，二者是非常近似的”④。简言之就是从已经清楚的事物（个别）或原理（一般）去推断具有某些共同特征的、尚待认识的事物。自然科学研究领域也常常用到这种方法。严复也很认可和宣传这种推理方法，他认为，人的认识离不开“据已知以推未知，征既然以睹未然”⑤。但在他看来，中国古代学术很难从这种方法中确保获得正确的认识。因为所谓的已经清楚的事物或原理并非西学格致的“大法公例”，亦即不是对事物的客观规律性的认识。他说：“若五行支干之所分配，若九星吉凶之各有主，则虽极思，有不能言其所以然者矣。无他，其例之立根于臆造，而非实测之所会通故也。”⑥以这种不能确保自身正确的理论为出发点去认识新的事物，即使程序合理合法，其结果也难以保真。

相反，严复讲，西学格致所得公例“必无时不诚”，具有客观性、精

---

① 黎靖德. 朱子语类（第 2 册）[M]. 王星贤点校. 北京：中华书局，1986：396.

② 黎靖德. 朱子语类（第 1 册）[M]. 王星贤点校. 北京：中华书局，1986：23.

③ [宋]程颢，程颐. 二程集（第一册）[M]. 王孝鱼点校. 北京：中华书局，1984：36，57，121.

④ 周光庆. 朱熹建构的类推诠释方法论发微[J]. 长江学术，2015，（02）：1

⑤ [英]穆勒. 穆勒名学[M]. 严复译. 北京：商务印书馆，1981：7.

⑥ 王栻. 严复集（第四册）[M]. 北京：中华书局，1986：1047.

确性等特质，而其原因就在于它是在材料收集整理基础上的“类异观同，道通为一”[①]，这也正是他所讲的“穷理三际”的第二层功夫“贯通”。他详细解释道：“穷理致知之事，其公例皆会通之词，无专指者。……理如水木然，由条寻枝，循枝赴干，汇归万派，萃于一源；至于一源，大道乃见。道通为一，此之谓也。”[②]

那么，经验材料如何通过“贯通”以实现“道通为一”？

“贯通”（或为“会通”），指的是在观察实验的基础之上进一步深入事物的“所以然之理”层面，从而通过发现规律性的认识，获取“公例”达到“道通为一”的理论高度。而其中关键在于“内籀（归纳）外籀（演绎）之术”，这里指出归纳法、演绎法是西方自然科学的两种重要方法，是“即物穷理之最要涂术”。严复认为，“若问西人后出新理，何以如此之多，亦即此而是也。而于格物穷理之用，其涂术不过二端。一曰内导；一曰外导”[③]。这就是说，西方自然科学之所以能够不断获得认识事物本质的能力就在于其归纳法、演绎法。

严复第一次对“内籀”“外籀”做界定是在 1896 年《天演论》手稿本“赫胥黎治功天演论”中。他解释道：“内导云者，察其曲而见其全者也，推其微以概其通者也；外导云者，据大法而断众事者也，设定数而逆未然者也。”[④]内籀是指通过对一类事物的观察分析从而获取对这一类事物的一般性理论，也就是以其细微而见之大。而外籀则反之，其是指通过所获有的一般性的理论，进而推断出对个别事物的认识。

严复深受西方实证主义方法论影响，认为归纳法更为重要而演绎法较之归纳法不具有独立性，是归纳法的一个环节，他说：“夫外籀不与内籀对也，实为内籀之一术。”[⑤]此外，在严复看来，归纳法与演绎法又是相互作用、不可二分的。他说道：“公例无往不由内籀，不必形数公例而独

① 王栻. 严复集（第一册）[M]. 北京：中华书局，1986：93.
② 王栻. 严复集（第四册）[M]. 北京：中华书局，1986：1042.
③ 王栻. 严复集（第一册）[M]. 北京：中华书局，1986：94.
④ 王栻. 严复集（第五册）[M]. 北京：中华书局，1986：1411.
⑤ [英]穆勒. 穆勒名学[M]. 严复译. 北京：商务印书馆，1981：229-230.

不然也。于此见内外籀之相为表里，绝非二途。……乃极少数之公论，得此而一切世界之常然，皆可执外籀而推知之。”[①]严复这一思想认识与他受到的西方逻辑理论影响有直接的关系。在其译介的《穆勒名学》中，就对内籀、外籀之术的关系做了明确的说明：“众因成果，现象斯繁，欲籀其例，则内籀之术不足专用，而格物家所操持，于是有外籀之术。非纯用外籀也，亦举其大者以称之云耳。故外籀之术有三候焉：始于内籀之实测，一也。继用联珠之推勘，二也。终以实行之印证，三也。”[②]而严复在之后的案语中也表明了对这一内籀、外籀之术关系的认可，“是以明诚三候，阙一不可。阙其前二，则理无由立；而阙其后一者，尤可惧也”[③]。至此可知，虽然严复更为重视归纳法，但他同时又认为学问的获取不能仅依靠内籀之术，而是要内籀、外籀相互作用。他解释道，西学格致（狭义意义上）的目的就是要透过自然现象认识其背后的不以人的意志为转移的自然规则，但是自然规则并不自然而然显现在人的面前，需要在大量经验材料的基础上提炼出一般性认识，这就离不开归纳法、演绎法。

## 三、如何确信：反求于心与验之于外

### （一）“明万理于心，而使之无所疑”

在严复看来，考订与贯通是取得科学知识的必经途径，“考订既详，乃会通之以求其所以然之理，于是大法公例生焉”[④]。但是，这还不能确保所获的知识就是真理性知识，还需要进一步加以验证。

正如上文所言，宋儒理学家具有难能可贵的实践品格，但在认识论上基本属于先验论者。朱熹观念中肯定“人自有生即有知识”[⑤]“心包万理，万

① 王栻. 严复集（第四册）[M]. 北京：中华书局，1986：1050-1051.
② 王栻. 严复集（第四册）[M]. 北京：中华书局，1986：1053.
③ 王栻. 严复集（第四册）[M]. 北京：中华书局，1986：1053.
④ 王栻. 严复集（第一册）[M]. 北京：中华书局，1986：93.
⑤ [宋]朱熹. 朱子全书（第 21 册）[M]. 朱杰人，严佐之，刘永翔主编. 上海：上海古籍出版社，合肥：安徽教育出版社，2002：1315.

理具于一心”①，他认为一切知识都早已先验地存在于人的内心，而且将其视为人与动物相区别的标志，“方寸之间，虚灵洞彻，万理咸备。盖其所以异于禽兽者正在于此”②。而格致就是发现“人心之灵莫不有知”③之“知”，他说：“若尽心云者，则格物穷理，廓然贯通，而有以极夫心之所具之理也。”④因此，主张在穷理于外物的同时又须求于“心”，使“此心之真，此理之正”⑤。朱熹说道：“得于外者也，若专恃此而不反之心，以验其实，则察之不精，信之不笃，而守之不固矣，故必思索以精之，然后心与理熟，而彼此为一。”⑥指出要通过严谨的思维活动，以达到对事理“验实”“察精”“信笃”“守固”的目的。朱熹认为，“思之谨，则精而不杂，故能有所自得而可以施其辨；辨之明，则断而不差，故能无所疑惑而可以见于行”⑦。据此可见，宋儒格致论还要求依靠思辨的方式来对所得事物之理进行证实、辨伪、去疑，使得“明万理于心，而使之无所疑”⑧。

### （二）“试验愈周，理愈靠实矣”

严复认为，中国传统治学在以读书为主要方式的过程中，往往会随着不同的人对书本中的文词理论有着不同的解读，而难以保证后学者获得正

---

① [宋]朱熹. 朱子全书（第 14 册）[M]. 朱杰人，严佐之，刘永翔主编. 上海：上海古籍出版社，合肥：安徽教育出版社，2002：306.

② [宋]朱熹. 朱子全书（第 6 册）[M]. 朱杰人，严佐之，刘永翔主编. 上海：上海古籍出版社，合肥：安徽教育出版社，2002：507.

③ [宋]朱熹. 朱子全书（第 6 册）[M]. 朱杰人，严佐之，刘永翔主编. 上海：上海古籍出版社，合肥：安徽教育出版社，2002：20.

④ [宋]朱熹. 朱子全书（第 23 册）[M]. 朱杰人，严佐之，刘永翔主编. 上海：上海古籍出版社，合肥：安徽教育出版社，2002：3278.

⑤ [宋]朱熹. 朱子全书（第 23 册）[M]. 朱杰人，严佐之，刘永翔主编. 上海：上海古籍出版社，合肥：安徽教育出版社，2002：3278，543.

⑥ [宋]朱熹. 朱子全书（第 6 册）[M]. 朱杰人，严佐之，刘永翔主编. 上海：上海古籍出版社，合肥：安徽教育出版社，2002：594.

⑦ [宋]朱熹. 朱子全书（第 6 册）[M]. 朱杰人，严佐之，刘永翔主编. 上海：上海古籍出版社，合肥：安徽教育出版社，2002：593.

⑧ [宋]陈淳. 北溪字义[M]. 熊国祯，高流水点校. 北京：中华书局，1983：77.

确的知识，即“且人心见解不同，常常有误，而我信之，从而误矣”①，但同时又较为普遍地缺乏对古人之说的考证，“事后于古人所垂成例，又无印证之勤”②，这样往往导致古人之错难以识见，即使古人之对亦不知所以对。他举例道，中国人对一类事物的命名，往往不验其实，“五纬非星也，而名星矣；鲸、鲲、鲟、鳇非鱼也，而从鱼矣；石炭不可以名煤，汞养不可以名砂，诸如此者不胜偻指”③。对此，他感慨道：“不实验于事物，而师心自用，抑笃信其古人之说者，可惧也夫!”④

严复信奉英国经验论者的主张“心体为白甘，而阅历为采和”⑤。他指出：“盖天生人，与以灵性，本无与生俱来预具之知能。”⑥亦即没有人有先知之能，所有的知识都是在包括科学活动在内的实践基础上获得的，是对客体的反映，所以验证所得之知识不能靠察之于心。相反，“盖我虽意主，而物为意因，不即因而言果，则其意必不诚”⑦。也就是说，我们的知识来源于实践，其可靠性也就必须验之于事，正如他所言：“是故吾心之所觉，必证诸物之见象，而后得其符。”⑧而这也正是西学格致具有强大生命力和解释力的原因所在，“一理之明，一法之立，必验之物物事事而皆然，而后定之为不易。其所验也贵多，故博大；其收效也必恒，故悠久；其究极也，必道通为一，左右逢原，故高明”⑨。他举例说，进化论刚提出来的时候，有人认为它反映了生物世界发展的本质规律，也有人认为它是歪门邪说，一时聚讼纷纭。但是后来认可其理论的人越来越多，其原因，就是进化论来源于实践，是“目治手营，穷探审论”的学问，而且，不断积累和日益丰富的生物界证据显现出进化论的正确性，“其种已

① 王栻. 严复集（第一册）[M]. 北京：中华书局，1986：93.
② 王栻. 严复集（第二册）[M]. 北京：中华书局，1986：281.
③ 王栻. 严复集（第四册）[M]. 北京：中华书局，1986：1031.
④ 王栻. 严复集（第四册）[M]. 北京：中华书局，1986：1032.
⑤ 王栻. 严复集（第四册）[M]. 北京：中华书局，1986：1050.
⑥ 王栻. 严复集（第五册）[M]. 北京：中华书局，1986：1243.
⑦ 王栻. 严复集（第四册）[M]. 北京：中华书局，1986：1037.
⑧ 王栻. 严复集（第二册）[M]. 北京：中华书局，1986：238.
⑨ 王栻. 严复集（第一册）[M]. 北京：中华书局，1986：45.

灭，为今所无。于是虫鱼禽互兽人之间，衔接迤演之物，日以渐密，而达氏之言乃愈有征”[①]。可以说“检验是认识方式的重要一环。离开检验，认识结果的真伪不能判定，认识无所遵循，势必会影响认识活动的正常进行”[②]。在严复看来，通过试验验证的方式来检验知识的真理性，从而可以达到“黜伪崇真”“不易之定论”的效果。不仅如此，在严复所提出“穷理”的三个方法中，最推崇的就是“试验”这一层的功夫，也就是说在通过前两层功夫后所取得的知识还需进一步经验与实践的证实，从而来确保知识的真理性。在《穆勒名学》中，穆勒也就此表示说：如果想要取得客观真理“内籀之术不足专用”，还要“终以实行之印证”。严复亦追随其脚步说，“是以明诚三候，阙一不可。阙其前二，则理无由立；而阙其后一者，尤可惧也”[③]。此处“三候”分别是指“归纳实测”“演绎推理”“印证”。即严复表达了理论的确立不可缺少任何一个步骤，“印证”的功夫是判定公例正确与否的关键所在。

至于检验的标准，严复在不同的文章有不同的表述。例如，在《名学浅说》中说道，“虽系前圣所已言，已怀所先有，乃至人人所共信者，皆就实事试察信否”[④]，提出“实事”的标准；他在《译斯氏〈计学〉例言》中说，“今夫理之诚妄，不可以口舌争也，其证存乎事实”[⑤]，提出“事实”标准。又如，在《〈阳明先生集要三种〉序》和《救亡决论》中分别提出的“物”“物物事事”的标准：“是故吾心之所觉，必证诸物之见象，而后得其符。”[⑥]“一理之明，一法之立，必验之物物事事而皆然，而后定之为不易。”[⑦]尽管其说法不全然相同，但是可将其本意认为是客观的事物和客观实际。

---

① 王栻. 严复集（第五册）[M]. 北京：中华书局，1986：1325.

② 马来平. 探寻儒学与科学关系演变的历史轨迹——中国近现代科技思想史研究[M]. 上海：上海古籍出版社，2015：242.

③ 王栻. 严复集（第四册）[M]. 北京：中华书局，1986：1053.

④ [英]耶方斯. 名学浅说[M]. 严复译. 北京：商务印书馆，1981：66.

⑤ 王栻. 严复集（第一册）[M]. 北京：中华书局，1986：99.

⑥ 王栻. 严复集（第二册）[M]. 北京：中华书局，1986：238.

⑦ 王栻. 严复集（第一册）[M]. 北京：中华书局，1986：45.

因此在严复看来，欲达到和获取“所由在在见极，不可复摇”的知识，离不开“穷理三际”的第三层功夫，他说：“近世格致家乃救之以第三层，谓之试验。试验愈周，理愈靠实矣，此其大要也。”①

以上穷理之“三际”即是严复所言格致方法的三个具体步骤，可以看出，严复对西方科学技术和社会发展有着较为深入的理解，认识到科学的方法才是科学得以取得突飞猛进的原因。他讲道：“洎有明中叶，柏庚起英，特嘉尔起法，倡为实测内籀之学，而奈端、加理列倭、哈尔维诸子，踵用其术，因之大有所明。”②

通过上述分析可见，严复不光使治学方法有了较为完整的步骤、体系，更重要的是将西方近代实证主义的科学方法纳入到了传统格致学的方法中来，使其含有了科学性和标准性。这就使格致学问建构在了近代科学方法论的层面上，具备了近代科学知识体系的雏形，使得我国格致学走上了近代科学发展的道路。

## 四、小结

用冯友兰的话来讲，“严复是站在西学的立场，以西学为主，从西学看中学，对于中学作‘格义’”③，是“以今释古”④。也就是说，中西格致，是两种学术的比较，不仅体现在中西之间，而且含有古今对话之意。事实上，考虑到近代西学格致是以科学文化为核心的一种文化体系，而中学格致本质上是一种人文文化，那么中西格致之间，还有一层科学文化与人文文化对话的意义。因此，尽管严复侧重于从实证主义方法论的角度来看待和要求中国传统格致，难免存在对中学解读不准确或过度解读的地方。比如，宋明理学兴盛之时，不仅在中国，在西方，自然科学也还寄居在神学、自然哲学之中，所以不能苛求此一时期的理学格致论开出近代科学的新局面；甚至可以讲，正是宋明理学格致论的新发展为两次西学东渐中国

① 王栻．严复集（第一册）[M]．北京：中华书局，1986：93.
② 王栻．严复集（第五册）[M]．北京：中华书局，1986：1385.
③ 冯友兰．中国哲学史新编（下卷）[M]．北京：人民出版社，2007：426.
④ 冯友兰．中国哲学史新编（下卷）[M]．北京：人民出版社，2007：429.

人接受科学奠定了重要的理论准备和心理基础。但是，严复关于中西格致的比较和认识，不仅是当时国人反思自我、认识他者的重要思想资源，而且对我们当今认真审视中国传统文化、科学本土化、科学文化与人文文化融合等重大思想观念问题依然散发着智慧之光。

历史地看，儒释道融合，是中华文化史上的一件大事。那么，这三者是如何实现融合，并由兹造就了一次中华文化的大发展呢？以儒学为中心来看，唐宋之间，儒学不振，从周敦颐到邵雍到张载到二程到朱熹扛起复兴儒学的大旗。挑战至少或主要来自两个方面：一是佛教；二是道教。树立自己的大旗，不能仅仅自说自话，需要应对挑战，指出对方的错误或不足。而欲指证对方，就需要用对方的话语，甚至需要非常熟悉对方的理论，这就离不开对不同文化体系之间的分析、比较与论证。这样，无论从语言上还是从内容上，儒学都有了新的因子，来自释道的因子，儒学有了变化的可能。同样，以外来的佛教看，也要应对中华固有文化的冲突，在应对这些挑战的同时，自身也有了变化的可能，这个过程就是佛教的本土化过程。道教也是这样。三者之间的互相比较、论证，这个过程，往个体说，不仅认识了对方，也更多了一个视角重新认识自身并获得了自我发展的可能；往整体说，实现了三者的融合，中国文化在那个时代又隆起一高原，而宋明理学格致论正是这高原上的一座高峰。

正是在这个意义上说，严复从学术体系的关键层面，即方法层面（当然，他也从概念、功能、体系等层面开展过中西格致的深入比较，这是另外的文章了）开展中西格致的认真比较，提供了一个新的框架来重新认识格致等中国传统学术，又为国人较为直观地把握到西学格致的含义搭建了桥梁，这也符合人们认识一个新的事物时的心理习惯。更重要的是，这个过程中，传统格致有了新的因子注入，获得了新的变化的可能；西学格致获得了一个本土化的途径；而中学格致与西学格致更有了一个从文化意义上交流乃至融合的可能。这是晚清以来以严复为代表的先进士人留给我们的重要文化遗产,也是我们当下推动中华文化创新发展和科学文化本土化，进而共同为将来打造一个适宜科学文化发展的新的文化传统的重要思想资源和路径借鉴。

## 第三节　接受与衍化：严复实证主义思想

严复科学方法论中重视经验原则和逻辑原则，以及在对西方形式逻辑的认识中又以归纳为重的思想已然显现出他的实证主义思想倾向，更具体地讲，严复的科学方法论就是在西方实证主义哲学的深刻影响下形成的。严复在接受西方实证主义哲学的核心论域，即科学方法论的同时，亦接受其认识论上的现象主义原则，但同时，中国传统文化的潜在浸染和救国图强的现实启蒙任务，使得严复在接受西方实证主义哲学的主要思想的同时亦衍化不完全相同于他的西方导师的观点。

### 一、近代中西实证主义概述

作为一种具有明确规定的哲学思潮，实证主义发端于19世纪30年代，它来源于经验主义，但更为深刻的思想根据则在于近代科学的发展。严复留学英国时期，欧洲第一代实证主义已基本具备了较为成熟的形态。“实证主义”一词最早出自法国哲学家圣西门，他的学生孔德最先较为系统地建构了实证主义哲学的理论体系。随之在40年代，英国出现了赫胥黎、斯宾塞、穆勒等实证主义哲学家。

整体来讲，实证主义哲学有以下特征①。

（1）以反对思辨形而上学为己任，“它反对柏拉图主义者在经验的所与对象之外随意设置其他对象的做法”，要求以实证科学为榜样建构科学的哲学。

（2）只承认感官经验为人类认识的源泉，并且认为人的认识能力不逾现象界，而且也没有必要认识现象背后所谓终极的原因。

（3）较为注意科学方法论的考察，意图从方法上统一科学。

实证主义之后，相继衍生出马赫主义、逻辑原子主义等。到20世纪初叶，实证主义已经成为一个国际性的思潮扩展到欧美各国和其他许多地

① [奥]鲁道夫·哈勒. 新实证主义[M]. 韩林合译. 北京：商务印书馆，1998：18-19.

区，形成了诸多流派，如美国实用主义、新实在论等，而在奥地利出现了以维也纳学派为代表的逻辑实证主义，它们大都在实证主义反对形而上学的旗帜下有了新的发展。

大致与西方实证主义兴起的同一时期，中国在引进和介绍西方实证主义哲学时，也形成了一股股实证主义思潮，而且，西方实证主义发展的各个阶段几乎在中国一一得到再现。特别是 1919 年 5 月美国实用主义者杜威来华发表演说，宣传实用主义，以及 1920 年 10 月逻辑原子主义者罗素来华系统宣传他自己的观点并推崇、传播马赫主义，进一步扩大了西方实证主义以及与其有着紧密理论渊源的哲学理论在中国社会的影响力，涌现出一大批借以实证主义哲学观念来改造中国传统文化的思想家和学者。例如，王国维自觉将实证主义方法论与中国传统治史方法结合起来，胡适、丁文江等人更是借助其理论与玄学派激烈论战，而金岳霖受早期罗素影响，一直注重认识论、方法论的研究，做出了《知识论》等一批卓著的成果。

在中国实证主义的兴起与发展过程中，严复是最早以较为系统的形式引入西方实证主义的先进人物，他在大力宣传和阐释实证主义哲学的同时，接受了它的主要思想，同时又衍化出一些不完全与西方实证主义哲学相同的新的理解与认识，从而形成了具有个人特色的思想观点，并且，他的思想“既构成了中国近代实证主义思潮的逻辑起点，又折射了近代中西哲学合流的历史走向”①。

## 二、接受：认识论上的现象主义原则

从孔德开始，一直到逻辑实证主义，西方实证主义者都非常重视方法论，甚至提出哲学就是方法论。严复的“实测内籀”之学及其中所体现的鲜明的重经验的原则和重逻辑的原则深深地内嵌于西方实证主义理论体系之中，正如有学者指出，“严复在一定意义上正是由推崇西方近代的‘实测内籀’之学（实证科学的方法）而导向实证主义”②，这种实证主义倾向表现在认识论上就是所谓的现象主义（感觉主义）原则。西方实证主义

① 杨国荣. 实证主义与中国近代哲学[M]. 上海：华东师范大学出版社，2009：10.

② 杨国荣. 实证主义与中国近代哲学[M]. 上海：华东师范大学出版社，2009：2.

与经验论传统一脉相承，在知识的来源问题上坚持经验的原则，但也将其论域限制在现象界，这两个方面在严复身上都有明显的体现，可谓严复对西方实证论思想的接受。

### （一）元知是智慧之本始

认识论内在地关联着方法论，严复科学方法论中重视“即物实测”的经验原则与他在认识的来源问题上所持有的观点之间有着紧密的联系。严复讲“言学者期于征实，故其言天不能舍形气”[①]，也就是说，科学研究必须重视可经验的事实，不能离开“形气”，否则就成了“玄学”。可以看出，严复持有的是一种经验主义的认识论路线。

其一，“心”与“物”的关系。与康有为欣赏陆九渊、王阳明不同，严复接受洛克的“白板”说，着重批判了“良知良能”的先验主义认识路线。他讲：“智慧之生于一本，心体为白甘，而阅历为采和，无所谓良知者矣。”[②]亦即，人出生伊始，其心灵就像一块白板、一杯纯净的水，并没有任何意识的印记，而经历正如在一张白板上描绘出各种颜色，在水中加各种调味品，并没有什么所谓的先验理念。相应地，他赞赏穆勒对“良知”说的批判：“盖呼威理（惠威尔——笔者注）所主，谓理如形学公论之所标者，根于人心所同然，而无待于官骸之阅历察验者，此无异中土良知之义矣。而穆勒非之，以为与他理同，特所历有显晦、早暮、多寡之异；以其少成，遂若天性，而其实非也。”[③]关于此处所讲到的“心”，严复特别解释道：“非中文所谓五藏之内团心，亦非脑脊髓之谓；三物皆体也。”[④]这句话在强调“心”是意识之谓的同时也表明严复认识到，即使人的意识本身亦是人的器官这一“体”的衍生物，从一个侧面凸显了意识离不开物质这一观点。在本书第二章第一节“严复自然观”中，我们已经分析到，严复在万物本原的认识上有着唯物论的倾向，唯物论的认识论

① 王栻. 严复集（第五册）[M]. 北京：中华书局，1986：1395.

② 王栻. 严复集（第四册）[M]. 北京：中华书局，1986：1050.

③ 王栻. 严复集（第四册）[M]. 北京：中华书局，1986：1049.

④ [英]穆勒. 穆勒名学[M]. 严复译. 北京：商务印书馆，1981：71

在“存在”与“意识”的关系问题上认为尽管后者能够能动地反映前者，但前者是第一性，后者第二性。在这二者之间的关系上，严复同样认为“存在”决定“意识”，他讲道：“物之存亡，系其精气，咸所自己，莫或致之。方其亡也，虽务存而犹亡，及其存也，若几亡而仍存，非人之能为存也，乃人之不能为不存也。”①亦即肯定“物”独立于“心”而存在，而且，人的意识来源于“物”，即“盖我虽意主，而物为意因，不即因言果，则其意必不诚”②。总之，在严复看来，物质不仅不依赖于人的意识而存在，而且物质构成了意识的来源，是人类一切知识，特别是科学知识的根据。

其二，如何由“心”及“物”。通过怎样的途径实现“心”对“物”的把握呢？严复曾讲道：“官与物尘相接，由涅伏（神经——笔者注）以达脑成觉。”③“官”即指“感官”，“物”指自然界，“尘”指社会，“物尘”亦即认识之客体；“相接”指主体的感官与外在的客体相接触。也就是说，作为主体之意识并非自发产生，而是来源于外在的刺激，是对刺激的反应，亦即，由“心”及“物”首先是“心”“物”相接。在此基础上，严复借用穆勒的“元知”与“推知”两个概念进一步作了系统的阐释。“元知”与“推知”是人认识事物的两条途径：前者指“径而知者”，谓之“觉性”，谓之“接知”，用英文讲就是 know by intuition④，也就是感性认识，他称之为“直接之知”；后者指“纡而知者”，谓之“征悟”，谓之“谟知”，用英文讲即是 know by inference，亦即理性认识，他称之为“间接之知”。而且“凡心知可通之物，不此则彼，非其推知，即其元知”⑤。在这由“心”及“物”的两条途径中，“推知”当然必不可少，因为人的认识不能只停留在感性经验，还须要“据已知以推未知，征既然以睹未然”⑥，

① 王栻. 严复集（第二册）[M]. 北京：中华书局，1986：275.

② 王栻. 严复集（第四册）[M]. 北京：中华书局，1986：1037.

③ [英]赫胥黎. 天演论[M]. 严复译. 北京：商务印书馆，1981：8.

④ 王栻. 严复集（第四册）[M]. 北京：中华书局，1986：1139. 其中需要说明的是，严复这里的 intuition 并不是从直觉主义者的角度来理解，而是指直接经验。

⑤ [英]穆勒. 穆勒名学[M]. 严复译. 北京：商务印书馆，1981：5.

⑥ [英]穆勒. 穆勒名学[M]. 严复译. 北京：商务印书馆，1981：7.

但是，相较于“推知”，“元知”是关键，它是智慧的“本始”与“首基”：首先，以“觉性”把握“物”之“诚”，不需要借助于任何辅助的知识与推断，这一过程就像“昔者之哀乐，今日之饱饥”一样直接来源于感官对外在的感觉，是“四体之所触，中心之所感”。其次，“元知”是认识的起点，同时构成了“推知”的基础，穆勒在解释“元知”时讲道：“智慧之本始，一切知识，皆由此推”①，而且，正因为人具有“觉性”，知识的推演才有了根据。严复对穆勒的观点深以为是，他谆谆告诫人们：“勿以推知为元知。此事最关诚妄。”②

从“心”与“物”的关系的探讨表明严复经验主义认识论的路线，他强调知识来源于经验，并在此基础上着重批判了“良知良能”的先验论，指出良知良能皆为“洛克、穆勒之所屏”③。以此为对照，他指出，中国传统文化发展到宋代所产生的陆王心学正是这种“良知良能”的先验论的代表，他讲道：“西语阿菩黎诃黎（a′priori，即先验论）。凡不察事实执因言果，先为一说以概余论者，皆名此种。若以中学言之，则古书成训十九皆然；而宋以后，陆、王二氏心成之说尤多。”④但是，在接受经验主义认识路线的同时，严复也接受了与经验主义以及与其一脉相承的实证主义的现象主义原则。

### （二）认识止于对待之域

整体上讲，严复承认“物”的客观存在，认为人对“物”的认识而得到的“理”需要通过诸物之见象表现出来，他说：“知者，人心之所同具也；理者，必物对待而后形焉者也。是故吾心之所觉，必征诸物之见象，而后得其符。”⑤但是，人之所“知”与“理”之所至究竟达到什么程度或层次，赫胥黎在《进化与伦理》一书中一方面强调整个宇宙万事万物处

① [英]穆勒. 穆勒名学[M]. 严复译. 北京：商务印书馆，1981：5.
② [英]穆勒. 穆勒名学[M]. 严复译. 北京：商务印书馆，1981：6.
③ [英]穆勒. 穆勒名学[M]. 严复译. 北京：商务印书馆，1981：269.
④ [英]穆勒. 穆勒名学[M]. 严复译. 北京：商务印书馆，1981：192.
⑤ 王栻. 严复集（第二册）[M]. 北京：中华书局，1986：238.

于永恒变化发展的过程中；另一方面又认为物质的实体本质是不可知的，因此人所能认识的仅能大致对处于“共存”“流转”等现象与现象之间存在的必然的因果联系的层面。严复欣赏并接受了这一思想，称赞赫胥黎之言是“所诠观物之理，最为精微”①，并讲道：“彼是对待之名词，一切世间所可言者，止于对待，若真宰，则绝对者也”②。所谓的“对待之域”就是指现象界，与之相对的则是“绝对者”，亦称“无对待者”，也就是一般的本体。人的认识“尽于对待之域”③，而无法达至对本体的把握，这种观点是实证论者所持有的现象主义原则。

其一，人的认识无法把握“无对待者”。实证主义者上承休谟经验论，认为认识无法超越经验范围，进而将主体的感觉与外部对象隔绝开来。受此影响，严复同样认为，人的认识来源于感官经验，而且人只能认识现象，“可知者止于感觉”④，而现象背后的本体则是不可知的。首先，“意”与“验”是否相符不可确证。他借用赫胥黎的话进一步探讨道：“世间两物曰我非我。非我名物，我者此心，心物之接，由官觉相，而所觉相，是意非物。意物之际，常隔一尘，物因意果，不得径同，故此一生，纯为意境。”⑤亦即在“我”与“物”之间或“心”与“物”之间，感官固然是连接二者的桥梁，但也正因为多了这一座桥梁的作用，在对事物本质的认识上，在两者之间就“常隔一尘”无法达到直接的“径同”。因此，他指出，虽然人的认识以外物为根据，但人对外物的认识是否符合外物是难以考证的，尽管“必有外因，始生内果”，但是“因同果否，必不可知。所见之影，即与本物相似可也。抑因果互异，犹鼓声之与击鼓人，亦无不可”⑥。其次，尽管作为本体的“无对待者”是一种真实的存在，但它超出了“名理”之域而“不可思议”。何谓“不可思议”？严复指出，从日

① [英]赫胥黎. 天演论[M]. 严复译. 北京：商务印书馆，1981：69.

② 王栻. 严复集（第四册）[M]. 北京：中华书局，1986：1106.

③ 王栻. 严复集（第四册）[M]. 北京：中华书局，1986：1036.

④ 王栻. 严复集（第四册）[M]. 北京：中华书局，1986：1036.

⑤ [英]赫胥黎. 天演论[M]. 严复译. 北京：商务印书馆，1981：70.

⑥ 王栻. 严复集（第五册）[M]. 北京：中华书局，1986：1378.

常生活经验来讲，它不同于人看见以前未曾见过的事物而不知如何称谓的“不可名言”；也不同于“只可意会，不可言传”的“不可言喻”，而是指不能理解，例如说有“圆形之方”“不质之力”，以及“一物同时能在两地”皆此意；从哲学上来讲，就是指现象背后的“本体”是经验认识无法达到的，诸如“天地之始，造化真宰，万物本体”，它们“既不可谓谬，而理又难知”①，亦即无法以一般的逻辑思维形式（名理）加以把握。那么，一方面承认“物”的客观存在，一方面又认为人的认识仅限于“对待之域”，本体“不可思议”而非“名理可论证”，如何理解这对看似矛盾的观点？严复解释道：“盖天下事理，如木之分条，水之分派，求解则追溯本源。”②人类的认识明显地经历了一个逐渐深入的过程：“故理之可解者，在通众异为一同，更进则此所谓同，又成为异，而与他异通于大同。当其可通，皆为可解。如是渐进，至于诸理会归最上之一理，孤立无对，既无不冒，自无与通。无与通则不可解，不可解者，不可思议也。”③就是讲，在一个层次上得到的具有普遍性的知识来源于对该层次所内含的各种相互联系的现象间的“通众异为一同”，而这个“同”又与同一层次上的“对待者”构成更上一个层次的普遍性知识的来源与基础，这样不断地向上推，达到“无对待”的极致，没有“异”与之配合求“同”，因此，就达不到对“无对待者”的认识而成为不可解，正所谓“不可解者，不可思议也”，而所谓的“本体”就是“无对待者”，因此“于无对者不可思议已耳”④。

其二，从社会的现实功利角度出发，人类也不需要把握作为“无对待者”的物之本体。“按照孔德的理解，在实证的或实在的阶段，人类放弃了绝对的或终极的解释，而将知识和对于知识的冲动限制于可观察的事物的领域。”⑤严复认为，对于可观察的现象领域之外的形而上学之域“固

① 王栻. 严复集（第五册）[M]. 北京：中华书局，1986：1379-1380.
② [英]赫胥黎. 天演论[M]. 严复译. 北京：商务印书馆，1981：75.
③ [英]赫胥黎. 天演论[M]. 严复译. 北京：商务印书馆，1981：75.
④ 王栻. 严复集（第四册）[M]. 北京：中华书局，1986：1036.
⑤ [奥]鲁道夫·哈勒. 新实证主义[M]. 韩林合译. 北京：商务印书馆，1998：29.

无从学，即学之亦于人事殆无涉也”[①]。严复同意斯宾塞将世界划分为可知的现象界和不可知的本体界的看法，认为人的一切知识仅仅是关于现象界的知识，而其中，科学知识作为对自然规律的客观反映，尽管其具有普遍性，但这种普遍性是就形而下之域来讲的，他说，自然科学知识“不同地而皆然，不同时而皆合”，但“亦尽于对待之域而已”[②]。作为“对待之域”的科学知识已然在具体实践中显现出巨大的现实力量，因此，就人类现实功利来讲,对于远离经验之域的本体的认识就显得失去了其必要性，他说：“是以人之知识，止于意验相符。”能够做到这一点对人类发展来讲就已足够了，“更骛高远，真无当也”，而且“夫只此意验之符，则形气学贵矣”[③]，也正是这样的原因，严复认为自自然科学发达以来，“古所云心性之学微也”[④]。

## 三、衍化：对形而上学问题的讨论

西方实证主义哲学从诞生之始就主张哲学应当以实证自然科学为根据，以可以观察和实验的事实及知识为内容，摒弃神学和思辨形而上学中那些所谓绝对的、终极的，然而却无法证明的抽象本质。其创始人孔德就曾讲过：“人类的精神承认不可能得到绝对的概念，于是不再探索宇宙的起源与目的，不再求知各种现象的内在原因，而只是把推理和观察密切结合起来，从而发现现象的实际规律，也就是发现它们的不变的先后关系和相似关系。”[⑤]一句话，就是以实证的知识来代替神学和形而上学的思辨概念[⑥]。这种倾向形成一种传统一以贯之地体现在其后的实用主义、马赫主义、新实在论以及逻辑实证主义的哲学主张中，相比之下，在近代中国

---

① [英]穆勒. 穆勒名学[M]. 严复译. 北京：商务印书馆，1981：61.

② 王栻. 严复集（第四册）[M]. 北京：中华书局，1986：1036.

③ 王栻. 严复集（第五册）[M]. 北京：中华书局，1986：1378.

④ [英]赫胥黎. 天演论[M]. 严复译. 北京：商务印书馆，1981：71.

⑤ 刘大椿，等. 科学逻辑与科学方法论名释[M]. 南昌：江西教育出版社，1997：147.

⑥ 赵燕茹，李俊文，李俊秀. 中西哲人智慧[M]. 哈尔滨：哈尔滨工程大学出版社，2004：319.

“有实证论倾向的哲学家对形而上学的态度要宽容得多,并不完全认同实证论的反形而上学传统。他们一方面赞成经验论，另一方面，在处理形而上学问题上，又与西方相左”①。作为近代中国最早较为系统地将西方实证论引介到中国来的思想家，严复接受并承认本体不可知的思想，认为人的认识限于“对待之域”，但较之实证主义哲学明确提出要“抛弃对世界的基础、本质等本体论问题的研究”②而言，他并没有完全否定讨论形而上学命题的意义，相反，他在一定程度上表现出对形而上学问题的兴趣，正如黄克武所指出的，严复等人所引介的中国近代实证主义哲学是与形上学结合为一的。这一趋向使得严复在接受西方实证主义哲学思想的同时又衍化出某些相异于西方实证论的认识与观点，表现出与西方实证主义相即而又相离的并非完全“纯化”的特征。

这种非“纯化”的特征显著地表现在严复并未完全排斥思辨性概念这一倾向上。西方实证主义兴起之始便以拒斥形而上学为己任，到马赫主义那里甚至发展到了极端的实证原则，他要求将“原子”“刚体”等在科学发展中具有重要意义的抽象概念排除在哲学的眼界之外。与之相反，严复并未一概排斥具有形而上学意义的概念，反而在很多方面和很大程度上正是运用哲学思辨性概念来建构、阐释自己的思想体系。

例如，在本书第四章第三节“接受与衍化：严复实证主义思想”中我们提到，“物之存亡，系其精气，咸所自己，莫或致之。方其亡也，虽务存而犹亡，及其存也，若几亡而仍存，非人之能为存也，乃人之不能为不存也。”③这句话反映了严复对“物”的客观存在的认识，同时也表明，严复借以传统概念“气”来解释“物”，实质上就是在探讨“物”之本质。在本书第二章第一节“严复自然观”中我们讲到，中国古人将“气”作为宇宙万物的本原，因而具有本体论的意义。而作为本体论意义上的“气”

① 宋志明，孙小金. 简论20世纪中国实证哲学[J]. 天津大学学报（社会科学版），2003，（04）：294.

② 吴育林，户晓坤.《马克思主义与社会科学方法论》导读[M]. 广州：中山大学出版社，2016：81.

③ 王栻. 严复集（第二册）[M]. 北京：中华书局，1986：275.

是什么，严复指出：“今世科学家所谓一气常住，古所谓气，今所谓力也。”①尽管借用经典物理学概念来解释“气”，进而解释“物”之本质，但严格来讲，所谓的“气”“力”等都是思辨形而上学的概念，属于自然哲学范畴。

又如，“自在”，即 self-existence，在实证主义，特别是马赫主义看来是无意义的思辨性概念，是不应当加以讨论的，但严复认为探讨何为“自在”仍然有其意义，尽管它不可以“名理”言，但亦不可完全“摒弃”。何为“自在”？严复讲，如“老氏之自然，盖谓世间一切事物，皆有待而然，惟最初众父，无待而然，以其无待，故称自然。此在西文为 Self-existence”，如“释氏之自在，乃言世间一切六如，变幻起灭，独有一物，不增不减，不生不灭，以其长存，故称自在。此在西文谓之 persistence，或曰 eternity，或曰 conservation”②。可称之为“自在”的“惟力质本体，恒住真因，乃有此德”③，如“造化真宰”“无极”“太极”“宇”“宙”等。那么这些“恒住真因”是否有意义呢？严复指出，“自在”即“西哲谓之第一因，佛又谓之不二法门”④，它们非但不是无意义的讨论，而且具有重大价值，它是“万化所由起讫，而学问之归墟也”⑤。严复具体以不可思议之“宇”与“宙”为例讲道：“窃尝谓万物本体虽不可知，而可知者止于感觉，但物德有本末之殊，而心知有先后之异。此如占位、历时二事，物舍此无以为有，吾心舍此无以为知。占位者宇，历时者宙。体与宇为同物，其为发见也同时而并呈；心与宙为同物，其为发见也历时而递变。并呈者著为一局，递变者衍为一宗；而一局、一宗之中，皆有其井然不纷、秩然不紊者以为理，以为自然之律令。”⑥就是说，人们的认识只能局限于现象界，得到的是关于“自然律令”的知识，但这“自然律令”

① 王栻. 严复集（第四册）[M]. 北京：中华书局，1986：1136.
② 王栻. 严复集（第一册）[M]. 北京：中华书局，1986：133.
③ 王栻. 严复集（第一册）[M]. 北京：中华书局，1986：133.
④ 王栻. 严复集（第四册）[M]. 北京：中华书局，1986：1084.
⑤ 王栻. 严复集（第四册）[M]. 北京：中华书局，1986：1084.
⑥ [英]穆勒. 穆勒名学[M]. 严复译. 北京：商务印书馆，1981：60-61.

所反映的"井然不纷、秩然不紊"之"理"则有其内在的根据，这种根据就在于"宇""宙"的"自在"性，因此，严复不同意培根取消"自在"的观点，认为"在"是"有"的意思，也只有"在"是"有"，才能"为感至觉"，故而，他总结道："既感既觉，斯有可言，何可废乎？"[①]

由上可见，尽管严复努力地在实证科学的概念和传统哲学的、宗教的概念之间搭建起一架互相沟通和理解的桥梁，而且，从一定意义上讲，正是这种努力发展了传统哲学，但严格来讲，这些思辨性概念毕竟逸出了西方实证主义者要求建立一种排斥思辨形而上学、追求实证（经验）知识的可靠性和确切性的哲学这一基本的原则。但是从另一方面来讲，严复的这种力图沟通近代实证科学与传统哲学之间的努力内在地根植于严复试图建构一种科学的世界观的旨趣。例如，作为科学学说的进化论对西方实证论来讲主要是在方法论的层面上提供了一种代替17、18世纪以来哲学家在力学基础上形成的机械论来解释运动变化，从而反对黑格尔主义的理性辩证法，但在严复这里，作为形而下之域的"进化论"已然成为一种具有形而上功能的世界观，成为有力抵制中国传统复古主义与历史循环主义的新的"世界图景"，成为激励国人发愤图强，跻身世界"天演"之列的理论指导。

## 四、小结

总括起来讲，严复强调感觉经验是一切知识的可靠来源，主张人的认识止于感觉经验，这是对西方实证主义的接受；另外，他不仅未排斥反而一定程度上表现出对形而上学的兴趣，从而在这一侧面逸出了西方实证论的理论视野与框架。而这一"接受"与"逸出"在西方实证主义者看来是互为排斥的不可调和的矛盾，但在严复的理论体系中却能皆而有之，表现出明显的二重性，特别是严复同样提出人们不仅不能而且也不需要认识"无对待者"的终极实体，但他的笔端却常常触及形而上学命题，似乎表现为"言行不一"，但实际上这种现象有着深刻的思想认识根据。

一方面，严复强调人们不需要认识作为"无对待者"的本体，是否从

① 王栻. 严复集（第四册）[M]. 北京：中华书局，1986：1039.

有益于现实人事的角度出发，特别是从反对中国传统“心性之学”出发，从而主张发展能够把握现象界的必然之理，并在具体应用中以推动大于实际事功的实验科学为旨归，这也正是严复接受实证主义的另一侧面，即主张功利主义的反映。在严复看来，中国传统义利观严重限制了中国学术向实验科学方向的发展，长期以来，中国传统文化中形成了根深蒂固的“期于相安相养”的观念，缺乏一种进取的精神，而董仲舒“正谊不谋利，明道不计功”的主张使人们重视脱离实际功效的内在的伦理道德的培养，反映到学术上就是重视内省体验之学而忽视、轻视甚至漠视对外在必然之理的认识进而建立实际事功，正如他所讲的：“赵宋之道学，朱明之气节，皆有善志，而无善功。”①正是针对这种学术传统，以及面对近代中国内忧外患的现实情境，严复急于突破人们“无事袖手谈心性，临危一死报君王”的重视伦理的高尚性而不甚追求现实的、有益的结果的思想藩篱，而转向以是否能够产生实际的、积极的社会效应为评价标准的新的义利观，呼吁国人以较大的热情投入能够揭示自然规则，并蕴含有巨大现实力量的实验科学上来，而不要将精力投放到无益于现实事功的玄思上，因此他讲：“是以人之知识，止于意验相符……更骛高远，真无当也。”②

另一方面，西方实证主义要求摒弃思辨形而上学，要以实证自然科学为范本建构所谓的科学化的哲学，这就决定了实证论者必然消解哲学的世界观功能，例如，穆勒就认为，“一切人类知识均应以经验范围为限，而哲学应当成为研究经验事实和科学方法的理论”③。尽管严复的实证主义思想来源于西方实证论者，但他更是在寻求中国富强之道的艰难之旅中认识并青睐于西方实证主义的。在他看来，实证主义的重实证、讲逻辑、求实用的理论特征正好可用来揭露中国传统学术之弊，批判近代以来国人对西方文化认识之狭隘，进而从哲学社会科学这一更为根本的层面上改革中国学术，从思想观念层次上重铸国民的思维方式。这种“时代命题”的召唤，辅之以中国传统文化的深层浸染，就使得他不得不重视哲学世界观的

---

① 王栻. 严复集（第四册）[M]. 北京：中华书局，1986：1024.

② 王栻. 严复集（第五册）[M]. 北京：中华书局，1986：1378.

③ 刘放桐，等. 新编现代西方哲学[M]. 北京：人民出版社，2000：15.

功能，正如杨国荣所讲的，“尽管严复对传统哲学中的思辨倾向颇有微词，但并未因此而完全游离传统。作为一种深层的观念，传统哲学仍然内在地制约着其运思趋向”[①]，这种“运思趋向”就是“注重形而上之道”[②]。而正是未将形而上学之域完全从哲学领域中清除出去却在一定程度上对西方实证主义哲学忽视、漠视、无视关于人的价值，生命的意义等终极关怀的考量起到了一定的纠偏作用，因此，严复对不可思议之域的确证“与其说这是实证论原则未能彻底贯彻，不如说是对西方实证主义片面性的扬弃”[③]。

① 杨国荣. 实证主义与中国近代哲学[M]. 上海：华东师范大学出版社，2009：26.
② 杨国荣. 实证主义与中国近代哲学[M]. 上海：华东师范大学出版社，2009：26.
③ 杨国荣. 实证主义与中国近代哲学[M]. 上海：华东师范大学出版社，2009：180.

# 第五章　严复科学文化本土化致思

近代中国科学文化本土化实践的具体过程中，遭遇了来自传统势力的抵制与诋毁，它们拿出“以夷变夏”的罪名加于先进士人学习西方科学的行动上，认为引进和学习西方科学必将败坏中国数千年相传之礼仪人伦，动摇传统纲纪法度，导致“上亏国体，下失人心”。面对责难，部分具有开明精神的士人采取了一些变通的措施，其中较为典型且很有影响力的有：近代科学起源上的“西学中源”说与近代科学地位（作用）上的“中体西用”论。前者将西方文明及其集中体现者——近代科学技术视为中国古来有之，只是传到（被窃到）西方而产生后来的结果。这种态度在“宁可使中夏无好历法，不可使中夏有西洋人”的理念还很根深蒂固、行为还很坚决的大环境中无疑为引进和学习西方科学提供了一种逻辑推理上的合法性（尽管前提是错的，但这个错误的前提却为当时很多顽固派也无法反驳）。后者则以“中学为体，西学为用”作为理论指导和行动纲领，并以引进西方科学更为有利于维护传统纲常名教作为策论的基点，突显学习西方科学的现实紧迫性。但是，从整体上讲，“西学中源”说和“中体西用”论毕竟是建立于对西方近代科学的片面认识，甚至是错误认识的基础上生发出来的应时理论。在西方科学移植中国到根植中国，继而需要中国科学自我发展的阶段，它们转化为自己的对立面，嬗变为一种阻抗力。严复基于对近代科学的切身体察与对中国科学发展的炙热关怀，对这两种对待西学的观点进行了条分缕析与批判。

通过对阻碍科学文化本土化的两种具有代表性的观念与认识——“西学中源”说和“中体西用”论及在此理论指导下的现实实践的批判，严复所要澄清的是科学文化是异质于中国传统文化的，对中国而言，发展科学文化不仅必要而且还有其迫切性，亦即他所要解决的是要不要发展科学文化的问题。在此基础上，严复深入探讨了如何实现科学文化本土化，或者说如何实现中国科学近现代化，为此，他首先讨论了为什么在中国传统文化中未能内生出科学文化的体制与观念上的原因，进而提出了如何在中国发展科学文化的见解。

## 第一节　对近代中国科学文化观的辨析

尽管“西学中源”说与“中体西用”论在特定的历史阶段对推进科学文化本土化起到了一定的积极作用，但它们毕竟是对西方科学文化的片面的甚至错误的认识。严复敏锐地意识到，要实现科学文化本土化的全面推进，就必须首先清除这些观念障碍，澄清国人对科学文化的认识。

### 一、批判“西学中源”说

“西学中源”说是中西两种异质文化在中国碰撞中产生的一种本土文化的自觉反应，它是指，西方文化中先进的政教风俗、官制学术等各方面内容皆可以在中学中找到其根源。自明末至晚清，在之顽固守旧派，因西学皆出于中学是为中学之“余绪”，故不必学；在之先进士人，既然中学为西学之源，则向西方学习亦是在向自己特别是本民族的先圣学习，至多是“礼失求诸野”，那样就不存在“以夷变夏”之虞。可以看出“西学中源”说有着强烈的文化策略意涵。

“西学中源”说有其产生与发展的历程，在中国科学近代化的视域中，最早见于明末清初。黄宗羲提出，“勾股之术，乃周公、商高之遗，而后人失之，使西人得以窃其传”[①]。“而明末学者陈荩谟则更进一步毫无证据地在古籍《周髀》与徐光启、利玛窦编译的《测量法意》之间，建立起‘源’和‘流’的关系”[②]。清初著名科学家王锡阐在天文历算方面做出了卓著的成就，但在西学观上认为：“《天问》曰：圜则九重，孰营度之。则七政异天之说，古必有之。近代既亡其书，西说遂为创论。余审日月之视差，察五星之顺逆，见其实然，益知西学原本中学，非臆撰也。”[③]这

① [清]全祖望. 鲒埼亭集（二）[M]. 上海：商务印书馆，1936：138.
② 董光璧. 传统与后现代——科学与中国文化[M]. 济南：山东教育出版社，1996：118.
③ 陈卫平. 第一页与胚胎[M]. 上海：上海人民出版社，1992：128.

种认识并非个别现象，而是较为普遍地存在于清代的科学家观念中，《周髀算经提要》中写道："其本文之广大精微者，皆足以存古法之意，开西法之源。"①享誉世界科学史的《畴人传》的作者阮元同样认为："西法实窃取于中国。"②间以康熙皇帝论述三角学时指出："古人历法流传西土，彼土之人习而加精焉尔。"③并因其"西学实源于中法"而成为一个时代的主流"定论"。因宗教、政治原因引起的中西交流的中断而暂为沉寂。"船坚炮利"之后再一次成为中国文化界与思想界关注而争论的热门话题。王韬说："铜龙沙漏，璇玑玉衡，中国已有之于唐、虞之世；钟表之法，亦由中国往；算法借根方得自印度；火器之制，宋时已有……何尝不恃炮火，其由中国传入可知也。"④维新志士唐才常认为："就朱子而言格致，既为西学中之阿卢力士、托德尔（亚里士多德——笔者注），苟精而求之，安知无贝根（培根——笔者注）、达尔文其人者乎？"⑤最具代表性的是洋务运动后期宣传西学颇为用力的先进士人郑观应的论说：

> 公输子削木人为御，墨翟刻木鸢而飞，武侯作木牛流马，则机器有自来矣。秋官象胥，郑注译官，则翻译有自来矣。阳燧取明火于日，方诸取明水于月，则格物有自来矣。一则化学，古所载烁金腐水离木同重体合类异二体不合不类，此化学之出于我也。一则重学，古所谓均发均悬，轻重而发绝，其不均也均，其绝也莫绝，此重学之出于我也。一则光学，古云：临鉴立影，二光夹一光，足被下光，故成影。于上首被上光，故成影于下。近中，所鉴大，影亦大。远中，所鉴小，影亦小。此光学之出于我也。一则气学，亢仓子蜕地之谓水，蜕水之谓气。此气学之出于我也。

---

① 陈卫平. 第一页与胚胎[M]. 上海：上海人民出版社，1992：129-130.

② [清]阮元. 畴人传（一）[M]. 上海：商务印书馆，1935：4.

③ [清]梅文鼎. 绩学堂诗文钞[M]. 何静恒，张静河点校. 合肥：黄山书社，2014：329.

④ [清]王韬. 弢园文录外编[M]. 楚流，书进，风雷选注. 沈阳：辽宁人民出版社，1994：20.

⑤ 湖南省哲学社会科学研究所. 唐才常集[M]. 北京：中华书局，1982：177.

一则电学，关尹子石击石生光，雷电缘气以生，亦可为之。《淮南子》阴阳相薄为雷，激扬为电。此电学之出于我也①。

可见，在郑观应看来，一切西方科学理论与技术发明均能在中国传统学术中找到其根源。是时，持有“西学中源”说观点的闻名之士举不胜举，有关“西学中源”的论述亦是俯拾皆是，严复概其说“星气始于臾区，勾股始于隶首；浑天昉于玑衡，机器创于班墨；方诸阳燧，格物所宗；烁金腐水，化学所自；重学则以均发均悬为滥觞，光学则以临镜成影为嚆矢；蜕水蜕气，气学出于亢仓；击石生光，电学原于关尹”，并且是“哆哆硕言，殆难缕述”②。

“西学中源”说作为中西文化交流与冲突中的产物有其积极的一面，它较之“宁可使中夏无好历法，不可使中夏有西洋人”③为代表的完全拒绝西学的心态是有了很大进步的：它突破了“夷夏大防”的藩篱，为当时的文人士大夫学习西学的合法性提供了理论上的根据；它所表现出来的中西文化比较的姿态，有利于人们对西学的认真审视和对中学的深入反思。但是，这种理念毕竟是一种虚构，是泥古与崇古的一种表现，即使它是被用作先进士人与顽固派斗争的利器，也难免成为“他们战战兢兢地请出亡灵来给他们以帮助，借用他们的名字、战斗口号和衣服，以便穿着这种久受崇敬的服装，用这种借来的语言，演出世界历史的新场面”④。随后，它成为西方近代科学进一步“移植”中国进程中的一种阻抗力，特别是它引导当时一些具有实证精神的思想家走上“以经学治科学的错误的崇古道路”⑤。到清末民初的第二轮西学东渐中，“西学中源”说再次沉渣泛起，对此，严复有着独到而清醒的认识，并对其进行了理性的批判，他说：“晚近更有一种自居名流，于西洋格致诸学，仅得诸耳剽之余，于其实际，从

① [清]郑观应. 盛世危言（上）[M]. 北京：朝华出版社, 2017：54-56.

② 王栻. 严复集（第一册）[M]. 北京：中华书局，1986：52.

③ [清]杨光先，等. 不得已（附二种）[M]. 陈占山校注. 合肥：黄山书社，2000：79.

④ [德]马克思，[德]恩格斯. 马克思恩格斯选集（第一卷）[M]. 中共中央马克思恩格斯列宁斯大林著作编译局编. 北京：人民出版社，1976：603.

⑤ 董光璧. 传统与后现代——科学与中国文化[M]. 济南：山东教育出版社，1996：119.

未讨论。意欲扬己抑人，夸张博雅，则于古书中猎取近似陈言，谓西学皆中土所已有，羌无新奇。”[①]

首先，从文明起源的角度讲，不同的文明有着自身的渊源，“据英国考古学家丹尼尔的研究，属于‘独立起源的文明’或第一代文明的，全世界共有九个”[②]。在各个文明的长期发展中，相互之间有所交融、渗透与影响必是难免，而且交流有利于多元文明的共同进步，但是不能因之而认为一种文明是其他文明的“源”与“宗”，或者说一种文明是由其他文明衍生而来的。严复讲道：“合全地而论之，民智之开，莫盛于春秋战国之际：中土则孔墨老庄孟荀，以及战国诸子，尚论者或谓其皆有圣人之才。而泰西则有希腊诸智者。印度则有佛。”[③]亦即，在中国思想大发展、大繁荣的春秋战国之际，诸子百家并称于世之时，除了印度文明之外，西方也诞生了自己文化中灿若群星的智者，他列举到如泰勒斯、赫拉克利特、毕达哥拉斯、芝诺芬尼，还如三世师徒苏格拉底、柏拉图、亚里士多德等。而且，严复认为中西文明在传统和表现上也有差异，他不惜笔墨地写道：

> 中国最重三纲，而西人首明平等；中国亲亲，而西人尚贤；中国以孝治天下，而西人以公治天下；中国尊主，而西人隆民；中国贵一道而同风，而西人喜党居而州处；中国多忌讳，而西人众讥评。其于财用也，中国重节流，而西人重开源；中国追淳朴，而西人求欢虞。其接物也，中国美谦屈，而西人务发舒；中国尚节文，而西人乐简易。其于为学也，中国夸多识，而西人尊新知。其于祸灾也，中国委天数，而西人恃人力[④]。

严复特别指出，以作为文化内核的学术传统观之，中西之间亦存在显然的差异，“尝谓西人之于学也，贵独获创知，而述古循辄者不甚重”[⑤]；

---

① 王栻. 严复集（第一册）[M]. 北京：中华书局，1986：52.

② 张岱年，程宜山. 中国文化论争[M]. 北京：中国人民大学出版社，2006：194.

③ [英]赫胥黎. 天演论[M]. 严复译. 北京：商务印书馆，1981：55.

④ 王栻. 严复集（第一册）[M]. 北京：中华书局，1986：3.

⑤ [英]赫胥黎. 天演论[M]. 严复译. 北京：商务印书馆，1981：57.

而中国学术传统往往宗经征圣，奉古人之学为圭臬，常常以不及古人之学而深以为恨。因此，讲西学源于中土就是毫无根据的自欺欺人。

再者，能够为“西学中源”说提供主要佐证的是在科学知识和技术形态上所体现出来的中西之间的相似性，但是这种相似性只能说是不同文明千年发展史中出现的“暗合道妙”现象。严复指出，中西学是否真的相同，尚且不用深究，即便出现相同的现象也并不是十分奇特的事，因为“夫西学亦人事耳，非鬼神之事也。既为人事，则无论智愚之民，其日用常行，皆有以暗合道妙；其仰观俯察，亦皆宜略见端倪”①。然而将不同民族中人们“日用常行”中出现的孤立的偶合现象上升为支持西学中国古已有之，甚至西学中源的理论根据，简直就是“而举划木以傲龙骧，指椎轮以訾大辂”，这种行为“亦何足以助人张目，所谓诟弥甚耳!”②

此外，仅就西方科学来讲，它有着自身的传统，真正探求它的思想之源，就需要追溯到古希腊科学中去，诚如贝尔纳指出的：“现代科学是直接从希腊科学导出来的，并由它准备下了一个大纲、一种方法和一套语言。所有现代科学由之发展而来的那些一般问题，如天空的性质，或人的身体，或宇宙的运行等等，都是希腊人为之定出表述的方式。”③对于刚刚突破“夷夏大防”的藩篱，在一知半解中感知西方科学的中国士人和士大夫自是不能看到这一点，加之千百年来的中国文化中心论的浸染和“吾国虚骄之结习”④心态的作祟，在中国传统文化中寻找西学的根源也就不足为怪了。对之，严复不留余地地批判道：“中国学者，于科学绝未问津，而开口辄曰吾旧有之，一味傅会；此为一时风气，然其语近诬，诬则讨厌，我曹当引以为戒也。”⑤在此基础上，严复详细介绍了希腊科学传统，他指出，相应于中国春秋战国时期，希腊文明中已经孕育出“黄赤大距、逆策日食”

① 王栻. 严复集（第一册）[M]. 北京：中华书局，1986：52.

② 王栻. 严复集（第一册）[M]. 北京：中华书局，1986：52.

③ [英]贝尔纳. 历史上的科学·卷一·科学萌芽期[M]. 伍况甫，彭家礼译. 北京：科学出版社，2015：115.

④ [清]梁启超. 梁启超全集（第一册）[M]. 北京：北京出版社，1999：71.

⑤ 王栻. 严复集（第三册）[M]. 北京：中华书局，1986：550.

（由泰勒斯提出）、“以律吕言天运”（由毕达哥拉斯提出）等学说，以及芝诺芬尼的“创名学”、赫拉克利特的“首言物性”、德谟克利特的“倡莫破质点”等学术思想与成果。

最后，在悠久的学术传统之外，近代科学尚以科学理性与实证精神为价值内核，“西方科学的发展是以两个伟大的成就为基础，那就是：希腊哲学家发明形式逻辑体系（在欧几里得几何中），以及通过系统的实验发现有可能找出因果关系（在文艺复兴时期）”①。可以看出，尽管“（近现代科学）是直接从希腊科学导出来的”，但是近代科学较之古希腊科学之间也有着质的不同，根本就在于近代科学在古希腊科学基础上张扬了科学理性精神和实证主义方法论，而这两点又是中国学术传统最为付诸阙如的地方。倡导“西学中源”说的文人士大夫基本上是对西方科学史不甚明了或者就是在完全不知的情况下提出的，那就更加看不到中西学之间的质的差异。严复在阐述西学时指出：“西人举一端而号之曰‘学’者，至不苟之事也。必其部居群分，层累枝叶，确乎可证，涣然大同，无一语游移，无一事违反；藏之于心则成理，施之于事则为术；首尾赅备，因应厘然，夫而后得谓之为‘学’。”②这里已经强烈地涵盖了他对科学理性与实证精神的认识和把握。同时，严复以西学反观中学，认为中学“第不知即物穷理，则由之而不知其道；不求至乎其极，则知矣而不得其通。语焉不详，择焉不精，散见错出，皆非成体之学而已矣”③。

## 二、批判“中体西用”论

“中体西用”论是中西交流走向深入，兼具中国传统文人与先进士大夫双重身份的为了继续与“夷夏大防”观作斗争，进一步学习西方技艺，同时妥善处理中学与西学的关系和地位问题而提出的与“西学中源”说同样具有文化策略性质的理论体系与行动纲领。所谓“中体西用”，是指两

① [美]爱因斯坦．爱因斯坦文集（第 1 卷）[M]．徐良英，范岱年编译．北京：商务印书馆，1976：574.

② 王栻．严复集（第一册）[M]．北京：中华书局，1986：52.

③ 王栻．严复集（第一册）[M]．北京：中华书局，1986：52.

千年文明古国形成了一整套策立国人思维方式和指导国人社会实践的理论体系，这个理论体系的内核就是儒家思想，这是一个不能触动的根本。在这个根基之上，向西方学习一些技艺上的东西，即便如此亦是为了维护中学根本地位，为了服务封建正统，特别是为了护佑清朝皇权的合法性与稳定性。尽管它主要侧重于解决、维护中国传统纲常名教与学习西方先进文化之间的关系，但同时也反映出了时人将西方近代科学技术视为“末”“器”“形下”的一般看法。

同样，在中国科学近代化的场域中，“中体西用”论有其自身的发展轨迹，它较之发轫于明末清初的“西学中源”说更为晚近。通而观之，它有“中主西辅”“中道西器”“中本西末”“中道西艺”等不同表现形态。19 世纪 60 年代初，冯桂芬在其《采西学议》中提出：“以中国之伦常名教为原本，辅以诸国富强之术”是“善之善者”①。而后，李鸿章用中国传统哲学概念“道”与“器”将之阐述为：“中国所尚道者道为重，而西方所精者器为多。……欲求御外之术，唯有力图自治，修明前圣制度，勿使有名无实；而于外人所长，亦勿设藩篱以自隘，斯乃道器兼备，不难合四海为一家。”②同时代的人尚有将其表达为：“形而上者中国也，以道胜；形而下者西人也，以器胜。如徒颂美西人而贬己所守，未窥为治之本原者也。”③ 90 年代后期，沈寿康在《万国公报》第 75 期上发表题为《匡时策》的文章中说：“中西学问本自互有得失，为华人计，宜以中学为体，西学为用。”至此，时人在论述中西学关系时完整地提出了“中学为体，西学为用”的口号。晚清中兴之臣张之洞在《劝学篇》中将该思想进一步理论化、系统化，并得到光绪帝的赞许，《劝学篇》也得以颁行天下。“中体西用”作为一种理论概括最终上升为一个时代的处理中西学关系的主导方针。

“中体西用”论甫经提出，就遭到了中国传统纲常名教卫道士的抨击与批判。在反对派看来，起贫救衰不在形下之器，不在技艺之末，而在正人心、重道统。当时，大学士、同治帝之师倭仁就提出：“立国之道，尚

① [清]冯桂芬. 校邠庐抗议[M]. 上海：上海书店出版社，2002：57.

② 王岗峰. 严复思想和现代性[J]. 福建论坛，2006，（7）：86.

③ [清]王韬. 弢园尺牍[M]. 汪北平，刘林编校. 北京：中华书局，1959：30.

礼义不尚权谋；根本之图，在人心不在技艺。”[①]来自卫道士的批判也恰恰表明了“中体西用”论的时代价值所在：一方面，无论它是行动上的还是口号上的尊崇中学，都为实际上的侧重“西用”披上了一层温和的面纱，有效地避开了“以夷变夏”的责难，有利于进一步打破传统势力的阻抗。另一方面，在学习西方“声、光、化、电”等科学知识和兴办新式教育，支持出洋留学的政策和实践中为中国科学近代化提供了人才上的准备；在兴办轮船招商局、江南制造总局、福州船政局等近代工业企业（尽管并未成体系）中为近代科学的进一步发展提供了物质上的准备。

但是，切实实现国强民富，需要建立在中国近现代化扎实推进的基础之上，在这个历史进程中，科学技术扮演着十分重要的角色。一方面，科学技术的近现代化是社会、国家整体近现代化中的主要动力因素；另一方面，科学技术的近现代化所产生的现实作用不会，也不可能仅仅局限于物质层面，它必将对精神世界、观念领域和文化心理结构产生巨大而深远的影响直至导引上层建筑的变革。晚清“中体西用”论中，张之洞等人所坚持和维护的“中体”实质上就是清朝的政治、经济制度及文化观念，在这个框架范围内学习西方技艺上的零星、琐碎的东西，引进“坚船利炮”“声光化电”，并将之置于“用”的地位。这一理论框架恰恰扼杀了西方近代科学技术蓬勃的生命力。对此，严复一言以蔽之：“盗西法之虚声，而沿中土之实弊。”[②]其效果必然是“西洋至美之制，以富以强之机，而迁地弗良，若亡若存，辄有淮橘为枳之叹”[③]。

面对一时甚嚣尘上的“中体西用”论，严复早在19世纪90年代末翻译的《天演论》译序中提道：“风气渐通，士知弇陋为耻，西学之事，问涂日多。然亦有一二巨子，訑然谓彼之所精，不外象、数、形下之末，彼之所务，不越功利之间，逞臆为谈，不咨其实。”[④]在与友人的信中严复

① 中国科学院近代史研究所史料编辑室，中央档案馆明清档案部编辑组．洋务运动（二）[M]．上海：上海人民出版社，1961：30.

② 王栻．严复集（第一册）[M]．北京：中华书局，1986：48.

③ 王栻．严复集（第一册）[M]．北京：中华书局，1986：15.

④ [英]赫胥黎．天演论[M]．严复译．北京：商务印书馆，1981：x.

直指张之洞的所谓“有不易常经，无不变治法”是为“顽固之谈”，其后果则在于“恐此后祸国即是此辈”①。1902 年，严复在《与〈外交报〉主人书》一文中评论中国兴办新式教育：“总其大经，则不外中学为体，西学为用也；西政为本，而西艺为末也。主于中学，以西学辅其不足也。”严复对其的整体评价就是“之数说者，其持之皆有故，而其言之也，则未必皆成理……以为至当，循而用之，其害于吾国长进之机，少者十年，多者数纪”②。

以“中体西用”论之，严复认为“体”“用”作为一对哲学范畴，是同一事物上的实体与功能之别，有一实体事物而有这一事物之用，正如“有牛之体，则有负重之用；有马之体，则有致远之用”③。将一事物之用强附在另一实体之上无异于“以牛为体，以马用者也”。与之相应，“中学有中学之体用，西学有西学之体用”④，若持“中体西用”则违背了这一基本规律，其结果非但无益而且有害于国人对近代科学的认识与对西学的引进。以“政本艺末”论之，严复指出，将政治经济制度作为“本”，而将科学技术作为“末”恰恰是误解了两者之间的关系，颠倒了两者之间的位置。西方在政治经济领域取得诸多建树，正是因为它们是建立在科学规律之上，而不是相反。中国国势日衰却是其不以科学为本，而且与科学规律多有相违的缘故。因此，西艺实为西政之本，“以科学为艺，则西艺实西政之本。设谓艺非科学，则政艺二者，乃并出于科学，若左右手然，未闻左右之相为本末也”⑤。事实上，严复早在 1895 年纂写的《原强》一文中就指出，国家政策之所以难达所愿正因于其不根自然科学之故，“有国家者，施一政，著一令，其旨本以坊民也，本以拯弊也，而所期者每不可成，而所不期者常以忽至。……是故不明群学之理，不独率由旧章者非也，而改弦更张者，乃愈误，因循卤莽二者必与居一焉。何则？格致之学不

① 孙应祥，皮后锋.《严复集》补编[M]. 福州：福建人民出版社，2004：226
② 王栻. 严复集（第三册）[M]. 北京：中华书局，1986：558.
③ 王栻. 严复集（第三册）[M]. 北京：中华书局，1986：558.
④ 王栻. 严复集（第三册）[M]. 北京：中华书局，1986：558-559.
⑤ 王栻. 严复集（第三册）[M]. 北京：中华书局，1986：559.

先，褊僻之情未去，束教拘虚，生心害政，固无往而不误人家国者也”[①]。相应地，他提出“是故欲治群学，且必先有事于诸学焉。非为数学、名学，则其心不足以察不遁之理，必然之数也；非为力学、质学，则不知因果功效之相生也。力学者，所谓格致七〔之〕学是也”[②]。以“中主西辅”论之，严复提出，一个国家的政教学术就好似一个完整的物体，“有其元首脊腹，而后有其六府四支；有其质干根荄，而后有其支叶华实”。“中主西辅”就是“使所取以辅者与所主者绝不同物”，其结果只能是“取骥之四蹄，以附牛之项领，从而责千里焉，固不可得，而田陇之功，又以废也”[③]。最后，严复分析认为，这种“不揣其本，而欲支节为之”的理论与实践一开始就为它的失败埋下了伏笔，而真实有效的“以富以强”之策则在于以一种文化包容的心态真诚地向先进文明学习，而无论他是“夷狄禽兽”，而且，需要用近代文明，特别是近代科技武装起来的“开民智”的人。

## 三、小结

伴随近代科学革命，科学文化首先在西方确立，“以牛顿力学作为科学文化的第一个范例，第一次确定了科学文化的历史地位”[④]。科学文化是产生于西方传统的文化形态，比较而言，中国传统文化体系内部没能创生出近代科学文化。

自西学东渐以来，从“西学中源”说到“中体西用”论，它们体现的是西方科学文化“移植”到中国的过程中所遭遇的中国传统文化回应的演变过程，或者说是中国在接触西方近代科学的过程中所持有的文化心态的嬗变过程。它们呈现在人们眼前的是一幅中国科技近代化的历史画卷，折射出的是时人对科学技术的一般看法，其中不乏闪烁着国人学习先进文化

① 王栻. 严复集（第一册）[M]. 北京：中华书局，1986：6.

② 王栻. 严复集（第一册）[M]. 北京：中华书局，1986：6-7.

③ 王栻. 严复集（第三册）[M]. 北京：中华书局，1986：559-560.

④ 段治文. 中国现代科学文化的兴起（1919—1936）[M]. 上海：上海人民出版社，2001：327.

的智慧火花。但是它们也暗含着一种传统心理习性上的惯性。一般来讲，传统的惯性是历史的最大阻力[①]。这种心理习性上的惯性最终变成中国科技近代化进程中的强大惰性。兼具深厚国学底蕴与扎实西学知识于一身的严复，以独到而冷静的眼光审视一时炙手可热的救世理论与观念，并以他对西方科学史的深刻把握和近代科学的充分体认理性地指证“西学中源”与“中体西用”的理论失误及其在中国科学近现代化过程中业已和行将带来的不良影响，从而在一定程度上为科学本土化实践的全面推进开辟了道路。

## 第二节　中国科学文化落后原因及建议

对“西学中源”和“中体西用”的批判是为了为全面推进科学文化本土化实践消除观念与认识上的障碍，在此基础上，严复深入探讨了为何在中国文化内部未能生发出科学文化新枝的问题以及提出了实现科学文化本土化的建议。

### 一、对中国未能内生科学文化的思考

我们知道著名的“李约瑟难题”，即从公元 1 世纪到 15 世纪的漫长岁月中，中国人在应用自然科学知识满足于人的需要方面，曾经胜过欧洲人，那么，为什么近代科学革命没有在中国发生呢？美国科学史家席文教授认为，“要搞清楚这个问题，必须深入研究中国当时从事（类似于西方的）科学研究的那个社会阶层：他们在当时科学方面的专门观念是怎样同思想的其余部分结合在一起的；是谁控制了哪些现象需要研究、哪类答案是合理的等舆论；学界同社会的其余部分是怎样联系的；知识分子对科学界同行的责任怎样同对社会的责任相协调；各门科学为之服务的更大目的是什么；等等”[②]。根据席文的论说，我们可将其思路扩展为在中国传统社会的思想文化环境中作为“士”的知识阶层，他们关注的具体领域为什

① 董光璧. 新道家与新启蒙运动[J]. 哲学动态，1992，（04）：18.

② 王钱国忠，钟守华. 李约瑟大典（下）[M]. 北京：中国科学技术出版社，2012：763.

么没有普遍走向对自然的深入研究，简言之，就是造成这种现象的社会文化原因是什么。对于这一问题，严复从传统社会中的人才选拔机制和传统文化中缺乏自由的观念进行了探讨。

## （一）传统人才选拔机制阻碍了科学文化的发生

科学文化的兴起与发展离不开一大批知识分子对科学事业的执着追求，但是，严复指出，萌芽于汉代，成型于隋唐时期，后经由宋明清不断完善而最终形成的一律以“四书五经”文句为题，采取僵化的八股格式，并以《四书集注》为评价标准的科举制度不仅其内容“无实”“无用”，而且作为国家政策严重束缚了知识分子的思想，钳制了学术自由，对科学文化的发展起到了非常负面的影响。

### 1. 科举制度无益于科技人才的培养

在严复看来，科举制度不利于培养包括科学人才在内的社会有用之人的原因在于以下三点。

第一，锢智慧，亦即束缚人的智慧。严复分析指出，人的计虑智识的成熟有着特定的发展规律和过程，即“必由粗以入精，由显以至奥，层累阶级，脚踏实地，而后能机虑通达，审辨是非。方其为学也，必无谬悠影响之谈，而后其应事也，始无颠倒支离之患”①。而这一切离不开平素的学习方法与方式，但是在科举制度规约下的中国传统教育，在一个人心智等各方面还不够成熟的孩童时期，即让其诵读《大学》《中庸》《论语》《孟子》等古典著作，“讲之既不能通，诵之乃徒强记”②，如是学习几年之后，开始练习解释经书的意义，先生教之以八股文的写法，学生机械仿照而摹写，“一文之成，自问不知何语”③。这种做法就违背了人的思维成长规律。而且，严复评价道，按照这种学习方式，不但不能起到开启智慧的效果和作用，还极易滋生“虚骄”的心习。他讲道，国家即以这种方式选取人才，那么越是能够按照八股文的要求做“好”文章的人越是能够

① 王栻. 严复集（第一册）[M]. 北京：中华书局，1986：40.

② 王栻. 严复集（第一册）[M]. 北京：中华书局，1986：40.

③ 王栻. 严复集（第一册）[M]. 北京：中华书局，1986：40.

得到社会的认可与承认，一旦入籍做官，便以为自己就是“通天地之儒”，因为“经朝廷之宾兴，蒙皇上之亲策，是朝廷固命我为儒也。千万旅进，人皆铩羽，我独成龙，是冥冥中之鬼神，又许我为儒也。夫朝廷鬼神皆以我为儒，是吾真为儒”[①]。而这种心习与发展科学所需要的崇尚真理的人才要求背道而驰，甚至他们的经验知识还不如普通老百姓，“即市侩贩夫，目不知书，而既阅历于世者甚亲，其识或出儒生之上”[②]，正所谓“谬妄糊涂，其曷足怪？”[③]

第二，坏心术，亦即败坏人的品德。严复指出，如果认真领悟经典中所提倡的“忠信廉耻”的传统美德以陶冶情操，则习八股尚有其价值，但是在现实中，由于八股取士所带来的巨大的个人利益，广大学子为求得功名利禄，光宗耀祖，不惜采取“关节”“倩枪”“联号”等与“忠信廉耻”之精义截然相反的作弊手段，而“有力之家，每每为之，而未尝稍以为愧也”[④]。严复指出，求真知要有谦虚的态度，特别是对从事学术而言，“言止于所不知，固学者之大戒也”[⑤]，正如孔子所讲的：“知之为知之，不知为不知，是知也。”但是科举考试中的作弊行为往往滋长考生以抄袭他人作品为能事，“掠美作伪之事愈忍为之，而不自知其为可耻”[⑥]，这样选拔出来的仅仅是丧失了追求真知精神的“苟利一生”而无实学的“人才”而已。

第三，滋游手，即滋生了一大批不仅不会真正做学问，而且不能自食其力的人。严复指出，即使不一定所有的人都从事学术研究，但读书求知至少应当发挥增长人们的才干、提升国民的基本素质的重要作用，而科举制度仅以为国家选取治国理事的人为唯一目的，大量学子挣扎于其间，甚至消耗了一生而无功名，其结果必然是滋生了众多无所事事的游手之民，他们非但不能为社会做出贡献，而且需“开口待哺”成为“民之蠹”。所

① 王栻. 严复集（第一册）[M]. 北京：中华书局，1986：40-41.
② 王栻. 严复集（第一册）[M]. 北京：中华书局，1986：88.
③ 王栻. 严复集（第一册）[M]. 北京：中华书局，1986：41.
④ 王栻. 严复集（第一册）[M]. 北京：中华书局，1986：41.
⑤ 王栻. 严复集（第一册）[M]. 北京：中华书局，1986：41.
⑥ 王栻. 严复集（第一册）[M]. 北京：中华书局，1986：41.

以，尽管在科举的吸引下，带动了一大批人为考取功名而学习，造成了看似“棫朴丛生，人文盛极”的现象，实际上却是国家“为乱为贫为弱”的根源之一。

由上可见，严复认为科举制度极易导致人们产生“虚骄”的心理和丧失诚实的美德，而这种“人才”很难说对发展一个国家的科学以及科学文化能有所助益。可以说，严复的认识是深刻的，我们知道，真正的学术与科学需要一种崇真的精神和诚实的态度，“科学文化主要是知识体系及其伴随物和衍生物，并不是伦理道德体系，但是它也蕴涵某些不成文的行为准则和规范……其中最重要的是诚实”①。

2. 科举制度造成社会人才观的扭曲

严复指出，科学是求“真”、求“诚”的事业，贵在专注和富有献身精神，但是科举制度之弊就在于将青年才俊引向“学古入官”“非志功名不必学”的片面的甚至是扭曲的人才观与价值观上。

人才观作为文化传统的重要组成部分将直接影响整个社会中人群的职业取向。当代科学社会学奠基人物之一，美国社会学家默顿就曾在分析科学、技术与社会互动关系时指出：“人们的职业兴趣转移的情况是随时代而异的……这些变化着的兴趣聚焦点全都是同一社会和文化复合体的组成部分……因为它们转移了人们对与之密切相联而又显然互不兼容的事业的注意力。”因此，他讲道：“倘若我们要更充分地评价对科学和技术的兴趣的成长，就几乎不能忽视一般职业兴趣的分布情况。”②

在明朝中后期，来华的意大利传教士利玛窦在考察了中国社会的价值倾向后说过这样一段话：

> 在这里每个人都很清楚，凡有希望在哲学领域成名的，没有人会愿意费劲去钻研数学或医学。结果是几乎没有人献身于研究数学或医学，除非由于家务或才力平庸的阻挠而不能致力于那些

① 李醒民. 论科学文化及其特性[J]. 科学文化评论，2007，（04）：81.

② [美]罗伯特·金·默顿. 十七世纪英格兰的科学、技术与社会[M]. 范岱年等译. 北京：商务印书馆，2000：36.

被认为是更高级的研究。钻研数学和医学并不受人尊敬，因为他们不象（像——笔者注）哲学研究那样受到荣誉的鼓励，学生们因希望着随之而来的荣誉和报酬而被吸引。这一点从人们对学习道德哲学深感兴趣，就可以很容易看到。在这一领域被提升到更高学位的人，都很自豪他实际上已达到了中国人幸福的顶峰[①]。

这里所讲的在哲学领域成名指的是对儒家经学的研习并通过举业的成功而跻身权贵之阶。这位传教士的认识是深刻的，一定意义上可以讲，在中国历史中占主导地位的社会价值观念是一元化的，人们追求“内圣外王”之道，就是将道德人格理想与政治实践理想合二为一，为“学”是为了致“仕”。《管子·小匡》讲“士农工商四民者，国之石（柱石）民也”，对于一个社会或国家的发展来讲，任何一种职业都有其不可替代的价值，但是在现实的社会人才观上，形成了读书为先，农次之，工再次之，商人最后的等级序列，而其中，“万般皆下品，唯有读书高”并不是以读书得智为终极追求，而是为了做官而读书，严复指出：“中国重士，以其法之效果，遂令通国之聪明才力，皆趋于为官。百工九流之业，贤者不居。即居之，亦未尝有乐以终身之意。”[②]而科举制度又从国家的层面强化了这种倾向，“悬格为招矣，而上智有不必得之忧，下愚有或可得之庆，于是举天下之圣智豪杰，至凡有思虑之伦，吾顿八纮之网以收之，即或漏吞舟之鱼，而已暴鳃断鳍，颓然老矣，尚何能为推波助澜之事也哉！嗟乎！此真圣人牢笼天下，平争泯乱之至术，而民智因之以日窳，民力因之以日衰”[③]。由此在社会上滋生了严重扭曲的人才观、价值观，严复讲道，国人在孩提时期，正值身体生长、世界观形塑的阶段，大都不会“任逸居游戏”，小者五六岁，大者十几岁，必定令其进入学校求学，即使家境艰难，也不会过早地将孩子作为劳力从事劳动，相反，家长省吃俭用也要资助孩子上学。这种精神是值得称道的，但若问为何要坚持让孩子上学求学

① [意]利玛窦，金尼阁. 利玛窦中国札记（上册）[M]. 何高济，王遵仲，李申译. 北京：中华书局，1983：34.

② 王栻. 严复集（第四册）[M]. 北京：中华书局，1986：1000.

③ 王栻. 严复集（第一册）[M]. 北京：中华书局，1986：2.

问，大都会回答："不过欲子弟之成器而。"若何为"成器"，得到的回答往往是"上之则可以邀科第，得美官，为门闾家族光采"，甚至会回答："若为农为工，则不必学。即学亦但就其行业求之，如女子然，无取知书识字也。"[①]严复指出，这种回答固然可笑，但确实是当时社会普遍流行的看法，而且在这种倾向的影响下，从学者亦认为学以入官是唯一正途，"即己之寤寐之所志者，亦不过曰：得科第而已"[②]。严复进一步分析道，作为个体的人自然有着不同的求学目的，怀有功利的思想也不足为怪，因为"夫人生贫贱，固为苦辛，故富贵有道，则豪杰勉之"[③]，但这种心态成了社会中普遍存在的常态，则非常不利于科学的发展，它将大批青年才俊限制在八股应试的典籍之内，而鲜有直接面向生活、面向自然的求学者，而没有以科学为职业的人才，发展科学文化也就只能是空中楼阁了。

### （二）传统文化中无"自由"特征不利于科学文化的发生

严复指出，西文中的"自由"即 liberty 和 freedom，意谓无挂碍，不为外物拘牵而已，具体讲，就是每个人在不侵害他人利益的前提下能够按照自己的意志行事，相反，中国传统文化中对"自由"的理解常含有"放诞、恣睢、无忌惮诸劣义"[④]，并将自由视为洪水猛兽，一句话，就是中国传统社会中缺乏自由观念，而这一特征正成为科学文化不能内生于中国的重要因素之一。

#### 1. 窒息崇尚真理的精神

科学文化的内在本质之一就是其批判性与提倡合理的怀疑精神，亦即对真理的不懈追问，严复讲道："平实地说实话求真理，一不为古人所欺，二不为权势所屈而已。使真理事实，虽出之仇敌，不可废也；使理谬事诬，虽以君父，不可从也。"[⑤]但是在一个没有自由保障的社会中，是很难做

---

① 孙应祥，皮后锋.《严复集》补编[M]. 福州：福建人民出版社，2004：64.

② 王栻. 严复集（第一册）[M]. 北京：中华书局，1986：88.

③ 孙应祥，皮后锋.《严复集》补编[M]. 福州：福建人民出版社，2004：65.

④ 王栻. 严复集（第一册）[M]. 北京：中华书局，1986：132.

⑤ 王栻. 严复集（第一册）[M]. 北京：中华书局，1986：134.

到这一点的。

严复指出，从整体上看，中国自秦以来的社会性质都是宗法型社会，亦即封建型社会，他说："乃由秦以至于今，又二千岁矣，君此土者不一家，其中之一治一乱常自若，独至于今，籀其政法，审其风俗，与其秀桀之民所言议思惟者，则犹然一宗法之民而已矣。"[①]尽管宗法社会较之人类早期的图腾社会有了很大进步，但是这种社会以君权为至上，为了维护君权的合法性与稳定性，往往采取"愚民"的政策。严复具体分析道，国家的全部权力来源于人民，"国者，斯民之公产也，王侯将相者，通国之公仆隶也"[②]。但是中国宗法社会"况夫秦以来之法制！如彼韩子，徒见秦以来之为君。秦以来之为君，正所谓大盗窃国者耳。国谁窃？转相窃之于民而已"[③]。其结果便是一方面"天子富有四海，臣妾亿兆"，另一方面国民如"奴"如"隶"。统治集团为了维护既得利益，往往通过法制法令等强制手段钳制国民的思想自由与言论自由，限制国民的自由发展，"质而论之，其什八九皆所以坏民之才，散民之力，漓民之德者也"[④]。在这样的社会中，人们止于"相安相养"，缺乏自由的观念，得不到自由的保障，极易扼杀对真理的探求精神，所以严复讲，对于"学术则黜伪而崇真"的精神，"中国理道初无异也。顾彼行之而常通，吾行之而常病者，则自由不自由异耳"[⑤]。

2. 限制科学研究的方向

中国传统社会无"自由"的特征还表现在缺乏学术自由的方面上。严复讲道，以儒学为核心的中国传统文化是"主德"型的，而西方文化核心则是"主智"型的，德育诚不可失，但在中国传统社会中，君权与教权合二为一，国家采取的教育政策是"取人人尊信之书，使其反复沈潜，而其

---

① 王栻. 严复集（第一册）[M]. 北京：中华书局，1986：136.
② 王栻. 严复集（第一册）[M]. 北京：中华书局，1986：36.
③ 王栻. 严复集（第一册）[M]. 北京：中华书局，1986：35.
④ 王栻. 严复集（第一册）[M]. 北京：中华书局，1986：36.
⑤ 王栻. 严复集（第一册）[M]. 北京：中华书局，1986：2.

道常在若远若近、有用无用之际"[①]。它导致的是在知识分子群体中形成了以古人为是，常常以不及古人为恨的"宗经征圣"的治学倾向，缺乏较大的学术自由空间，排斥了向其他学术方向发展的可能性。严复具体分析道，中国传统学术中也讲"格物致知"，但所谓的"格物"是指排除欲念而达至道德的完善，"夫朱子以即物穷理释格物致知，是也；至以读书穷理言之，风斯在下矣"[②]。"读书"就是读古人圣贤之书，"穷理"成了内省体验，因而鲜有探究自然现象之间必然之理的学术研究旨趣与生动的具体实践，他举例道："前明姚江王伯安，儒者之最有功业者也，格窗前一竿竹，七日病生。其说谓'格'字当以孟子格君心之非，及今律格杀勿论诸'格'字为训，谓当格除外物，而后有以见良知之用，本体之明。"[③]也就是说，中国传统学者，即使看到自然现象，心里所想的也是如何达至内在的道德修养。赫胥黎讲："天下之最为哀而令人悲愤者，无过于见一国之民舍故纸所传而外，一无所知。既无所信向，亦无所持守。徒尚修辞，以此为天下之至美；以虫鸟之鸣，为九天之乐。"[④]严复指出，赫胥黎的话无异于专对中国学术而言，他评价道，这种缺乏学术自由，专注于故纸堆的学术倾向，"始于学术，终于国家"，亦即不仅不能带来科学的发展，而且终将成为国家社会步入近现代文明的阻碍因素。

## 二、科学与现代学术的建立

历史显示，中国传统学术系统性向现代转型与两次西学东渐紧密相关，刘梦溪强调，中国现代学术发生的一个标志就是"中西学术开始交流对话"[⑤]。而在中西学术对话中，科学则是中国学术近现代化过程中必不可少的条件。正如李慎之所讲的："民主与科学，这就是中国传统学术转

① 王栻. 严复集（第一册）[M]. 北京：中华书局，1986：1-2.
② 王栻. 严复集（第一册）[M]. 北京：中华书局，1986：29.
③ 王栻. 严复集（第一册）[M]. 北京：中华书局，1986：43.
④ 孙应祥，皮后锋.《严复集》补编[M]. 福州：福建人民出版社，2004：69.
⑤ 刘梦溪. 中国现代学术要略[M]. 北京：生活·读书·新知三联书店，2018：155.

变为现代学术的必要条件。"[①] 刘大椿更是系统地提出现代学术三个标准：第一，树立起近代意义上的科学精神；第二，介绍和运用了科学理性的思维方法；第三，致力于现代学术体制的建立[②]。以此为关照，刘大椿认为，严复、梁启超、王国维三人对中国现代学术有启山林之功。那么，被誉为中国"现代学术第一人"的严复，是如何认识实证科学与中国学术现代转型之关系的呢？下文以此为中心试作引玉之言。

## （一）建立现代分科体系

学术体系的基本单元是知识、知识结构和知识体系。学术体系的价值导向、为学实践与理论内容最终要通过自身的知识体系来体现和表征。反过来讲，知识体系的特征最直观地反映了学术体系的特征。在这个层面上，"见闻之知"与"德性之知"的关系成为区别中西、古今学术体系的一大标志。

西学与中学，自"轴心时代"开始，就各自循着自己的道路发展，在很多学者看来，"西学是求真之学，中学是求善之学"[③]，从思维方式来看，中学以价值判断为前提，以践履为主要任务，通过自我约束、自我控制、自我调整方面的身心训练来提高人生在某些方面的素质或达到某种精神境界[④]。严复同样认为，"中国旧学，德育为多"[⑤]，他说："盖吾国教育，自三育言，则偏于德育，而体智二育皆太少。"[⑥]传统中学的关注点在"仁""德""信""善"等范畴内，通过"行"来对这些道德概念进行认知与践行活动，以期通过自我的道德心性修养，完成个人内在的飞跃，

① 李慎之，何家栋. 中国的道路[M]. 广州：南方日报出版社，2000：206.

② 刘大椿，吴向红. 新学苦旅——科学·社会·文化的大撞击[M]. 南昌：江西高校出版社，1995：190.

③ 李慎之，何家栋. 中国的道路[M]. 广州：南方日报出版社，2000：189.

④ 方朝晖. "中学"与"西学"：重新解读现代中国学术史[M]. 保定：河北大学出版社，2002：74.

⑤ 王栻. 严复集（第二册）[M]. 北京：中华书局，1986：284.

⑥ 王栻. 严复集（第二册）[M]. 北京：中华书局，1986：281.

进而达到比肩孔孟的“圣贤”境界，正如《大学》所言“大学之道，在明明德”。于此，传统中学知识体系形成了以“人”为中心，服务于人格成长和人生终极关怀的学术分类体系——经学中心体系。该体系源于春秋时期由诗、书、礼、易、乐、春秋组成的“六经”。至于西汉之时，在刘向的《别录》的基础上，其子刘歆将其进一步发展为由六艺略、诸子略、诗赋略、兵书略、术数略、方技略以及辑略组成的“七略”。晋人荀勖在郑默的《中经》基础上编写《晋中经簿》，设甲、乙、丙、丁四部。虽然此四部被看作是四部分类的开端，但经、史、子、集顺序的确定却是要到东晋李充编撰《晋元帝四部书目》时才得以定型。到了唐代，《五代史志》（又称《隋书》十志）中《经籍志》开始以经、史、子、集为名通过四部分类法对历史文献进行分类编撰，奠定了后世对中国历史文献进行学科分类的基础①。此种方法为后世所沿用，“从《四库全书》的精心编目到《古今图书集成》的系统分类，事实上已经证明古人已形成一整套成熟的学术分类体系”②。但传统中学的四部分类法既条分缕析又杂而不分，条分缕析是较人而言，杂而不分是较知识本身而言。这是一种以便于人之修身为目的所建立的分类体系，并非根据知识本身的特性而划分、建立的分类体系。对此，严复曾以中西政治学的不同来评价中学与西方学术知识分类的区别，他说：“顾中国古书之短，在德行、政治杂而不分。而西国至十九世纪，政治一门已由各种群学分出，故其理易明，其学易治。”③

西方学术体系在 14 世纪文艺复兴运动中开始自我革命和发展，摧毁了经院哲学体系，一方面，人们开始摆脱后世评注而直接接触古希腊知识，知识活动成为充满兴趣的社会性活动④；另一方面，此时的人们有着无尽的好奇心，而随着关注点由书中的奇珍异兽转向现实的奇珍异兽，人们的

① 张国刚，乔治忠，等. 中国学术史[M]. 上海：东方出版中心，2002：300.
② 方朝晖.“中学”与“西学”：重新解读现代中国学术史[M]. 保定：河北大学出版社，2002：3.
③ 王栻. 严复集（第五册）[M]. 北京：中华书局，1986：1245.
④ [英]罗素. 西方哲学史（下卷）[M]. 马元德译. 北京：商务印书馆，1982：14.

好奇心也由文学性转变为科学性①。这对于后来的科学革命而言是必要的准备。

到了 17 世纪，科学无疑获得了巨大的成功，知识类型也发生了极大的转变，形上思辨转向实证求知。严复对此曾言：“夫西洋之于学，自明以前，与中土亦相埒耳。至于晚近，言学则先物理而后文词，重达用而薄藻饰。”②并且，自培根之后，西方学术的知识分类在以科学为基础的前提下得到了充分发展。1817 年，柯勒律治将全部知识划分为纯粹科学与应用科学两部分。1826 年，孔德将知识划分为“理论的”与“实用的”两类。1864 年，斯宾塞在继承孔德的知识分类方法基础上，将知识划分为抽象的科学（逻辑学、数学）、抽象-具体的科学（力学、物理学）、具体的科学（天文学、地质学、生物学、心理学、社会学）三类，三类又各自包含具体学科③。对于斯宾塞的知识分类，有学者认为这三大类科学构成了西方近代完善的知识体系。综上所述，近代以来的现代西方学术在继承于前的“重知识”的固有特征基础上，更加重视对自然的研究，形成新的学科分类体系。

严复受斯宾塞等早期实证主义哲学代表人物观点的影响，提出了一套区别于传统中学的知识分类体系，即以知识特性为划分依据的新知识分类体系，如他在《京师大学堂译书局章程》中按照科学分科的方法，将所需译书分为三大类：“一曰统挈科学；二曰间立科学；三曰及事科学。”④统挈科学包括逻辑学与数学，严复认为，这是开展所有学术研究的基本工具；间立科学包括物理学、化学两门；及事科学则有生物学、天文学、地质学、气候学、人体学、社会学、历史学等“治天地人物之学”。在这三大类基础上，再可细分的 38 门：“一、地舆；二、西文、律令；三、布算；四、商功；五、几何；六、代数；七、三角；八、浑弧；九、静力；十、动力；十一、气质力；十二、流质力；十三、热力；十四、光学；十五、声学；

① [英]罗素. 西方哲学史（下卷）[M]. 马元德译. 北京：商务印书馆，1982：33.

② 王栻. 严复集（第一册）[M]. 北京：中华书局，1986：29.

③ 杜定友. 科技图书分类问题[J]. 江苏图书馆学报，1987，（2）：15-16.

④ 王栻. 严复集（第一册）[M]. 北京：中华书局，1986：130.

十六、电磁；十七、化学；十八、名学；十九、天文；二十、地气；二十一、理财；二十二、遵生；二十三、地质；二十四、人身；二十五、解剖；二十六、人种；二十七、植物状；二十八、动物状；二十九、图测；三十、机器；三十一、农学；三十二、列国史略；三十三、公法；三十四、帐录；三十五、庶工（如造纸、照象、时表诸工艺）；三十六、德育；三十七、教育术；三十八、体育术。”[①]以期通过在译书阶段便将传入书籍按照现代西方学术知识分类体系分类，进而潜移默化地推广这种新的知识分类体系。这个体系门类丰富详细，尽管现在看来，只能说是参照当时的西方学术体系而设计的分科尝试，但在大类上，涵盖了德、智、体三个方面，而且科学知识占最大比例，这不能不说是有了近现代气息的、迥别于传统中学体系新的知识体系架构。此外，严复在谈及史学时曾言：“窃惟古人之史，将以究天人之际，遍取一切，稍有关系，莫不著录。至于近世不然，盖诸学皆有专门，其间各有历史。……乃至食货，则统于计学，刑法则系于律学，二者造国大经，而后此之史，犹且略之。”[②]其中关于“古人之史”与“近世之史”的区别的概述，亦可以看作是一种基于新的知识分类方法上的认识。

当然，严复也非常珍视中国传统学术重“德育”的历史意义和现实价值，但对于已经以一种别样的形式走入近现代、走进世界的中国而言，中古学术向近现代转型，亟须建立现代知识分类体系。

### （二）建立相对独立的学术体制

不同类型的知识体系，必然有不同的学术体制与之配套，为其做保障。换言之，一旦要求知识体系发生转型，相应地则必然需要对旧有学术体制进行变革，其变革剧烈程度取决于旧有体制与新知识体系的相容性。

#### 1. 传统中学之弊在于缺乏相应的学术独立性

有学者指出：“中国传统学术体制，不同于近代以大学和研究机构为中心的现代学术体制，而是以各级官学和书院为中心之古典式学术体

① 王栻. 严复集（第一册）[M]. 北京：中华书局，1986：127-128.

② 孙应祥，皮后锋.《严复集》补编[M]. 福州：福建人民出版社，2004：264.

制。”[①] 官学虽然经过一系列发展完善，但较书院而言，其产生之初便与政治联系十分紧密且目标明确而单一，即为朝廷培养治事人才，“学在官府”是其特征。随着历代朝廷通过扶持官学来鼓励士人步入仕途，“学而优则仕”成为士人们治学的首要目标与理想。隋唐时期科举制的实行与逐渐完善使“朝为田舍郎，暮登天子堂”成为可能，较门阀制度而言在选才用才上是一种具有进步意义的制度安排，但当整个国家与社会将科举视为检验人才是否合格的唯一标准时，它就成为一种既有刚性力量而又极具诱惑的天下学人的为学导向和规范。科举考试内容逐渐成为官学教授内容的标杆，士人多将科举考试内容作为“有用之学”，并以此划定治学范围，学术的范围受到了朝廷所定的科举制的影响。到了明清时期，官学所教授内容在以“四书五经”为唯一考试范围、以八股文为考试制度的科举制影响下也固化为经文八股。到此，官学沦为科举制的附庸，很难有学术独立性可言。严复直言这种取才方式实际上产生了“锢智慧”“坏心术”“滋游手”的负面作用。书院本有补官学之弊的意图和功能，但随着历代朝廷对于书院控制的逐步增强，书院亦开始官学化。到了清代，以教授科举考试内容为主的官办书院占据了主流，书院亦成为科举制的附庸。严复对此曾言：“然书院之兴，虽较胜于学校，其所课者，仍不离乎八股试帖，或诗赋杂体文：其最高雅者，乃分经学、史学、理学、文学等而试之。而其不切于当世之务，则与八股试帖等。”[②]在他看来，书院已与官学无异。此种情况下，一方面，科举制的影响使传统中学的学术体制成为政治的附庸，而缺乏独立性，现代学术体系很难发生；另一方面，以经文八股为主的科举考试内容则阻碍了人们对自然的普遍和深入的探求，自然科学很难由此学术体制中孕育而生。

2. 破旧立新建立现代学术体制

那么现代学术体制是什么样子？或者说，中国学术体制应当向哪个方向转型？严复的观点可归纳为“破旧”与“立新”两个方面。

“破旧”是指废除科举制等旧学术体制。严复在“破旧”这一方面的

---

① 左玉河．中国近代学术体制之创建[M]．成都：四川人民出版社，2008：20.

② 王栻．严复集（第一册）[M]．北京：中华书局，1986：88.

认识可分为两部分：一是对旧学术体制的批判，“人人皆言变通学校，设学堂，讲西学矣。虽然，谓十年以往，中国必收其益，则又未必然之事也。何故？旧制尚存，而荣途未开也”[①]。在严复看来，旧学术体制是中国学术不振的症结所在。科举制是旧学术体制的重要组成部分，甚至是核心部分；八股取士则是晚清科举制的主要形式。正如前文所言，始于明代下半期的八股文，目的在于遴选人才，但随着八股文考试制度的逐渐演变，偏弊流害愈多，人才也在其中被消磨掉了。特别是到了清朝，在满族贵族统治之下，清政府无意让汉人参与其统治，科举八股则成为羁縻牢笼之一术[②]。严复对此也曾言“八股取士，使天下消磨岁月于无用之地，堕坏志节于冥昧之中，长人虚骄，昏人神智，上不足以辅国家，下不足以资事畜。破坏人才，国随贫弱”[③]，其弊病日甚，已然成为大害。因此，他提出：“变将何先？”“莫亟于废八股。夫八股非自能害国也，害在使天下无人才。”[④]这种将废除科举制摆在社会变革的首要位置的呼吁，不仅是严复对于科举之于国家人才选拔弊病的认识，更是出于对科举为核心的旧学术体制严重阻碍新学术体系建立的忧虑：当时学堂虽开新课，然最终考评仍为八股，新知识沦为边角，士子在此情形下不得以继续钻研八股而无暇顾及新知识。严复曾言：“今之所谓学堂者，特书院之变相耳。”[⑤]因此，欲求得新型知识与理论的产生，就必须先建立起新的学术体系。

在严复看来，“立新”则需要建立以学位制度为核心的现代学术体制，从根本上改变传统中学治学治事不分的状态。体制、机制作为国家意志的体现因其所具有的刚性力量而具有其他手段无法比拟的社会导向作用，严复在批判中国封建国家在制定八股取士之弊时讲过这样一句话：“论者将谓八股取士，固未尝诚负于国家，彼自明以来用之矣，其所收之贤哲巨公，指不胜屈，宋苏轼尝论之矣。果循名责实之道行，则八股亦何负于天下？

① 王栻. 严复集（第一册）[M]. 北京：中华书局，1986：30.

② 钱穆. 中国历代政治得失[M]. 北京：生活·读书·新知三联书店，2018：161.

③ 王栻. 严复集（第一册）[M]. 北京：中华书局，1986：43.

④ 王栻. 严复集（第一册）[M]. 北京：中华书局，1986：40.

⑤ 王栻. 严复集（第一册）[M]. 北京：中华书局，1986：121.

此说固也，然不知利禄之格既悬，则无论操何道以求人，将皆有聪明才智之俦入其彀。设国家以饭牛取士，亦将得宁戚、百里大夫；以牧豕取士，亦将得卜式、公孙丞相。假当日见其得人，遂以此为科举之恒法，则诸公以为何如？夫科举之事，为国求才也，劝人为学也。”①也就是说，国家的政策和体制机制如果设置得不合理，将起到非常恶劣的结果，那么它的反面则是，如果将其运用得当，亦将起到巨大的正面作用。因此，要吸引一大批青年才俊投身科学事业并且实现学术自由就需要制度上的保障，否则很难要求人们做到“为学术而学术”的境界，科学文化本土化也就难以落到实处，他讲道：“使无变今之俗，虽日取国人而教训之，犹无益也。观于今日出洋学生，人人所自占，多法律、政治、理财诸科，而医业、制造、动植诸学，终寥寥焉!而国家所以广厉学官，动曰培才为朝廷所任使，是上下交相失也，可以见矣!”②

一方面，严复提出“学校仕进，分而为二”的观点，亦即建立独立的教育制度。严复指出，中国传统教育是在以为国家培养和储备当官的人为主要目标，亦即教育依附于政治，完全为政治服务，而从学则成为进阶仕宦的阶梯。而西方国家大都建立有完备和独立的教育体系，“特其事不由于君王，而主于学校”③，从小学、中学到大学，并与所学专业相对应，对毕业者颁发如“学士”“艺师”“文学”等学凭，而且这种文凭只作为持有者所学专业程度的证明，并不必然与仕途挂钩，“且此仅为学业之事，不必为仕宦之所由”，“非若中国之必以是为出身也”④。相应地，从政者“仕有专涂”，与学术“不相杂厕”⑤，即对政绩或从政能力的考察另有一套评价机制，例如，“多出于乡举，或出于明律，或出于军功劳勚”⑥。

① 王栻. 严复集（第一册）[M]. 北京：中华书局，1986：42-43.
② 王栻. 严复集（第四册）[M]. 北京：中华书局，1986：1000-1001.
③ 王栻. 严复集（第四册）[M]. 北京：中华书局，1986：903.
④ 王栻. 严复集（第四册）[M]. 北京：中华书局，1986：903.
⑤ 王栻. 严复集（第四册）[M]. 北京：中华书局，1986：903.
⑥ 王栻. 严复集（第四册）[M]. 北京：中华书局，1986：903.

而正是这种“学凭”制与“仕进”制“或不相侵，故能彼此相助”[①]。相反，如若西方国家亦将“学凭”作为“仕进”的阶梯，那么，原本擅长自然科学领域的人必将舍此而“听民讼狱”，原本精于技术开发的人也将舍此而“司国掌故”，即使明知八股无实用，人们也会趋之若鹜。因此，严复总结道：“窃谓中国之制，学校仕进，合而为一；泰西之制，学校仕进，分而为二。故二制必不可以强同。”[②]

另一方面，严复提议施行“学成必予以名位”，亦即建立独立的学术评价机制。严复认为，中国传统社会存在严重的“以吏为师”、学官不分的现象，不仅“中国帝王，作君而外，兼以作师”[③]，而且普通士子求学是为了做官，而一旦做了官同时承担着社会教化的角色，他们既是行使行政权力的官员，又是社会中的知识分子。也就是说，考察一个人学问的高低要以他是否“做官”为标准。对此，严复分析指出，人之秉性各有差异，有的人擅长“治学”，有的人擅长“治事”，对于大部分人来讲，“治学”与“治事”“恒不能相兼”，例如，如果强让牛顿带兵打仗，其事功不一定能超过拿破仑，而让俾斯麦做自然科学研究，也不一定能做出达尔文的成就。因此通过建立独立的教育制度，“学”则专司培养较高素质的国民，经过教育阶段之后，每个人能够按照自己的所长与兴趣自由选择职业，这就要求在教育体制上加以变革的同时，建立一种独立于政治的甚至独立于一般社会的学术评价制度，即我们现在所熟知的学术职称制度和学术荣誉（奖励）制度，否则，经过普通教育的人，仍然将集中于仕途上，他讲道：“学成必予以名位，不如是不足以劝。而名位必分二途：有学问之名位，有政治之名位。学问之名位，所以予学成之人；政治之名位，所以予入仕之人。若有全才，可以兼及；若其否也，任取一途。”[④]这里的“学成必予以名位”就是指独立于政治以及社会其他领域的学术评价制度。

此外，为了进一步提高科学工作者在社会中的地位，严复还设计了一

① 王栻. 严复集（第一册）[M]. 北京：中华书局，1986：89.
② 王栻. 严复集（第四册）[M]. 北京：中华书局，1986：903.
③ 王栻. 严复集（第四册）[M]. 北京：中华书局，1986：928.
④ 王栻. 严复集（第一册）[M]. 北京：中华书局，1986：89.

套学术荣誉制度："国家宜于民业，一视而齐观。其有冠伦魁能，则加旌异，旌异以爵不以官。爵如秦汉之封爵，西国之宝星，贵其地望，而不与之以吏职。吏职又一术业，非人人之所能也。如是将朝廷有厉世摩钝之资，而社会诸业，无偏重之势，法之最便者也。"①当然，我们知道，授之以爵是在君主立宪制国家中可行的方案，如英国，但其中所表达的正是国家对科技工作杰出者予以奖励和授予荣誉的制度设想。

3. 培育现代学术精神

建立与现代学术相适应的体制，从事学术研究的人群不必"学而优则仕"，仅以其学术贡献就可以获得社会的承认，为求知而求知的学术理想与学术实践得到了学术系统外在的社会系统的保障。就学术系统自身而言，能否产生自然科学知识等现代学术知识和理论，还取决于是否真正形成科学的为学方法并树立理性的治学精神。

（1）流于"向壁虚造""强物就我"的中国传统治学。为求知而求知本身就是近现代学术精神的典型标志与内在价值，也是自然科学等现代学术体系得以发生发展的根本保障。以主德知为特征的传统中学，其目的在于"修德"，"知识从来就是附属于德行之下，是为德行服务的，它本身并没有独立的价值。所以追求真理，在中国首先而且主要地就不是指获得知识和理解，而是指履行道德义务"②。对人的外在世界的认识而言，特别是自然科学研究就显得非常薄弱乃至缺失。严复曾指出："吾国所谓学，自晚周秦汉以来，大经不离言词文字而已。求其仰观俯察，近取诸身，远取诸物，如西人所谓学于自然者，不多遘也。"③在这种经学独尊的格局下，义理和考据成为传统中学中两种重要的治学方法，而科学知识与技术则被视为"末由小道""方技淫巧"。即便是产生于明朝中后期的"实学"，其本身也未能突破经学的羁绊，本质上是一种由理学向经学的复归。事实上阐发圣人微言大义与对古籍一字一句的考据，两者或交替或并行，一直都是传统中学的主要践行之路，未能生出探索自然的广泛而深入的兴趣与

① 王栻. 严复集（第四册）[M]. 北京：中华书局，1986：1000.

② 何兆武. 何兆武学术文化随笔[M]. 北京：中国青年出版社，1998：97.

③ 王栻. 严复集（第二册）[M]. 北京：中华书局，1986：237.

行动。也正因此，严复认为，从现代学术方法来看，“汉学”“宋学”“举不得为学”。在治学精神上，必须承认的是，几千年中国传统学术发展，同样不乏严谨、唯实的理念与主张，但在严复看来，在何为“实”的标准上，中国传统学术出现了问题。他认为，中国古人治学往往“宗经征圣，求诸方寸”“徒向书册记载中求”，动辄以古人之言为逻辑起点展开推论，古人之非既不能明，古人之是亦不知所以是，特别是陆王心学一脉的认识起点往往“向壁虚造”“强物就我”，这种学术实践在实质上违背了“唯实”的学术精神与学术主张。

（2）遵循实证方法，弘扬理性精神。从西方自然科学发展史中我们清晰可见，古希腊时期，人们对自然的发现认知中具有很多有意义的且具有合理性的内容，其中便有着逻辑方法与实验方法这类经验性方法的雏形，但后者经验性的方法在当时并未受到重视。但不可否认的是，古希腊文化作为近代科学的源头，科学方法孕育其中，特别是自由的学术精神与之相伴而生，严复认为，这种精神可以表述为：“一不为古人所欺，二不为权势所屈而已，使理真事实，虽出之仇敌，不可废也；使理谬事诬，虽以君父，不可从也，此之谓自繇。”[①] 他也借用了亚里士多德的一句至理名言来宣扬这种精神：“吾爱吾师柏拉图，胜于余物，然吾爱真理，胜于吾师。”[②]

在神学与经院哲学主宰的中世纪，逻辑方法、思辨论证技巧和分析推理技术等长期地应用于非经验目的和非经验事物上。与之不同的是，实验科学并未被当时的学术主流所肯定和接受，而是被工匠与炼金术士们不自觉地保持且传承着。进入文艺复兴时期后，随着学术的复兴以及古希腊、罗马知识的重归，人们开始对自然现象等经验事物产生兴趣，其治学方法逐渐向实证方向转型，实验方法被自觉运用。

科恩曾评论这场科学革命“与 17 世纪的政治革命相比，科学革命在许多方面更为彻底、更富有创新性，而且业已证明，它的影响更为深远”[③]。

---

① 王栻. 严复集（第一册）[M]. 北京：中华书局，1986：134.

② 王栻. 严复集（第一册）[M]. 北京：中华书局，1986：134.

③ [美]科恩. 科学中的革命[M]. 鲁旭东，赵培杰，宋振山译. 北京：商务印书馆，1998：99.

这也正是严复认为三百年来科学昌明的缘故，他说，而“三百年来科学公例，所由在在见极，不可复摇者，非必理想之妙过古人也，亦以严于印证之故”[①]。“一理之明，一法之立，必验之物物事事而皆然，而后定之为不易。”[②]科学的实证精神在重复性实验中得以贯彻，一项科学认识和理论之所以获得承认并“不可复摇”，就在于不同地点、不同时间、不同人严格按照实验规程，可以获得相同的结论，严复讲道：“公例既立之余，随地随时可以试验。……此种学科，并无主张，只有公理，人人可自用其耳目，在在得试验其不诬。”[③]

这场科学革命在学术上产生了巨大的作用。首先，它使得长期依附于神学、哲学的科学独立了出来，成为近现代意义上的学科。其次，在这场革命中，学者传统与工匠传统、学术传统与实用工艺传统不断融合，使得学术研究目的产生重要变化，应用科学在学术体系中占据重要席位，以逻辑方法、实验方法、数学方法为代表的科学方法则成为现代西方学术主要的治学方法。更为重要的是，治学方法的科学化所体现出来的正是学术精神的科学化：一方面，科学的独立使得学术独立精神和求真精神被人们所认识接受，学术得以自由发展；另一方面，蕴含在科学方法背后的科学精神，诸如实证精神、怀疑精神等则随着科学方法成为治学方法而传播开来，改变了人们的思维方式，并逐渐成为新的学术精神。在近代科学革命的影响下，现代西方学术体系在科学的基础上建立了起来。严复对此曾言：“其（近代西方）为学术也，又一一求之实事实理，层累阶级，以造于至大至精之域，盖寡一事焉可坐论而不可起行者也。”[④]

在具体的治学方法上，严复对培根大加称赞，“二百年学运昌明，则又不得不以柏庚氏之摧陷廓清之功为称首”[⑤]。严复极力推崇实证主义方法论，他称之为“实测内籀”之法，包括紧密衔接又互为支撑的三个层面：

① 王栻. 严复集（第四册）[M]. 北京：中华书局，1986：1053.

② 王栻. 严复集（第一册）[M]. 北京：中华书局，1986：45.

③ 王栻. 严复集（第二册）[M]. 北京：中华书局，1986：284.

④ 王栻. 严复集（第一册）[M]. 北京：中华书局，1986：11.

⑤ 王栻. 严复集（第一册）[M]. 北京：中华书局，1986：29.

一曰考订；二曰贯通；三曰试验。“考订”即指观察实验，是科学认识方法的逻辑起点，意谓广泛收集资料并分门别类加以规整；“贯通”就是在观察实验的基础上发现事物背后的规律性知识达到“道通为一”的理论体系或假说，其表现形式即所谓全称命题；最后一个环节——“试验”指理论验证，即将全称命题推演为若干可加以验证的单一命题并以其确证或证伪来检验理论的真理性。

## 三、小结

学术是文化中最精致的部分。中国传统文化源远流长、具有强大生命力的关键原因之一就是历史上的很多时候中国学术体系能够对内不断自我反省更新，对外以包容开放的精神借鉴吸收他种资源，共同造就了中国传统学术高原上的多个高峰，甚至领世界之先。明朝以降特别是清中叶之后，由于多种原因，中国采取闭关锁国政策，学术交流与更新放缓甚至停滞。但外部世界，近现代科学革命正在发生并获得日新月异的进展，科学的技术实践、社会实践也许会出现一些值得注意的问题，但毋庸置疑的是整个学术体系进入实证科学时代、整个世界的进步日益离不开科技的进展。此时的中国，“天朝上国”之梦被“船坚炮利”打得粉碎，走入一个新的“殷忧启圣，多难兴邦”的时代，中国人先是认识到自己国家在器物层面表现出来的直观而刚性的力量不如外部世界，后又逐步认识到制度不如人，后又在一次次血淋淋的事件中深刻认识到，更为根本的是整个学术体系大大落后了。

在这个特殊时期，严复作为“第一个真正了解西方文化的思想家”[①]，以其深厚的西方学术素养和对中国现代学术体系建设的关心，从三个方面阐释了其现代学术观：在学术分类体系上，由对人的关注转向对客观知识的关注，建立现代学科体系；在学术体制上，建立相对独立于社会体系的学术体系，从制度上保障为求知而求知的学术精神能够落到实处；在方法与精神上，欲求新知，特别是科学知识，就必须形成“即物实测”的科学

① 冯友兰. 中国哲学史新编（下卷）[M]. 北京：人民出版社，2007：425.

方法，破除唯上、唯书、唯古的学术藩篱，树立起一切以事实说话的学术精神。严复的现代学术观点尽管很多方面还不够深入，比如，关于建立现代学术制度，他并没有提出一个较为详细的方案，但是其思想已经基本涵盖了现代学术的主要方面，是中国中古学术转型、现代学术体系建设必须开展的内容，尤其是在“侧身四顾不忘故国者能有几人”、在对新学新知欲迎还拒、在求知求变却茫然无措的大环境中，就显得尤为可贵。

回顾历史也确实走过了一条这样的道路。近代以来，从林则徐、魏源等人的“器物”科学观一直到中央研究院和国立北平研究院的建立，中国科学文化走上了体制化的道路，特别是中华人民共和国成立以来，国家科学事业的发展取得了举世瞩目的成就，这种成就从一定意义上讲，离不开新中国教育科研体制的不断完善。但是，在成就与辉煌的背后，仍然有一种隐忧时浮时沉于人们的眼前——“为什么我们的学校总是培养不出杰出的人才？”[①]

我们以为，百年前启蒙思想家严复的“治学治事宜分二途”观点仍然有助于我们今天对“钱学森之问”的认识的深化，同时对破解“钱学森之问”有着启示作用。破解难题，培养创新型科技人才最根本的还是要对教育科研体系进行创新，建立起符合人才发展规律的教育体制机制。在这一方面，有许多现实的工作需要去做，去探索，诸如有序地推进学校去行政化，让学校回归真正的“独立之精神，自由之思想”的乐土，切实地充当将学生培养成创新型人才的载筏；有力摒弃“学而优则仕”和“仕而优则学”的片面观念和做法，还学术界、科学界一个真实的去功利化、去世俗化的清净而有为的世界。教育科研机制体制的改革与创新就是要建立符合人才发展规律的体系与环境，以吸引更多的青年才俊投身科技事业。

① 这一命题被学界称为“钱学森之问”。

# 第六章　西学东渐史视野下的严复与西方科学哲学

严复是西学东渐史上的杰出知识分子，一个世纪以来，学界已充分认识到，严复所着力传播的西方学术在很大程度上可归属于科学哲学的理论体系。一般而言，科学哲学是对科学的哲学反思，是科学思想中最为精致和核心的部分。从思想渊源上讲，古希腊哲学传统中即存在关于真理性知识以及如何获取真理性知识的讨论，而近代自然科学取得的辉煌成就更是广泛地引起人们对科学的深入思考，但西方科学哲学作为独立的哲学思潮登上历史舞台则是以对近代等古典哲学的变革并以实证主义为其早期的形态出现的。正如有学者指出，一般认为，科学哲学发轫于培根、笛卡儿为代表的近代哲学和伽利略、牛顿为代表的近代科学，而以19世纪开始涌动的实证主义思潮作为成形的标志[①]。概言之，“没有科学，就没有科学哲学。没有西方科学，也无所谓西方科学哲学”[②]。作为并未内生出近代实验科学的中国来讲，自然就不大可能创生出严格意义上的科学哲学思想与理论，而西方科学哲学东渐是与科学东渐相伴而来的。本章通过对严复传播科学哲学的动因、历史地位的考察与分析，以期从一个侧面丰富和深化严复科学思想的研究。

## 第一节　学界对严复在西学东渐史上地位认识的深化

我们知道，学界将严复的学术思想及活动作为研究对象加以探讨和研

① 刘大椿. 辛亥革命前科学哲学在中国的传播及其思想意义[J]. 科学技术与辩证法，1993，（06）：16.

② 刘大椿. 辛亥革命前科学哲学在中国的传播及其思想意义[J]. 科学技术与辩证法，1993，（06）：16.

究肇始于19世纪末，而且，一百多年来人们对严复的认识经历了一个渐次深入的过程。

## 一、学界对严复思想认识的几个阶段

### 1. 严复是西学东渐特别是西方哲学东渐史上的杰出人物

梁启超认为，“西洋留学生与本国思想界发生关系者，复其首也”[①]。蔡元培指出：“五十年来，介绍西洋哲学的，要推侯官严复为第一。”[②] 1945年，贺麟在写成的《西方哲学的绍介与融会》中总结道：“说到介绍西方哲学，大家都公认严几道是留学生中与中国思想界发生关系的第一人。”[③]特别需要提到的是胡适的研究，他曾详细地讲道，近代以来引介西方学术思想的书籍大致可归为三类：一是宗教的书；二是科学和应用科学的书；三是历史政治法制的书。此外的书籍，如文学的书、哲学的书，在当时还没有引起人们的注意，这是因为，“当日的中国学者总想西洋的枪炮固然利害，但文艺哲理自然远不如我们这五千年的文明古国了”[④]。而正是严复弥补了西洋哲学书籍阙如的缺憾，因此，他是“介绍西洋近世思想的第一人”[⑤]。

### 2. 严复所传播的西方哲学理论隐含着一条思想主线——实证主义科学哲学

在充分肯定严复在传播西学的历史地位的同时，一些著名学者亦深入考究了严复所传播西学的具体内容。除了广为世人所知的让严复名噪一时并奠定他在中国思想史上不朽地位的《天演论》一书之外，在这里我们可以将时人对严复传播西学内容的认识归结为以下两个主要的方面：其一是科学方法论。蔡元培指出：“严氏于《天演论》外，最注意的是名学……

① [清]梁启超. 清代学术概论[M]. 北京：东方出版社，1996：89.

② 蔡元培. 蔡元培全集（第4卷）[M]. 高平叔编. 北京：中华书局，1984：351.

③ 贺麟. 关于严复翻译的再评价[C]//苏中立，涂光久. 百年严复. 福州：福建人民出版社，2011：188.

④ 胡适. 胡适文集（3）[M]. 欧阳哲生编. 北京：北京大学出版社，1998：211.

⑤ 胡适. 胡适文集（3）[M]. 欧阳哲生编. 北京：北京大学出版社，1998：211.

严氏觉得名学是革新中国学术最要的关键。”[①]章士钊径直评价严复是“为国人开示逻辑途径”的“巨子”。郭湛波则在《近五十年中国思想史》一书中高度评价严复引介西方逻辑学所产生的社会影响，他讲道：“自严先生译此二书（指《穆勒名学》和《名学浅说》——笔者注），论理学始风行国内，一方学校设为课程，一方学者用为致学方法。”[②]而严复所翻译的这两部逻辑学著作是英国经验主义科学方法论的典型代表，其中，穆勒本人正是归纳主义的集大成者，他建构了古典归纳逻辑体系，提出了著名的穆勒方法，即科学归纳法。其二是功利主义的思想和理论。王国维在称赞严复的《天演论》“一新世人之耳目，比之佛典具殆摄摩腾之四十二章经乎”的同时指出“顾严氏所奉者英吉利之功利论及进化论之哲学耳”[③]。梁启超同样认识到作为清末主要思想潮流的几大重镇之一的严复是以“专翻译英国功利主义派书籍，成一家之言”[④]。贺麟也指出：严复“介绍进化论，以弱肉强食、物竞天择等观念警惕国人，他介绍英国的功利主义，以策勉国人努力富强之术”[⑤]。

我们知道，进化论思想、经验主义方法论以及功利主义都与 19 世纪 20～30 年代在欧洲兴起的实证主义科学哲学有着内在而紧密的关联。第一，实证主义科学哲学的产生得益于 19 世纪上半叶西方实验自然科学的长足发展，特别是与进化论的发展直接相关，进化论为实证主义科学哲学提供了新的认识和解释自然与社会发展变化的方法论基础，从而大不相同于 17～18 世纪哲学家由经典力学的巨大成功而形成的机械论观点，而且，严复在作为科学学说和科学哲学的“进化论”基础上建构的天演思想则是“科学哲学（进化论）通向历史哲学（社会进化论）的

① 蔡元培. 蔡元培全集（第 4 卷）[M]. 高平叔编. 北京：中华书局，1984：352.

② 郭湛波. 近五十年中国思想史[M]. 上海：上海世纪古籍出版社，2010：167.

③ 王国维. 严复译述《天演论》的影响及其缺陷[C]//苏中立，涂光久. 百年严复——严复研究资料精选. 福州：福建人民出版社，2011：288.

④ [清]梁启超. 中国近三百年学术史[M]. 北京：东方出版社，1996：32.

⑤ 贺麟. 关于严复翻译的再评价[C]//苏中立，涂光久. 百年严复. 福州：福建人民出版社，2011：188.

桥梁"[①]。第二，科学方法论本身就是科学哲学的核心论题，而功利主义则从进步、进取等思想与精神侧面体现出了19世纪在西方风起云涌的实证主义科学哲学思潮。可以讲，透过20世纪早期这些著名学者对严复所传播西学内容的概括与总结，对严复所传播的西学内容的主要和重要方面之一正是在西方哲学史上第一个打起"科学哲学"旗号的实证主义哲学流派的认识已隐约显现出来。

*3. 严复是西方科学哲学东渐的先驱者*

20世纪80年代以后，学界对严复在中国自然辩证法（科学技术哲学）史，特别是在西方科学哲学东渐史上的历史地位形成了更为明确的认识。

其一，从中国自然辩证法史（科学技术哲学史）的角度讲，龚育之指出，严复与同时代部分先进人物的哲学思想中反映出自然科学的影响，特别是反映出进化论的影响，而且"进化论等近代自然科学知识在中国的传播和中国近代哲学革命的进化论阶段，为马克思主义及其自然辩证法在中国的传播，准备了条件"[②]。学者任元彪明确指出："19世纪末，严复对进化论思想武器的运用，显示出对科学的理解和把握已有相当的哲学深度。20世纪初，严复对'科学为本'观念的阐述和对科学方法论的研究，表明中国人开始在哲学和理性高度上对科学进行审视和研究。就是说，中国科学技术哲学已经历了百年历程。"[③]

其二，从西方科学哲学东渐史的角度讲，范岱年在《关于我国科学哲学研究的粗略回顾与展望》一文中写道：早在19世纪初"随着从国外引进近代科学，我国也开始引进西方的科学哲学"，其标志性事件之一就是严复在1905年翻译出版《穆勒名学》和在1909年翻译出版耶方斯的《名学浅说》[④]；

---

① 刘大椿. 辛亥革命前科学哲学在中国的传播及其思想意义[J]. 科学技术与辩证法，1993，（06）：22.

② 龚育之. 中国自然辩证法史（一）[J]. 自然辩证法研究，1991，（01）：8.

③ 任元彪. 中国科学技术哲学百年[C]//王直华. 百年科学话题. 福州：福建教育出版社，2002：362.

④ 范岱年. 关于我国科学哲学研究的粗略回顾与展望[J]. 自然辩证法研究，1986，（02）：9.

刘大椿教授在《辛亥革命前科学哲学在中国的传播及其思想意义》一文中较为全面地考察了从明末至民初西方科学和科学哲学的东渐史，他认为："系统、直接译介西方哲学并在中国思想界发生重大影响者，严复占有特殊地位。而且他所传播的西方哲学属于西方实证主义思潮，核心部分乃是科学哲学"①，同时明确指出"从明清之际西方科学技术的传入，至严复系统译介西方科学哲学著作，这个漫长的过程可以看作西方科技和科学哲学在中国的移植之始"②，更具体讲，"包括《天演论》在内的严译八大西方名著是晚清时期影响最深的西学译介，也是西方哲学，西方科学哲学在中国系统、直接传播的肇始"③。胡希伟在《中国本土文化视野下的西方哲学》一书中则更为详细而具体地指出："在维新运动中，严复第一次较大规模地将西方近代的学术文化介绍到中国来。著名的'严译八大名著'，对于中国读者来说，迄今依然有其独特的魅力与学术价值。严复介绍与引进的西方学术思想，范围相当广泛，囊括哲学、逻辑、政治学、社会学、法学、经济学等人文学术与社会科学的主要部类，其中对西方哲学思想的介绍是其译介西方学术文化的重要内容。"④而对于严复介绍和引进的西方哲学，胡希伟明确地指出，"主要是以英国哲学为代表的实证论哲学"⑤，并且认为，"严复在中国近现代哲学史上的地位，是由他介绍与传播英国实证论哲学而奠定的"⑥。

## 二、小结

综上所述，严复在中国自然辩证法史（或说科学技术哲学史）上占有

① 刘大椿. 辛亥革命前科学哲学在中国的传播及其思想意义[J]. 科学技术与辩证法，1993，（06）：21.

② 刘大椿. 辛亥革命前科学哲学在中国的传播及其思想意义[J]. 科学技术与辩证法，1993，（06）：16.

③ 刘大椿. 辛亥革命前科学哲学在中国的传播及其思想意义[J]. 科学技术与辩证法，1993，（06）：20.

④ 胡希伟. 中国本土文化视野下的西方哲学[M]. 北京：首都师范大学出版社，2007：2.

⑤ 胡希伟. 中国本土文化视野下的西方哲学[M]. 北京：首都师范大学出版社，2007：2.

⑥ 胡希伟. 中国本土文化视野下的西方哲学[M]. 北京：首都师范大学出版社，2007：2.

重要的地位，特别是在西方科学哲学东渐史上，他是当之无愧的先驱者。但是，整体而言，对于严复为什么要传播西方科学哲学以及在科学哲学东渐史上的地位的系统研究尚付诸阙如，这与对严复作为西方科学哲学东渐史上的先驱人物的认识形成鲜明对比，因此，有必要对严复在科学哲学东渐史上的地位进行具体的分析。

## 第二节　严复对早期西方科学哲学思想的引介

### 一、传播科学哲学动因分析

较早认识到与中国传统文化中强大而保守的思想观念作斗争，重建国民的文化心理结构以实现观念的现代化需要借鉴于西方哲学社会科学理论无疑是严复超越同时代绝大部分知识分子的关键所在。那么，为何严复不遗余力地向国人介绍实证主义科学哲学呢？是否因为严复仅了解实证主义科学哲学而对其他近现代哲学思潮或流派"不知有汉，无论魏晋"呢？

在 2000 年第 8 期的《自然辩证法研究》上刊载有《如果严复去的是法国》一文[①]，该文作者在分析严复思想的"变"与"不变"的话题时，涉及严复为什么选择翻译和传播达尔文的进化论以及在社会发展观上持"渐变论"而非"灾变论"的问题。文章认为一个重要原因就在于严复"坐的是英国的船"，"受到英国社会的影响和达尔文主义的熏陶"。该文还提出一个有意义的假设，如果严复"坐的是法国的船"，接受的是法国的教育，读的是法国的书，武装起来的是法国的思想，那么他很可能带给国人的就是《地球理论随笔》而非《天演论》了，他所持有的社会发展点相应的很可能就是"顿变"的思想了。这种分析策略类似于培根所言的"洞穴幻象"，这种幻象"是个别的人所持有的，这是由于他有特殊的性格、教育和交往，由于他所读的书籍和崇拜的权威，如此等等"[②]。当然，培根的"四个幻象"原本指人们在科学认识的过程中应当摒弃和克服的偏见，

① 邢志华. 如果严复去的是法国[J]. 自然辩证法研究，2000，（08）：55-58.

② [美]梯利. 西方哲学史[M]. 葛力译. 北京：商务印书馆，2015：289.

在这里我们借以比附说明该文分析严复传播天演论的原因时所采用的方式。而且该文还持有一个更为一般性的认识，即认为中日甲午战争之后，不同的人在社会变革上持有不同的观念——或者“渐变论”，或者“灾变论”的原因“和他们所受的教育及社会阅历有关。如果他们受到立宪国资本主义影响如严复自为选择‘渐变’，而受共和影响较深的资产阶级则会选择革命较为彻底的‘顿变’方式”[①]，并且指出，这是为历史所证明了的[②]。

我们认为，该文所得出的结论是严复传播西方哲学社会科学理论的一个重要原因，那么，这种认识是否普遍适用于分析严复传播实证主义科学哲学的原因呢？这就需要在严复的著作中找答案了。

严复在 1906 年写过一篇《述黑格尔唯心论》的文章，贺麟评价它“是我国最早介绍和研究黑格尔哲学思想的论文，在历史上是有价值的”[③]。在文中，严复将黑格尔的精神哲学的大致梗概作了扼要的说明（主要介绍的是黑格尔的“主观精神”与“客观精神”，至于“绝对精神”，“则未暇及也”），并称赞黑格尔哲学“其论至深广”。这篇文献本身反映出了作者即严复本人对黑格尔哲学理论有着较为深入的认识。此外，尤当引起我们重视的是在文后严复所加的一段案语，其中，严复讲道：“欧洲之言心性，至迪迦尔（Descartes）而一变，至汗德（Kant）而再变。自是以降，若佛特（Fichte），若謼林（Schelling），若黑格儿（Hegel），若寿朋好儿（Schopenhauer），皆推大汗德之所发明者也。然亦人有增进。足以补前哲之所未逮者，而黑、寿二子所得尤多，故能各有所立，而德意志之哲学，遂与古之希腊，后先竞爽矣。”[④]这段话可谓是对德国古典哲学来龙去脉的历史考察，反映出严复对近代以来大陆哲学认识的广度与深度，而且在这句话中，我们至少可以把握两个重要的信息：一是再次确证了严复对黑格尔哲学有所认识；二是表明严复对叔本华（即严复所译的若寿朋好

① 邢志华. 如果严复去的是法国[J]. 自然辩证法研究，2000，（8）：57.
② 邢志华. 如果严复去的是法国[J]. 自然辩证法研究，2000，（8）：57.
③ 贺麟. 五十年来的中国哲学[M]. 上海：上海人民出版社，2019：93-94.
④ 王栻. 严复集（第一册）[M]. 北京：中华书局，1986：217.

儿）的思想体系亦有所了解，否则，他就不会得出“足以补前哲之所未逮者，而黑、寿二子所得尤多，故能各有所立，而德意志之哲学，遂与古之希腊，后先竞爽矣”的结论。

而黑格尔和叔本华的哲学思想分别在纵向和横向两个维度上大不同于实证主义科学哲学。

第一，从欧洲哲学发展史的纵向角度来讲，黑格尔在批判地继承往哲思想基础上建立的庞大而无所不包的理性主义体系在代表德国古典哲学（更广义地讲是近代西方哲学）走上了巅峰的同时，以解放人和伸张人的主体性的理性主义日益发展为一种理性独断论和思辨形而上学，促使以批判神学和神学基础上的经院哲学为己任而发展起来的近代西方哲学愈来愈走向对自我的批判，而实证主义科学哲学正是在对近代等古典哲学，特别是思辨形而上学的批判浪潮中登上人类思想舞台的，它成为西方哲学由近代步入现代的重要标志之一。

第二，从欧洲哲学发展的横向角度来讲，叔本华是非理性主义哲学思潮的奠基者，他“是最早对以黑格尔为代表的理性派思辨形而上学进行全面批判，并明确提出要从根本上改变西方哲学发展方向的德国哲学家”①。因此，从对近代等古典哲学的变革意义上讲，非理性主义哲学思潮与实证主义科学哲学是相同的，而且它们正是共同开启西方现代哲学大门的两股重要的哲学流派。但是在具体哲学主张上，它们存在着根本的不同：实证主义科学哲学主张以实证自然科学为楷模来建构科学的哲学，而且试图在方法论上统一科学，因而被称为“科学主义”思潮；非理性主义哲学思潮则主张以“人”作为哲学研究的出发点和归宿，关注并强调人的本能、意志、情感等非理性活动在整个精神和物质世界中具有决定性的作用和意义，因此往往被称作“人本主义”思潮。

从以上讨论可以认识到，严复所了解的西方哲学不止于现代哲学范畴的实证主义科学哲学，而且对现代哲学之所由起，即所反对的以黑格尔为巅峰的西方近代哲学亦有所了解；他所了解的西方现代哲学也不止于实证主义科学哲学一脉，而对与实证主义一道兴起并同以批判思辨形而上学为

① 刘放桐，等. 新编现代西方哲学[M]. 北京：人民出版社，2000：30.

己任的非理性主义亦有所认识。我们知道光学上有一种棱镜的分光原理，即同一光源通过棱镜分解出不同色彩的光，而站在棱镜另一面的人们，也许有人只看到了其中的一种色彩，也许有人看到了多种色彩。显然，严复属于后者，他在国内张扬和宣传实证主义科学哲学就是在一种具有很大自主空间中的自觉选择的结果。而之所以在他所了解的多种哲学思潮和流派中并未择取大陆理性哲学和非理性哲学的理论与思想而独独对实证主义科学哲学青睐有加，并花大力气系统地译介和宣传，显然在于西方实证主义科学哲学重实证、讲逻辑和（求实效）重功用的理论特征，特别是它所赖以形成的基础——近代自然科学所表现出的强大物质力量和精神力量正好迎合了严复寻求救国之道和改变国人思维习惯的现实需要。严复所择取和在国内着力引介、传播的西方哲学理论的主要方面正是以斯宾塞、穆勒等人的实证主义为早期代表的科学哲学。

## 二、引介西方科学哲学的主要成果

1895 年，严复开始登上中国的思想舞台。在其早期的文章中，他深入比较了中西政治、风俗、观念、学术等方面的不同，特别地批判了中国传统学术的“无实”“无用”，着重赞扬以近代自然科学为代表的西学的严谨性、确定性与功用性。在文章中，严复初步介绍了达尔文的生物进化论、斯宾塞的社会有机体论和社会达尔文主义，并称赞进化论使“泰西之学术政教，一时斐变”[①]，而斯宾塞社会学的重要作用在于“唯群学明而后知治乱盛衰之故，而能有修齐治平之功”[②]。此外，严复极力推崇以伽利略、牛顿为代表的西方近代自然科学和以培根为代表的近代自然科学方法，特别地强调近代以来，西方国富民强正在于事事皆以科学为本，而近代科学所取得的巨大成就则在于遵循科学方法，即“二百年学运昌明，则又不得不以柏庚氏之摧陷廓清之功为称首”[③]。

这一个时期，严复已然将产生出西方实证主义科学哲学的两个主要思

① 王栻. 严复集（第一册）[M]. 北京：中华书局，1986：16.
② 王栻. 严复集（第一册）[M]. 北京：中华书局，1986：18.
③ 王栻. 严复集（第一册）[M]. 北京：中华书局，1986：29.

想来源——经验主义的“实测内籀”方法和近代科学发展的大致轮廓介绍到中国来。但是，直接而系统地介绍以实证主义为早期代表的西方科学哲学思想则集中地体现在他所翻译的哲学社会科学名著中。

从19世纪90年代中叶开始，严复先后译著《天演论》《原富》《群学肄言》《群己权界论》《社会通诠》《法意》《穆勒名学》《名学浅说》《中国教育议》等西方哲学、政治经济学、法学、社会学、逻辑学等著作，其中前八部著作被商务印书馆收集整理并以“严译名著丛刊”为名出版。

在严复的译著中，作用最大、影响最深远的是出版于1898年的《天演论》，当时胡适就指出：“自从《天演论》出版以后，中国学者方才渐渐知道西洋除了枪炮兵船之外，还有精到的哲学思想可以供我们的采用。”①而且，“在三十多年里中国社会达尔文主义成为显学，几乎支配了中国的文化思想，为社会政治改革提供了一种理论基础”②。

《天演论》的原本是英国生物学家、自称为达尔文主义忠实捍卫者赫胥黎的《进化与伦理》（出版于1891年）中的绪论与本论两部分。绪论部分较为全面地阐述了达尔文生物进化论的基本原理，本论部分是赫胥黎1893年在英国牛津大学“罗马尼斯”讲座上的演讲稿，该部分着重阐释了社会发展并不等同于自然进化的过程，而是一个伦理化过程的观点。

《天演论》并非《进化与伦理》的忠实译本，而是经过严复的有所选择、改造、解释的过程“做”（鲁迅语）出来的理论成果。在文本中，严复以大量案语的形式介绍西方学术传统，并深入介绍了实证主义者斯宾塞的社会进化论与社会有机体论，盛赞斯宾塞的实证主义哲学著作《第一原理》《生物学原理》《心理学原理》《社会学原理》《伦理学原理》等构成的“综合哲学体系”是“欧洲自有生民以来，无此作也”③。

① 《民国丛书》编辑委员会. 胡适文存二集（卷2）[M]. 上海：上海书店出版社，1989：114.

② 董光璧. 传统与后现代——科学与中国文化[M]. 济南：山东教育出版社，1996：127.

③ [英]赫胥黎. 天演论[M]. 严复译. 北京：商务印书馆，1981：5.

通而观之，严复借用斯宾塞将作为自然科学原理的达尔文进化论上升为宇宙一般性原理的观点来凸显“物竞天择，适者生存”的普遍性、残酷性与必然性，强调人类社会，包括中国同样适用于这一“公例”，以期警醒国人的危机意识、忧患意识；同时严复借用赫胥黎的“与天争胜”思想和中国传统哲学中“制天命而用之”的观点来弥补斯宾塞“任天为治”的不足，告诫人们不应坐以待毙，而要勇于在激烈竞争的现实环境中奋发图强、保国保种，以期唤起国人的抗争意识、自强意识。在《天演论》中，严复将实证主义者备受争议的断言“从一个历史阶段到另一个历史阶段的进步是必然的”①再次肯定下来，并强烈冲击中国传统历史观的“循环论”。正如有学者精确地指出，“严复的天演思想，是科学哲学（进化论）通向历史哲学（社会进化论）的桥梁”②。

严译名著中，直接向国人撒播西方早期科学哲学——实证主义的科学方法论的著作是穆勒的《逻辑体系》（出版于1843年），严复译名为《穆勒名学》（出版于1905年）。《逻辑体系》是19世纪中期归纳主义的最大代表穆勒实证主义哲学中的一部重要著作，书中提出了著名的穆勒方法（亦称科学归纳法），即求同法、求异法、剩余法、共变法、求同求异法，它对人们深化对自然的认识和推动科学的发展起到过重要的作用，而且穆勒将传统归纳法发展到了一个新的阶段，并通过将演绎推理解释为类比推理，进而将演绎法降到了从属于归纳法的地位，这种观点正是严复较之演绎推理更为重视归纳的直接来源，严复借用耶方斯所讲的“然而外籀术重矣，而内籀之术乃更重”③，并同意穆勒的认识——“夫外籀不与内籀对也，而实为内籀之一术”④，就有将演绎看作是并不独立于归纳方法的倾向。

在逻辑学方面，另一本重要著作是严复翻译的《名学浅说》（出版于

① [奥]鲁道夫·哈勒. 新实证主义[M]. 韩林合译. 北京：商务印书馆，1998：31.

② 刘大椿. 辛亥革命前科学哲学在中国的传播及其思想意义[J]. 科学技术与辩证法，1993，（06）；22.

③ [英]耶方斯. 名学浅说[M]. 严复译. 北京：商务印书馆，1981：64.

④ [英]穆勒. 穆勒名学[M]. 严复译. 北京：生活·读书·新知三联书店，1959: 229-230.

1909年）。“《名学浅说》其说也并不浅，所谓浅者，是对于穆勒的《逻辑学体系》而言。”[①]其原著《逻辑学初级教程》是符号逻辑学派的代表人物耶方斯于1876年出版的演绎逻辑和归纳逻辑学的入门书，该书一度成为英语世界最为流行的教科书之一。

通过《穆勒名学》与《名学浅说》两部译著，严复成为“在中国科学方法论史上，第一次向国人系统、全面地介绍了西方逻辑学说”[②]的先进人物，而且，在当时中国社会上引起了一股“论理”的旋风。

在其他方面，严复翻译了实证主义者穆勒的《论自由》（严译为《群己权界论》，出版于1903年）和实证主义者斯宾塞的《社会学研究》（严译为《群学肄言》，出版于1897年）。《论自由》出版于1859年，是穆勒自由主义思想的代表作，作者以功利主义为出发点探讨自由主义，并将自由主义由政治领域推广到社会领域，拓宽了自由主义的视野。《社会学研究》出版于1873年，该书宣扬社会达尔文主义和社会有机体论，认为社会现象与自然现象一样符合齐一性，提出要以自然科学研究方法为楷模开展社会学研究。严复亦指出，斯宾塞的社会学是建基于自然科学之上的理论体系“其持一理论一事也，必根柢物理，征引人事，推其端于至真之原，究其极于不遁之效而后已”[③]。

整体上讲，严复所择取和译介的西方社会科学名著中贯穿着一条明显的主线——实证主义，即便是经济哲学《原富》和法哲学《法意》“也贯穿着以经验主义为核心的功利主义精神，从另一角度体现了当时流行的实证主义思潮”[④]。譬如，在《原富》的原本《国富论》中，亚当·斯密借重于归纳法来论证其经济学思想，而且在翻译过程中，严复本人则多处引用边沁的功利主义、穆勒的相关理论作为对斯密学说的拓展

① 冯友兰. 中国哲学史新编（下卷）[M]. 北京：人民出版社，2007：441.

② 段治文. 中国现代科学文化的兴起（1919—1936）[M]. 上海：上海人民出版社，2001：52.

③ 王栻. 严复集（第一册）[M]. 北京：中华书局，1986：6.

④ 刘大椿，吴向红. 新学苦旅：中国科学文化兴起的历程[M]. 桂林：广西师范大学出版社，2003：196.

或说明。

通过严复卓越的译介工作，西方实证主义科学哲学以较为全面和系统的形式出现在中国理论界，“严复介绍和接受的不是西方某个实证主义哲学家，而是整个英国的实证主义思想体系”①。正是从这一意义上讲，严复成为较早将西方科学哲学思想系统引入中国的先进人物之一。

## 三、小结

中国传统文化是绵亘几千年而历久弥新的在世界文明史上具有独特而重要地位的文化存在，世界几大文明体系竟绝无续，唯有中国文化得到连贯性的发展，而且在一定的历史时期内独领世界文化之风骚，其科学技术水平一度居于世界领先地位，但是，从整体上讲，中国传统文化中长期存在着“君子不器”的思想倾向，因而较为轻视自然科学的发展。近代中国，以一种别样的形式走向世界，直观上看，始以中西方政治经济与军事的较量，实则是更为深层次的和更为宽阔意义上的文化较量。在这场文化冲突中，西方科学充当了西方文化的先行军，而正是通过严复对西方实证主义科学哲学的系统引介，国人突破前人在“技”“器”“学”的较为直观的域面上对西方科学文化的认识方式，深入到了观念与精神的领域。在科学文化土壤相对贫瘠的中国，实证主义者导扬“科学为本”的价值观有利于冲决传统观念的束缚，有利于突破各种形态的愚昧与迷信的桎梏，有利于树立科学的权威地位，从而为科学的本土化实践奠定人们认可与接受的思想基础。事实上，中国科学文化近现代化的早期实践走的正是这样一条道路，在缺乏职业科学家、系统的科学实验以及科学体制化的年代，思想家担当了科学启蒙的重要职责。到 20 世纪二三十年代，科学家身份的丁文江、王星拱等人仍然需要或充当思想家的角色或与思想家（如实用主义的宣传者胡适）合作与玄学派论战，以极大的精力来确立社会对科学的价值认可。

① 胡伟希. 中国近代实证主义思潮的产生与发展[J]. 学术月刊，1985，（10）：29.

# 第三节　严复在中国科学哲学史中的地位分析

## 一、基于西方科学理论东渐史的考察

### （一）明末清初西方科学理论东渐

从中西文化交流的角度来看，国人认识、引介西方哲学和科学思想并不始于严复，也不始于严复所处的时代。早在明万历年间，耶稣会士来华传教的同时就将部分西方科技及思想介绍到中国来。这一个时期，正值中国思想界兴起一股批判宋明理学、反对空疏学风的实学运动，出现了一批以匡时济世为己任的实学家，两相结合，在引介西方学术与思想方面产生了一些重要成果。例如：1607 年，利玛窦与徐光启合作翻译《几何原本》（前六卷）；1631 年，李之藻与傅汎际合译《名理探》。《几何原本》是被爱因斯坦称为西方实验科学诞生的两大基础之一，《名理探》则是中国第一部介绍西方逻辑的著作。可以看出，当时部分杰出士人已较为深刻地认识到了在西方科学的背后还隐藏着更为深邃的科学方法与思想。但是，具体考察西方近代史，我们知道，在徐光启、李之藻所处的时代，正值西方近代科学与哲学思想快速发展的时期。西方世界经历千年黑暗之后，在文艺复兴旗帜下，大加肯定、赞扬人的理性能力，被中世纪封建教会长期湮没的古希腊理性精神重新受到推崇，以《天体运行论》为标志的在天文学领域的“哥白尼革命”为发轫点，西方世界拉开了近代科学的帷幕，并在数学、生物、医学、地理等学科领域产生广泛而深刻的影响。在思想领域，笛卡儿在演绎逻辑的基础上构建了理性主义体系，培根则在归纳逻辑的推崇下提出了“实验归纳”的科学方法，并著成与亚里士多德《工具论》相对的《新工具论》。正如严复所言：“洎有明中叶，柏庚起英，特嘉尔起法，倡为实测内籀之学，而奈端、加理列倭、哈尔维诸子，踵用其术，因之大有所明。”[①]但是，在第一波西学东渐中成果最为显著的明末，由耶

① 王栻. 严复集（第五册）[M]. 北京：中华书局，1986：1385.

稣会士为主体的西来者所传入的西方科学文化基本上属于前近代的科学形态和思想体系。尽管在清初，由蒋友人、汤若望、南怀仁等传教士带来部分近代形态的科学理论，但一是囿于宫廷内的小范围扩散，二是很快中止和消解在闭关锁国的国策与“西学中源”的自我考证中。更为重要的是，在这一时期，科学哲学还未从西方传统哲学中独立出来，从逻辑上讲，并不内生于中国传统哲学之中的西方科学哲学就不可能在这一历史时期被引入中国来（或者说出现在中国）[①]。

要言之，尽管在第一轮西学东渐中，传入中国的是迥异于本土文化的西方文化，其中不乏衍生出近代科学的西方科学思想传统与理论成果，但是从引入科学哲学思想的维度来讲，“明清之际西方科技的传入固然可以看作是西方科学哲学传入的先导，但严格地说，还不能视之为科学哲学在中国的直接传播”[②]。

### （二）晚清时期西方科学理论东渐

近代形态的科学理论与思想被大规模地引入中国发生在清末民初。由于西力东侵的外部压迫和富民强国的内在需求，国人不得不放下“天朝上国”的架子，试着接触、感知、认知西方世界，随之而起的是在国内兴起了新一轮西学东渐。较明清之际，此时国人对西学的引介有了较大的自觉性和自主性，在引介西学的主体方面呈现出多元化特征，除广学会等教会机构外，出现了商务印书馆等民间机构以及由政府设立的京师同文馆、江南制造局翻译馆等机构。有学者统计，从 1860 年到 1899 年的 40 年间，共

---

① 需要特别提到的是，在这一时期，中国思想界兴起的实学思潮，其重实证、讲逻辑、求实用的特点似与西方实证主义科学哲学相仿，而且应当承认，实学思潮与西学东渐共同开启了中国近代科学文化的发端。但是，两者之间存在着本质差异，西方实证主义的兴起端赖于近现代自然科学的发展，而中国实学思潮并无这样的基础，自然就不能含有实证主义科学哲学以近代自然科学为楷模并对自然科学进行哲学反思的理论特征了。

② 刘大椿. 辛亥革命前科学哲学在中国的传播及其思想意义[J]. 科学技术与辩证法，1993，（06）：18.

出各种西书 555 种，其中自然科学与应用科学占 70%[①]。客观地讲，这一时期翻译的西学著作不乏精品名著，在社会上产生了一定的影响，特别是在认识和传播西方近代科学文化方面，江南制造局等政府设立的机构发挥了主力军的作用，而且在广泛关注“船坚炮利”的器物层面的基础上，进一步深入到了“声光化电”的“学”的层面。但是，也正是作为洋务运动具体举措的江南制造局翻译馆，囿于“中体西用”的纲领性规约，翻译者的笔端鲜有触及西方哲学思想领域的著作。

概言之，这一时期，国人在翻译、介绍西学方面取得了显著的成果，但由于此时的人们较多地专注于器物及制度层面，而忽略、忽视从思想层面把握西方文化，自然会将西方哲学思想，包括此时正在西方涌动的实证主义科学哲学思想排斥在眼界之外。

有鉴于此，从西方哲学思想，特别是当时以实证主义为主导形态的科学哲学思想的引入与传播来讲，严复确可被视为前行者。即使与同时代先进人物相比较，严复亦被视为“在中国近代思想史上占有比康有为、谭嗣同等人更为特殊的地位，他是中国最早系统地介绍西方资本主义经济、政治理论和学术思想，宣传资本主义‘西学’、‘新学’以与封建主义的‘中学’、‘旧学’相抗衡的首要代表人物”[②]。考察严复所不遗余力宣传、倡导的学术思想，主要的方面正是西方 19 世纪兴起的实证主义思潮及其主要的思想渊源“实测内籀”的科学方法论，即便他所宣扬的政治思想、经济思想的主要方面，正如前文所述，亦内在地体现着实证主义的一个重要侧面——功利主义的思想观点。

## 二、基于西方科学哲学理论形态的考察

与 20 世纪兴起的新实证主义（逻辑实证主义）思潮相比较，严复所引介、宣传的西方科学哲学思想，其理论形态、思想内涵基本上属于老实证主义。老实证主义的诞生与发展，可视为西方科学哲学思潮兴起的标志，但严格来讲，它不是公认的标准科学哲学形态。如果将以孔德、穆勒、斯

---

① 熊月之. 西学东渐与晚清社会[M]. 上海：上海人民出版社，1994：11-12.

② 任继愈. 中国哲学史（四）[M]. 北京：人民出版社，2003：206.

宾塞为代表的早期科学哲学的理论视为老实证主义，那么在其后，随着现代物理学革命的发生，实证主义有了新的发展。奥地利物理学家、哲学家马赫走向极端的实证主义，甚至要求将在物理学中具有重要意义的“质点”“理想气体”等思辨性概念也视为形而上学并要求将其逐出自然科学的领域。后经由罗素、维特根斯坦师徒二人在承继经验主义、实证主义思想的基础上发展出逻辑原子主义从而为建立标准科学哲学奠定了与实证主义哲学并为两大重要思想基础之一的分析哲学。20世纪20年代，在奥地利维也纳，以石里克为发起人，聚集了一批数学家、物理学家等科学家，形成了一个世界知名的学派——维也纳学派，兴起了一个新的哲学体系——逻辑实证主义。维也纳学派的形成和逻辑实证主义的提出标志着标准科学哲学的诞生。

在中国，标准科学哲学的最早引入者首推洪谦。洪谦早年在梁启超的推荐下前往欧洲学习，直接师从维也纳学派创始人石里克，参加每周四晚举行的石里克小组会议，成为维也纳学派的早期成员之一。其间，洪谦在石里克指导下完成博士论文《现代物理学中的因果性问题》，并于1934年荣获维也纳大学哲学博士学位。归国后，洪谦先后任教于清华大学和国立西南联合大学等学校，长期活跃于中国学术界。洪谦在其撰写的《维也纳学派哲学》中较为全面地介绍了现代西方哲学的发展趋势，阐释了弗雷格、罗素、维特根斯坦等人的思想，特别是系统地介绍了维也纳学派的创立及其主要代表人物石里克、卡尔纳普等人的逻辑实证主义思想。

因此，较之洪谦，严复引介的西方科学哲学主要属于实证主义，其内容主体并非标准科学哲学的理论形态。另外，尽管严复在翻译过程中通过在文本中以案语的形式以及在相关论著中介绍了实证主义科学哲学的相关人物与理论，但严格来讲，他并未对中国科学哲学的发展做出过较为深入的贡献，这一点上，也远不及洪谦和另一位中国著名的哲学家、逻辑学家金岳霖。洪谦的《维也纳学派哲学》和金岳霖的《知识论》被誉为是具有国际一流水平的著作，而且“至少在某些方面超越了分析哲学的鼻祖罗素的实证论思想”[①]。因此，可以讲，洪谦和金岳霖一定程度上发展了科学

① 胡新和. 科学哲学在中国——历史、现状与未来[J]. 湛江师范学院学报，2002，（5）：2.

哲学，从而其工作超越了包括严复在内的大部分中国近代早期思想家对西方学术思想的一般性引介工作。但是，考虑到晚清中国"救亡压倒启蒙"的社会环境和缺乏"深入的理论思辨（例如哲学）和生动的个性形式（例如文艺）"①的思想情境，以及当时西方科学哲学思潮所处的阶段和理论发展的实际情况，我们就不能过于苛求严复思想的全面性和系统性了，相反，恰恰应当肯定严复在中国近代思想史以及中国科学哲学史中的重要地位。

晚清中国思想界的重要特征就是在中西文化的激烈碰撞中，国人逐渐认识到了固有文化的不足以及与西方的落差，进而将目光转向西方，开始认知、理解和阐释西方文化。这一特征决定了对西方文化的系统引介在中国文化的近现代化历程中的重要性和必要性，正如梁启超指出的，中国如果想改变现状走向自强，首先应当重视翻译西书。考察这一个时期中国思想界的动态，我们可以看到，在与"夷夏大防"的斗争中，在对"西学中源"说的新阐释中，在"中体西用"论的纲领性指导下及对其的批判中，西学在中国走过了一段极不平坦的路途，国人对西方文化的认识经历了一条由"器"而"道"的天路历程。而正是到了严复，才开启了中国文化的现代化之门，并因其较为系统地引入实证主义科学哲学思想，而被称为"当之无愧的中国现代学术第一人"②。

另一方面，严复所处的时代，西方科学哲学领域的主要发展形态即是实证主义，尽管严格地讲，实证主义还不是标准科学哲学的形态，但却是实证主义"最早强调哲学应当以自然科学为典范，因而被认为开创了现代西方哲学中的'科学主义'思潮"。而且"后来在西方各国流行很广的马赫主义、逻辑实证主义以及当代西方的某些科学哲学流派是实证主义在新的历史条件下的继续，新康德主义、实用主义等流派与实证主义在一些基本观点上也极为接近"③。也正是从实证主义中阐发的科学主义思潮赋予了科学哲学的基本使命，一方面，实证主义"作为一种哲学思潮，一开始即与近代实证

① 李泽厚. 中国近代思想史论[M]. 天津：天津社会科学院出版社，2003：435-436.

② 刘大椿，吴向红. 新学苦旅：中国科学文化兴起的历程[M]. 桂林：广西师范大学出版社，2003：199.

③ 刘放桐，等. 新编现代西方哲学[M]. 北京：人民出版社，2000：4.

科学的发展结下了不解之缘。对科学的本质、科学方法的基本原则的规定和解释等等，始终是实证哲学的重要关注之点”，且实证主义“注重科学方法并强调其普遍有效性，确实使其不同于一般的思辨哲学”①；另一方面，它为科学命题的合理性分析提供了实证的检验方法，并因其对归纳逻辑的重视与发展为后来科学哲学的研究传统提供了赖以形成的基础。因此，追溯西方科学哲学的发展史，理应将实证主义的诞生视为科学哲学兴起的一个重要标志；同样，回溯中国科学哲学的传播与发展史，也应当将西方实证主义的引入视为开启西方科学哲学东渐的界碑，而严复对实证主义的系统引介在中国科学哲学史上，特别是在其早期传播史上是具有开创性的工作。

综上所述，尽管对孕育出科学哲学的西方文化的认识与传播并不始于严复，但却是他最早将以批判近代等古典哲学为出发点，影响和构成现代西方哲学的两大主流思潮之一的科学主义系统地引介到中国来；尽管严复所引介与宣传的科学哲学并不是标准科学哲学的内容，但却是他最早系统地将科学哲学的早期形态和标准科学哲学最为切近的思想渊源——实证主义介绍到中国来。因此，在中国科学技术哲学史中，严复具有重要的地位，他是西方科学哲学在中国的最早撒播者，在中国思想界具有“开风气”的意义。

## 三、小结

严复的杰出工作，从科学哲学的角度延伸了中国科学技术哲学的学术脉络。

我国学术界常常将科学技术哲学与自然辩证法相提并论。关于中国自然辩证法史的研究已得到了系统的整理与深入的挖掘，其思想渊源、学科发展脉络及学术进展情况业已呈现出一个明晰的面貌②。关于中国科学技

---

① 杨国荣. 实证主义与中国近代哲学[M]. 上海：华东师范大学出版社，2009：33.

② 相关文献主要有：中国自然辩证法研究会自然辩证法研究资料编辑组. 中国自然辩证法研究历史与现状[M]. 北京：知识出版社，1983；于光远. 一个哲学学派正在中国兴起[J]. 自然辩证法研究，1992，（06）：53-60；龚育之. 自然辩证法在中国[M]. 北京：北京大学出版社，1996。基本上，大家认为，中国对自然辩证法的引入与研究始于 20 世纪 30 年代。

术哲学学科的产生与发展，一般来讲，常常将其归于由自然辩证法更名而来。国务院学位委员会办公室在 1990 年和 1997 年两次正式批准实施的《授予博士、硕士学位和培养研究生的学科、专业目录》中，将“自然辩证法”先改为“科学技术哲学（自然辩证法）”再改为“科学技术哲学”，由此，一个有着中国特色的学科“科学技术哲学”出现在中国哲学界。谓之有中国特色是因为在国外只分别有科学哲学与技术哲学，还没有将两者合起来的研究文献①。名称变更的重要缘由之一就是要与国际科学哲学研究领域接轨，以期与有别于自然辩证法传统的西方科学哲学传统对接、交流与对话。随之而起，国内出现了一大批关注西方逻辑分析哲学传统的科学哲学的学者，从 20 世纪 80 年代开始，他们系统地译介了从实证主义、逻辑实证主义、批判理性主义、历史主义、后现代科学哲学和科学实在论的著作与研究成果，并在此基础上展开了研究。

但是，作为经验主义传统的科学哲学及其各流派的思想并不是伴随中国自然辩证法到科学技术哲学的演化过程中才渐次被引入中国的。事实上正如前文所述，在作为马克思主义哲学的自然辩证法理论被引入中国之前，西方科学哲学的早期理论形态实证主义已由严复系统地引介到中国来，并在一些方面产生了马克思主义传入中国之前其他思想理论无可比拟的重大作用和广泛影响。也正是以严复对实证主义的系统引介为发端，清末民初先进人物开启了中国实证主义哲学思潮兴起的大门。继严复之后的代表人物是王国维，尽管王国维在比较德国思辨形而上学和实证主义之后发出知识论上之实证论“知其可信而不能爱”，伟大之形而上学“觉其可爱而不能信”的慨叹，但却自觉运用实证主义的方法整理中国史料和开展史学研究；后经由丁文江、王星拱等人对马赫主义的信奉与推崇，胡适对杜威哲学及其实用主义的介绍，其中在 1923 年的“科玄论战”中，胡适更是与丁文江等人一道与玄学派论战，进一步扩大了科学主义在中国的影响，从而也将中国实证主义哲学推向一个新的高度；中间加以实用主义哲学的奠基者杜威和逻辑原子主义的创始人罗素来华讲学，逻辑实证主义之前的西方

① 郭贵春，成素梅，邢如萍. 中国科学技术哲学的演进与定位[J]. 自然辩证法研究，2006，（08）：101.

科学哲学的发展历程大致在同一时代到也渐次出现在中国思想界。当 20 世纪 30 年代自然辩证法传入中国之际，标准科学哲学亦被引介到国内，而且大致在同一时期，金岳霖和洪谦等人业已进一步发展了中国科学哲学。因此，作为学科来讲，中国科学技术哲学脱胎于自然辩证法，但从哲学思潮来讲，科学哲学较之自然辩证在中国则有着更为早期的传播与引介史，“其直接的学术渊源却可以脱离自然辩证法的发展历史追溯到 20 世纪初甚至更早时期”[①]。

① 郭贵春，成素梅，邢如萍. 中国科学技术哲学的演进与定位[J]. 自然辩证法研究，2006，（08）：101.

# 主要参考文献

## 一、著作


[1] 严复. 严复学术文化随笔. 王宪明编. 北京：中国青年出版社，1999.
[2] 牛仰山. 严复文选. 天津：百花文艺出版社，2006.
[3] 孙应祥. 严复年谱. 福州：福建人民出版社，2003.
[4] 罗耀九，等. 严复年谱新编. 厦门：鹭江出版社，2004.
[5] 皮后锋. 严复大传. 福州：福建人民出版社，2003.
[6] 皮后锋. 严复评传. 南京：南京大学出版社，2006.
[7] 张志建. 严复学术思想研究. 北京：商务印书馆，1998.
[8] 冯保善. 严复传. 北京：团结出版社，1998.
[9] 王栻. 严复传. 上海：上海人民出版社，1975.
[10] 马勇. 严复学术思想评传. 北京：北京图书馆出版社，2001.
[11] 李新宇. 带一门学问回中国：盗火者严复. 天津：天津人民出版社，2010.
[12] 徐立亭. 晚清巨人传：严复. 哈尔滨：哈尔滨出版社，1996.
[13] 陈越光，陈小雅. 摇篮与墓地——严复的思想与道路. 成都：四川人民出版社，1985.
[14] 俞政. 严复著译研究. 苏州：苏州大学出版社，2003.
[15] 郭卫东，牛大勇. 中西融通：严复论集. 北京：宗教文化出版社，2009.
[16] 李泽厚. 中国古代思想史论. 北京：生活·读书·新知三联书店，2008.
[17] 李泽厚. 中国现代思想史论. 北京：生活·读书·新知三联书店，2008.
[18] 郭湛波. 近五十年中国思想史. 上海：上海古籍出版社，2010.
[19] 汪晖. 现代中国思想的兴起（四部）. 北京：生活·读书·新知三联书店，2008.
[20] 萧萐父，李锦全. 中国哲学史. 北京：人民出版社，1983.
[21] 曾业英. 五十年来的中国近代史研究. 上海：上海书店出版社，2000.
[22] 庞朴. 文化的民主性与时代性. 北京：中国和平出版社，1988.
[23] 金吾伦，张超中. 科学的中国化与中国化的科学. 北京：科学出版社，2007.
[24] 任定成. 在科学与社会之间：对1915～1949年中国思想潮流的一种考察. 武汉：武汉出版社，1997.
[25] 赵冬. 近代科学与中国本土化实践. 北京：社会科学文献出版社，2007.
[26] 吕乃基，樊浩，等. 科学文化与中国现代化. 合肥：安徽教育出版社，1993.
[27] 赵敦华. 现代西方哲学新编. 北京：北京大学出版社，2001.
[28] [德]艾尔弗雷德·韦伯. 西洋哲学史. 詹文浒译. 上海：华东师范大学出版社，2007.
[29] [澳]戴维·罗杰·奥尔德罗伊德. 知识的拱门——科学哲学和科学方法论历史导论. 顾犇，郑宇建，郑斌祥，等译. 北京：商务印书馆，2008.

[30] 舒炜光，邱仁宗. 当代西方科学哲学述评. 北京：中国人民大学出版社，2007.
[31] 刘大椿. 科学哲学. 北京：中国人民大学出版社，2011.
[32] 洪谦. 维也纳学派哲学. 北京：商务印书馆，1989.
[33] 金岳霖. 知识论. 北京：商务印书馆，1983.
[34] 中国自然辩证法研究会自然辩证法研究资料编辑组. 中国自然辩证法研究历史与现状. 北京：知识出版社，1983.
[35] 龚育之. 自然辩证法在中国. 北京：北京大学出版社，1996.
[36] 郭贵春，成素梅. 科学技术哲学概论. 北京：北京师范大学出版社，2006.
[37] 夏东元. 洋务运动史. 上海，华东师范大学出版社，1992.
[38] 王中江. 进化主义在中国. 北京：首都师范大学出版社，2007.
[39] 黄见德. 20 世纪西方哲学东渐史导论. 北京：首都师范大学出版社，2007.
[40] [美]费正清，刘广京. 剑桥中国晚清史（1800—1911 年）（上卷）. 中国社会科学院历史研究所编译室译. 北京：中国社会科学出版社，1985.
[41] Elman B A. On Their Own Terms: Science in China, 1550-1900. Cambridge: Harvard University Press, 2005.

## 二、论文

[1] 杨宪邦. 论严复的天演论哲学. 社会科学辑刊，1984，（01）：56-64.
[2] 熊次江. 严复进化论思想述评. 湘潭大学学报，2005，（05）：118-120.
[3] 王民. 严复“天演”进化论对近代西学的选择与汇释. 东南学术，2004，（03）：58-66.
[4] 田晓强，刘鹤玲. 选择与批判：中国社会剧变中进化论的利用. 自然辩证法研究，1999，（09）：32-35.
[5] 耿传明. 严复的《天演论》与赫胥黎的《进化与伦理学》. 文艺理论研究，1997，（06）：69-74.
[6] 陈天林. 严复进化论与老庄天道自然观. 江西社会科学，2002，（05）：29-31.
[7] 郑永福，田海林. 《天演论》探微. 近代史研究，1985，（03）：215-226.
[8] 王中江. 严复的科学、进化视域与自然化的“天人观”. 文史哲，2011，（01）：124-135.
[9] 陈国庆，刘惠娟. 严复对进化论的选择与创新. 西北大学学报（哲学社会科学版），2003，（01）：36-40.
[10] 李承贵. 严复进化思想探微. 福建论坛（文史哲版），1997，（03）：1-8.
[11] 罗耀九. 严复的天演思想对社会转型的催酶作用. 厦门大学学报（哲学社会科学版），1997，（01）：59-64.
[12] 魏义霞. 浅论严复对“天演”原因的分析. 求是学刊，1991，（04）：28-31.
[13] [美]施瓦茨. 严复——进化与伦理. 徐雅莉，章绍武译. 孔子研究，1990，（03）：104-109，53.
[14] 刘梁剑. “旧瓶装新酒”：论严复的科学观——兼论中国现代思想研究方法. 华东师范大学学报（哲学社会科学版），2009，（02）：40-45.
[15] 周济. 严复的科教治国思想. 自然辩证法研究，1998，（06）：3-5.
[16] 刘敬东. 民主与科学：严复启蒙思想的主题与灵魂. 天津社会科学，1997，（05）：106-111.

[17] 马来平. 纠正重官轻学传统心习 优化科学发展文化环境——严复论传统职业兴趣观念与科学. 自然辩证法研究，1995，(02)：37-42.
[18] 段治文. 试论严复的科学文化观. 福建论坛(文史哲版)，1993，(04)：52-57.
[19] 官鸣. 中国近代学习西方科学的伟大尝试——严复学习西方科学的思想试探. 自然辩证法研究，1993，(10)：50-56.
[20] 宋志明，孙小金. 严复与实证方法. 中国矿业大学学报(社会科学版)，2001，(01)：29-35.
[21] 颜华东. 评中国近代逻辑学的奠基人——严复. 兰州学刊，2001，(03)：80-81.
[22] 杨国荣. 严复与西方实证主义. 哲学研究，1991，(05)：42-49.
[23] 陈卫平. 中国近代进化论思潮形成的内在逻辑. 文史哲，1996，(03)：25-29.
[24] 张汝伦. 理解严复——纪念《天演论》发表100周年. 华东师范大学学报，1998，(05)：3-12.
[25] 欧阳哲生. 中国近代思想史上的《天演论》. 广东社会科学，2006，(02)：99-106.
[26] 李学勇. 人云亦云说"天演". 读书，1999，(11)：144-146.
[27] 高策、杨小明. 社会达尔文主义：近代中国人的忧虑与抗争. 科学技术与辩证法，2002，(01)：78-80.
[28] 段治文. 试论严复的科学文化观. 福建论坛(文史哲版)，1993，(04)：52-57.
[29] 阮青，刘德福. 严复科学观述要. 开放时代，1988，(09)：43-47.
[30] 陈友良. 进化与功利——严复对近代科学思想的诠释. 北京科技大学学报，2006，(01)：44-47.
[31] 董贵成. 戊戌维新时期对科学技术社会功能的两种解读. 自然辩证法研究，2004，(07)：81-84.
[32] 何云坤，周济. 严复科学思想初探. 厦门大学学报，1990，(02)：21-27.
[33] 马来平. 严复论传统职业兴趣与科学. 自然辩证法研究，1995，(02)：37-42.
[34] 马来平. 严复论束缚中国科学发展的封建文化无"自由"特征. 哲学研究，1995，(03)：57-65.
[35] 史革新. 严复科学民主思想议略. 北京师范大学学报，2005，(02)：72-78.
[36] 周济. 倡导自然科学与社会科学汇流的前驱. 科学技术与辩证法，2001，(05)：67-70.
[37] 王天根. 严复与近代学科. 清史研究，2007，(01)：18-31.
[38] 吴向红. 维新思潮中的科学理性问题. 自然辩证法通讯，1994，(03)：45-52.
[39] 杨国荣. 科学与科学主义. 东方文化，2000，(01)：59-62.
[40] 段治文. 中国近代唯科学主义思潮新论. 天津社会科学，1997，(02)：53-58.
[41] 刘大椿. 从多层面走近科学. 民主与科学，2003，(02)：3-7.
[42] 李醒民. 知识、常识和科学知识. 北方论丛，2008，(01)：123-130.
[43] 李醒民. 科学的社会功能和价值——卡尔·皮尔逊如是说. 科技导报，2000，(01)：13-15.
[44] 李醒民. 关于科学与价值的几个问题. 中国社会科学，1990，(05)：43-60.
[45] 李承贵. 自然科学方法在社会科学研究中的应用及其限度. 江西行政学院学报，2002，(01)：57-60.

[46] 孙中原. 论严复的逻辑成就. 文史哲，1992，( 03 )：80-85.
[47] 宁莉娜. 严复逻辑观的语用分析. 学术交流，2010，( 03 )：15-19.
[48] 马来平. 严复论传统认识方式与科学. 自然辩证法通讯，1995，( 02 )：64-70.
[49] 俞政. 也论严复的逻辑思想. 河南师范大学学报，2003，( 03 )：11-14.
[50] 陈琛. 唯有译书，方能愁苦一抒——从个人特质及动机探讨严复翻译追求. 北京化工大学学报，2010，( 03 )：64-67.
[51] 颜华东. 近代中西学之争与严复译介西方逻辑. 兰州大学学报，2000，( 06 )：69-73.
[52] 郭桥. 严复输入西方逻辑探源. 科学技术与辩证法，2000，( 03 )：49-53.
[53] 白云涛. 社会达尔文主义的输入及其对近代中国社会的影响. 北京师范学院学报，1990，( 04 )：93-101.
[54] 关兴丽. 严复对西方逻辑的输入及其影响. 福建论坛，1999，( 02 )：15-19.
[55] 黄顺力. 吹响近代社会思潮转型的战斗号角——评严复思想学说的启蒙价值. 东南学术，2004，( 03 )：46-52.
[56] 高瑞泉. 严复：在决定论与自由意志论之间——对史华慈严复研究的一个检讨. 江苏社会科学，2007，( 01 )：1-7.
[57] 戚学民. 严复批评儒学"无用""无实"解. 清华大学学报，2010，( 25 )：78-82.
[58] 王岗峰. 论严复在中国思想史上的定位. 福建师范大学学报，2010，( 03 )：114-121.
[59] 于光远. 一个哲学学派正在中国兴起. 自然辩证法研究，1992，( 06 )：53-60.
[60] 郭贵春，程瑞. 科学哲学在中国的现状与发展. 中国科学基金，2007，( 04 )：202-204.
[61] 吴国盛. 中国科学技术哲学的回顾和展望. 自然辩证法通讯，2001，( 06 )：80-84.
[62] 刘大椿. 辛亥革命前科学哲学在中国的传播及其思想意义. 科学技术与辩证法，1993，( 06 )：16-24.
[63] 胡新和. 科学哲学三十年. 自然辩证法研究，2009，( 10 )：76-80.
[64] 任元彪. 20 世纪中国科学技术哲学简述. 自然辩证法研究，2002，( 04 )：19-22.
[65] 刘伟力. 严复科技观. 东华大学硕士学位论文，2010.
[66] 李玉. 严复对培根知识学思想的阐发. 复旦大学硕士学位论文，2009.
[67] 彭世文. 晚清士大夫觉醒与严复天演哲学. 湖南大学硕士学位论文，2002.

# 结 束 语

美籍学者郭颖颐认为，严复奠定了新时代思想家们把现代科学作为一种价值体系接受的基础，但同时也认为，严复并不能算是“中国新思想的开山”，依据是严复晚年从自己19世纪90年代的进步思想上“倒退”了，而且一直用文言文来表达新概念[①]。

我们以为，郭颖颐的这一论断值得商榷。首先，文字是思想的载体，但文字的形式并不能决定文字所要表达的思想内涵，相反，写作的方式恰恰是为了阐释思想而服务的。严复坚持使用文言文固然有着对中国传统文学作品风格的深深眷恋之情，但正如我们在本书中指出的，他刻意模仿先秦古文体为的是让保守的甚至泥古的却对晚清中国社会发展有着重要影响的传统士阶层能够接受他古雅文风的形式下所内含的强烈的变革精神与价值主张，也就是说，他要用文言文这一“旧瓶”装变革思想之“新酒”。其次，即使严复的思想在晚年时期表现出“倒退”的现象，我们姑且不去深究这种“倒退”的原因或者他是否真的是对其前期思想的全然抛弃与否定等问题，仅就其一生的思想主体及其在特定的历史时段的思想史意义来讲，他晚年已将自己的文字与思想仅限于与亲友之间的书信之中，已然不能与其早年积极参加社会活动，公开发表论见，从而产生了引领和影响一个时代的思想走向的效果同日而语，而且，更为重要的是，正如著名学者何兆武所言：“任何思想学说一旦诞生，就具有了它自己独立的存在，而与它的母体（即它的创造者或发明者）脱离了关系，它从此就获得了它独立的生命和独立的人格。”[②]可以讲，严复的启蒙思想在它甫经问世之时，它所能产生怎样的影响就已不是严复本人所能准确预期和完全控制得了

① [美]郭颖颐. 中国现代思想中的唯科学主义（1900—1950）[M]. 雷颐译. 南京：江苏人民出版社，2005：5.

② 何兆武. 中西文化交流史论[M]. 武汉：湖北人民出版社，2007：2.

的，正如他的天演哲学思想，既被改良派所用，也被他所一直反对的革命派所用。因此，我们认为，从思想史的意义来认识，而不是从他个人各个时段的具体思想倾向来评判，严复对中国新思想的开启做出了重大贡献，而其中，他的科学思想作为其启蒙思想整体中最为重要和最为核心的部分之一在中国学术与思想走出中世纪迈入近现代化的过程中具有“筚路蓝缕，以启山林”之功。

刘梦溪就曾讲道：“学术思想的变迁，自然不能不受社会政治结构变化的影响，但学术有自己内在发展的理路”，而中国现代学术在“清中叶的乾嘉汉学里面已经根藏有现代学术的一些因子，而发端则应该是在清末民初这段时期”，其意蕴就在于“中国现代学术这个概念，主要指学者对学术本身的价值已经有所认定，产生了学术独立的自觉要求，并且在方法上吸收了世界上流行的新观念，中西学术开始交流对话”[①]。同样，刘大椿也讲道：“学术史不能混同于社会史。界定中国现代学术的起点，这项工作也绝不同于界定现代社会形态的起点……现代学术的诞生超前于现代史。意识超前于现实。”并且，刘大椿具体提出构成现代学术规范的三个方面：树立起近代意义上的科学精神；介绍和运用了科学理性的思维方法；并且致力于现代学术体制的建立[②]。可以讲，无论从刘梦溪所讲的中国现代学术思想的内在意蕴还是刘大椿讲的三个方面的学术规范而言，在严复的科学思想中都已显现端倪。

第一，严复通过借助于当时科学发展最新知识成果为国人谱绘的一幅自然图景以及对科学思想、科学精神的阐释和宣扬，将国人对近代实验科学价值的认识从外在的功用转向了科学自身，并且，他晓示国人，较之科学的外在价值，科学内在的价值更为根本和重要，其“绝大妙用”在于“开瀹心灵、变民心习”，在于“增益智慧”。而且，基于这样的认识，他主张超越功利的科学观，在从事科学或学术研究活动中应当持有一种崇真的精神和“为学术而学术”的态度。

① 刘梦溪. 中国现代学术要略[M]. 北京：生活·读书·新知三联书店，2018：155-156.

② 刘大椿，吴向红. 新学苦旅：中国科学文化兴起的历程[M]. 桂林：广西师范大学出版社，2003：194.

第二，严复对经验原则的提倡对侧重于从爬梳故纸堆，求大义于微言的中国传统学术而言确实有直接的纠偏作用，一定程度上引起了国人对直接面向自然，以把握自然现象之间的必然之理的重视；而对逻辑原则的推崇，对于变革国人思维方式以及发展实验科学都具有重要的方法论奠基意义，正如冯契所指出的："中国人以前对形式逻辑注意不够，也未能周密地制订出近代实验科学方法。可以说自严复以后，中国人不再忽视形式逻辑了，认识到要向西方学习近代科学，一定要学习逻辑和掌握实验科学方法。"①

第三，严复对传统教育与学术体制的批判，对"治学治事宜分二途"的主张已然显现出建立独立的学术体制的要求，这一点正是现代科学与学术发展内在的和本质的特征，而事实上，在严复后来的几十年中，从壬寅学制、癸卯学制直至废除科举制，再到民国时期中央研究院和国立北平研究院的建立正是走的这样一条道路，而且，中华人民共和国成立以来，科学事业之所以能够取得辉煌的成就，从某种意义上讲，离不开科研体制机制的不断完善。

以上是对严复科学思想在中国近现代思想史中的意义的一点探讨，整体上讲，我们通过以自然观、科学观与方法论为核心并渐次在三个层面的拓展对严复科学思想进行了详细的梳理，基本达到了本书的预期，但是，我们深知，这只是完成了阶段性任务，严复科学思想仍然有很大的空间值得我们去发掘，去领悟。以下，仅就从比较法的角度继续开展研究的思路概要地介绍一下。

一是与同时代国内先进士人科学思想的比较研究。正如我们在绪论部分提到的，近代中国学术文化中蕴藏着丰富的科学思想材料，其间涌现了一大批知识分子，尽管他们的科学素养不同，但都积极以西方自然科学和哲学思想为镜鉴，参合传统思想，形成了丰富的科学思想。例如，王国维自觉将实证主义科学方法运用于史学研究；又如，梁启超在科学价值观上

① 冯契. 冯契文集（第 7 卷）——中国近代哲学的革命进程[M]. 上海：华东师范大学出版社，1997：172-173.

捐弃“科学万能”与“菲薄科学”这两种单向度的极端态度[1]；等等。通过严复与他们思想的比较，一方面有利于我们深化对严复科学思想的认识，另一方面能够扩大我们对近代中国科学思想的把握和了解。但由于这些著名人物的思想同样博大精深，笔者一时还难以对他们的科学思想形成一个轮廓性的认识，因此，在本书中只能付诸阙如，留待将来的研究弥补这一缺憾。

二是与同期日本启蒙思想家科学思想的比较。我们知道，在晚清中国轰轰烈烈开展洋务运动和维新变法的大致同一时期，日本开始了明治维新；在洋务派提出“中体西用”的时候，日本先进知识分子提出了“和魂洋才”的思想。相同的历史阶段与相似的历史遭遇，在中国涌现大批先进思想家的同时，日本同样出现了一些先进的知识分子，他们同样不遗余力地向自己的国民宣扬近代科学与技术，形成了丰富的科学思想，例如，提出“和魂洋才”思想的福泽谕吉，他于1866年出版的《西洋事情》短短几年间发行达25万册，其影响堪与《天演论》媲美。因此，对严复与他们思想的比较就有较高的学术价值，但同样因为尚不能从整体上把握福泽谕吉等人的思想，并且还存在语言上的障碍，故在本书中也只能暂为空缺。

① 高策，姚雅欣. 在“科学万能”与“菲薄科学”之间——来自梁启超的科学价值论[J]. 江西社会科学，2005，（02）：39-43.